딴생각 뇌과학

방황하는 뇌가 최선의 방향을 찾는다

모셰 바

Mindwandering

Copyright © 2022 by Moshe Bar
All rights reserved.

Korean translation copyright © 2025 by SangSangSquare
Korean translation rights arranged with Brockman, Inc.

이 책의 한국어판 저작권은 Brockman, Inc.를 통해 독점 계약한
주식회사 상상스퀘어에 있습니다.
저작권법에 의하여 한국 내에서 보호를 받는 저작물이므로 무단 전재 및 복제를 금합니다.

방황하는 뇌가 최선의 방향을 찾는다

MINDWANDERING

딴생각 뇌과학

모셰 바 지음
김용준 옮김

이 책에 대한 찬사

"《딴생각 뇌과학》은 호기심과 창의성, 마음 방황과 마음 챙김, 작용과 연상, 감각과 자아 사이의 긴밀한 관계를 보여준다. 저자는 개인적인 서술과 고도의 인지신경과학 연구에서 길어올린 다양한 출처를 활용해 신뢰도를 높인다. 부드러우면서도 예리한 유머로 독자를 사로잡는, 매력적이고 다채로운 저작이다."

— 칼 프리스턴(웰컴 신경영상 연구센터 과학 책임자, 유니버시티 칼리지 런던 교수)

"중요하고 재미있고 유익한 치료법이다. 《딴생각 뇌과학》은 현대 신경과학의 최신 연구를 통해, 방황하는 마음이 언제, 왜, 어떻게 도움이 되는지를 명쾌하게 보여준다. 이 여정을 통해 명상이 왜 필요한지, 상상이 왜 유익한지, 한정된 정신적 자원을 어떻게 최대한 활용할 수 있는지 배운다. 정신과 뇌에 관심이 있는 사람이라면 누구나 읽어야 할 온화하고 인간적인 책이다."

— 앤디 클라크(서식스 대학 인지철학과 교수, 《불확실성의 탐색》 저자)

"신경과학 연구에서 최적의 표준은 뇌의 활동과 행동 사이의 연관성을 증명하는 일이다. 모셰 바가 분석한 마음 방황은 모든 종류의 친숙한 인간 행동을 통해 우리에게 '유익한 광범위한 산책'을 제공하며, 그가 수십 년간 연구한 뇌 기능과 관련한 인간 행동의 현주소를 찾는다. 《딴생각 뇌과학》은 접근하기 쉽고 흥미진진할 뿐만 아니라 분석적이고 감각적이다. 이 책은 우리의 정신과 모셰 바의 가치를 높이 평가하게 만들 것이다."

— 수잔나 시겔(하버드 대학교 철학과 교수)

"세계적인 신경과학자가 제시하는 도발적인 이론! 왜 우리의 마음이 방황하는지, 그리고 그 방향을 바꿔 어떻게 더 행복하고 창의적인 삶을 살 수 있는지를 독창적으로 탐구한다."

— 대니얼 길버트(하버드 대학교 심리학과 교수, 《행복에 걸려 비틀거리다》 저자)

"뇌는 익숙한 길과 새로운 모험 사이에서 끊임없이 균형을 맞춘다. 모셰 바의 혁신적이고 선구적인 연구를 통해 마음의 상태를 최적으로 조절하여 최고의 순간에 맞출 수 있다. 《딴생각 뇌과학》은 방황하는 마음을 제자리로 불러올 흥미로운 읽을거리가 될 것이다."

— 데이비드 이글먼(스탠퍼드 대학교 신경과학과 교수, 《무의식은 나를 어떻게 설계하는가?》 저자)

목차

도입: 마음 상태
009

1장. 항상 '켜짐'
022

2장. 생각과 연결하기
033

3장. 앞으로의 여정
076

4장. 자아 비판과 자기 대화
086

5장. 잠재적 위험이 다가오는 방식
102

6장. 미래의 기억: 상상된 경험에서 배우기
121

7장. 새로움의 상실
146

8장. 정신의 틀과 경계의 한계
161

MINDWANDERING
딴생각 뇌과학

9장. 사고의 폭, 창의성 그리고 기분
181

10장. 명상, 기본 두뇌 그리고 경험의 질
207

11장. 몰입된 삶
236

12장. 상황에 맞는 최적의 정신
267

요약: 명심해야 할 5가지 사항
326

부록: 연구실에서 일상으로
328

감사의 말
347

참고 문헌
355

도입: 마음 상태

배우이자 셰익스피어 애호가인 케이티 오스번은 섹스, 독특한 성적 취향 그리고 ADHD에 관해 이야기하면서 고백한 바 있다. 비전통적인 성적 취향을 알기 전까지만 해도 성관계 도중에 자주 딴생각을 하곤 했다는 것이다. 이스라엘 신문 〈하아레츠Haaretz〉와의 인터뷰에서 오스번은 특이한 성적 방식과 BDSM(성적 기호 중에서 기학 성향의 총칭-옮긴이)을 접한 뒤 마음이 정화되었고, 정신과 육체를 연결하는 데 도움이 되었다고 말했다. 예컨대 눈을 가린 상태에서 파트너가 몸 위로 얼음 조각을 미끄러뜨리거나 뜨거운 왁스를 떨어뜨릴 때면, 에어컨에서 나는 소음이나 침대가 삐걱거리는 소리에 대해서는 생각하지 않게 된다. 현재 일어나는 상황에 완전히 몰입했기 때문이다. 실제로 극단적인 경험을 하면 집중할 수밖에 없으므로 그 상황에 푹 빠지게 된다. 그러나 상황에 굴복하고 자신을 경험에 맡기면 더는 극단적인 상황에 대비할 필요가 없다. 블루베리를 먹는 데 마치 뜨거운 왁스를 피부에 바르고 하는 특이한 섹스만큼이나 온 정신을 빨아들이는 듯한 몰입감이 있다면 삶이 어떻게 느껴질지 상상해보라. 몰입은 뇌 안에서 우리를 기다리는 선물과도 같다.

우리는 딴생각, 즉 마음 방황이 얼마나 집요하게 주의를 빼앗는지 알고 있다. 또한 삶이 이전보다 훨씬 더 분주해진 탓에 정신적 경험의 질에 대해 점점 더 걱정하게 되었다. 집중해서 일을 끝낼 수 있는 능력뿐 아니라 삶을 즐기고 진정으로 깊이 관여할 수 있는 능력도 사라진다는 말이다. 몇 년 전 내가 〈뉴욕타임스〉에 〈더 적게, 더 잘 생각하라 Think Less, Think Better〉라는 제목의 글을 기고했을 때 사람들이 얼마나 이 문제를 걱정하는지 깨달았다. 이 글에서는 '우리 마음이 어수선할 때 세상뿐 아니라 내면의 잠재력에 대해서도 얼마나 많이 간과하고 놓치게 되는지'를 고찰했다. 이 주제에 많은 이가 공감했다. 그러나 정신이 방황하는 이유와 그 딴생각들이 실제로 우리 행복에 얼마나 중요한지와 관련해 공유해야 할 중요한 통찰에 대해서는 언급하지 않았다.

이러한 번잡함에서 벗어나는 방법에 관심이 많이 집중되었으며 분명 고무적인 일이다. 나 역시 명상 묵언 수행을 통해 얻은 긍정적인 경험을 나누고자 한다. 그러나 지난 수십 년 동안 신경과학 분야의 발견에서 드러난 바와 같이 더 큰 과제가 있다. 바로 내면에서 오는 산만함에서 벗어나는 것이다. 이러한 내적 산만함은 완전히 조용한 장소에 있을 때조차 집중력을 방해하고 경험의 질을 떨어뜨린다. 사실 집중력은 조용할 때 훨씬 더 자주 방해받는다.

연구 결과에 따르면 인간의 뇌는 본질적으로 활동적이라고 한다. 소위 기본정신 네트워크(DMN)와 연결된 많은 뇌 영역은 신경과학자들이 대부분 '마음 방황'이라고 일컫는 다양한 비자발적 활동에 관여한다. 또한 공상에서부터 끊임없는 자기 대화 그리고 과거의 반추에서부터 미래의 걱정에 이르기까지 이 모든 활동에 관여한다. DMN의 일부로 가장 자주 확인되는 뇌 영역에는 내측 전전두엽 피질, 후측대상 피질, 각회 등이 있지만 이 거대한 대규모 네트워크의 일부로 왔다가 사라지는 몇 가지 영역이 더 있다. 이 모든 내적 소란은 우리의 관심을 현재 순간에서 멀어지게 할 뿐만 아니라 경험의 질을 떨어뜨리고 기분을 끌어내려 불안감과 우울증의 원인이 된다. 그러나 이 명백한 광기에도 일종의 체계가 있다. 인류의 진화 과정을 보면 정신이 방황하는 방식을 분명하게 알 수 있다. 다양한 연구에 따르면 인간의 정신은 깨어 있는 시간 중 30~47퍼센트를 방황하면서 엄청난 에너지를 거침없이 소모한다.[01] 진화의 논리는 이에 뭔가 이점이 있을 것이라고 암시했다. 그리하여 지난 20년 동안 나와 내 신경과학 분야 동료들은 그 중요한 여러 기능의 핵심 내용을 규명했다.

한 연구 결과는, 기본 활동default activity의 일부는 모든 유형의 반추와 모니터링을 통해 자아 감각을 발달시키는 일과 관련이 있다는 사실을 보여주었다. 또 다른 계통의 연구에서는 DMN의 활동 중 상당 부분이 다른 사람들이 생각하고 있는 것과 그들이 우리를 어떻게 생각하는지를 분류하고자 하는 마음 이론(ToM)과 관련이 있다는 사실을 발견했다.

이와 같은 연구 결과가 나오기 시작하면서, 나는 처음에 DMN의 활동에 관한 내 연구 결과가 이런 다른 기능에 어떻게 적용될지가 혼란스러웠다. 그 뒤 시각적 인지라는 완전히 다른 연구 분야에 초점을 맞추었고 DMN이 그 과정에 크게 관여한다는 사실을 알게 되었다. 나는 우리가 시각적 환경에서 단서들을 어떻게 조합하여 우리가 보고 있는 것에 대한 이해를 구성하는지 알아내려 하고 있었다. 그중 한 연구에서는, 피험자들에게 일부러 모호하게 처리된 사진 속의 대상을 식별해보라고 요청했다. 나중에 알게 되었지만, 화장실에 있는 헤어드라이어의 이미지를 흐릿하게 보여주면 피험자들은 물체를 헤어드라이어로 인식했다. 그러나 많은 도구에 둘러싸인 작업대 위에 이 헤어드라이어의 이미지를 넣으면 사람들은 드릴로 인식했다.[02] 이로써 나는 참여자들이 주변의 사물과 연관 지어 물체를 식별한다는 사실을 알았다. 연상 활동에 관련된 동일한 뇌 네트워크가 어떻게 자아 감각과 마음 이론 기술을 개발하는 데에도 관여할까?

그 결과는 전광석화같이 찾아왔다. 모든 정신 과정은 연관성을 만드는 것과 관련이 있다. 연구에 따르면 우리의 자아 감각은 대체로 우리가 누구인지 그리고 우리가 다양한 상황에서 어떻게 생각하고 느끼고 행동할지에 대한 예측의 한 형태다. 그래서 우리가 현재와 미래에도 생각하고 느끼고 행동하는 방식을 과거에 유사한 상황에서 했던 방식과 연관시킨다고 한다. 다른 사람에 대한 평가를 전개하는 방식도 마찬가지다. 연관성은 대부분의 정신 활동을 구성하는 기본 요소다.

이로 인해 근본적으로 DMN의 많은 마음 방황 활동이 과거와 미래에 관한 생각에 연결되어 우리를 현재와 떨어뜨려 놓는다. 우리는 삶에서 일어나는 일과 앞으로 일어날 일을 해석하는 데 도움이 되는 연관성을 찾기 위해 기억을 탐색한다. 온갖 예측을 하는 데 힘을 쏟는다. 실제로 나는 DMN이 활성화되었을 때 사람들이 무엇을 생각하는지를 계속 연구했다. 그 결과 사람들은 대체로 영화 시나리오를 쓰듯 정성스럽게 앞으로 펼쳐질 미래의 사건을 각본처럼 써 내려간다는 점을 발견했다. 정신적 에너지의 상당 부분이 DMN에 잠식당한다는 사실은 말할 것도 없다. 물론 상황을 해석하는 방법을 알고 난 뒤 자신이 누구인지에 대해 인식을 확립하고, 최대한 다른 사람들을 이해하고, 어떤 상황 전환에 대비해야 할지 예상하는 것은 모두 삶의 과정에서 매우 중요하다.

  문제는 과거에 대한 생각과 미래에 대한 예측에 지나치게 몰두한다는 점이다. 경험을 바탕으로 만든 연관성에 너무 많이 의존하게 되면 실제로 지금 일어나고 있는 상황과 오랜 시간 단절될 수 있다. 이는 집중력을 방해할 뿐만 아니라 잘못 해석되어 삶에 문제를 일으킨다. 예컨대 누군가를 믿을 수 없는 사람이라고 오해하는 경우는, 그 사람을 보면 과거에 만났던 신뢰할 수 없는 사람이 떠오르기 때문이다. 또는 상사의 행동을 자신의 내면에 있는 불쾌감과 잘못 연결시킨다면, 그가 나를 해고할지도 모른다는 불필요한 우려를 할 수도 있다. 마찬가지로 과거와 미래에 대해 집착하면 새로움을 인식하는 능력의 일부를 잃어버리기 쉽다. 우리는 기대했던 연관성을 인지하는 경향이 있어서 예상치 못한 연결고리는 쉽게 간과한다. 그 결과 새로운 발견을 할 능력과 창의력을 모두 상실하게 된다.

이처럼 DMN과 마음 방황에 관한 연구 결과를 곰곰이 생각하면서 나는 획기적인 깨달음을 얻었다. 마음의 방황을 모두 억누르기만 해서는 안 된다. 사실상 불가능하기 때문이다. 대신 생각이 언제 어떻게 방황할지를 더 잘 알아야 한다. 그래야만 자발적으로 그 정신적 활동을 지휘하는 데 더욱 효과적으로 임할 수 있다. 또한 마음을 다잡고 일에 집중하거나 직접 그 순간의 경험에 진정으로 몰입할 수 있다. 때로는 기분을 끌어올릴 뿐만 아니라 창의성을 자극하고 싶을 때, 정신을 자유롭게 하여 폭넓고 즐거운 정신적 방랑에 빠질 수 있도록 최선을 다하기도 한다. 간단히 말하면 우리는 적절한 시기에 올바른 마음 상태를 활용할 수 있도록 노력한다는 것이다.

이렇게 할 수 있는 능력을 키우려면 마음 방황의 목적이 무엇인지를 알아야 한다. 이는 과거 경험의 기억을 활용해 직장이나 삶에서 문제를 해결하는 방법을 알아내고 주의를 집중하도록 하기 위해서다. 그러나 연구를 통해 우리는 또 다른 종류의 마음 방황을 유도할 수 있다는 사실을 발견했다. 훨씬 더 자유롭고 연상적인, 탐색적 사고의 흐름이었다.

이런 유형의 방황은 어떤 기억이나 걱정에 제한적으로 초점을 맞추는 반추와 정반대라고 할 수 있다. 나는 반추가 기분을 가라앉힌다는 사실은 알고 있었으므로, 이런 종류의 광범위하고 탐색적인 마음 방황에 관여할 때 기분이 고양되는지를 알아보기 위한 연구를 수행하기로 결심했다. 그렇다! 단순히 '늑대-달-어두운 면-핑크 플로이드-더 월-독일-EU'와 같이 광범위하게 확장되는 단어 사슬을 읽는 행위만으로도 우리 기분은 훨씬 더 긍정적으로 바뀐다. 누가 봐도 획기적인 이 발견은, 현재는 우울증, 불안, 스트레스와 관련된 증상을 완화하는 데 사용된다. 그다음으로, 기분이 좋아졌을 때 사람들의 마음도 더 넓고 자유롭게 방황하게 되는지를 알아보고자 했다. 결과는 놀라웠다. 내 예상이 맞았다! 인과관계가 한쪽 방향만이 아니라 양방향으로 작용했다. 이로써 사람들의 기분이 좋아지고 더 광범위한 수준으로 마음 방황을 하면 우리가 부여하는 과제에 더 창의적인 해결책을 제시하리라 추정할 수 있었다. 실제로도 그랬다. 연구 결과는 정말 흥미로웠다. 나는 이를 계기로 다음과 같은 통찰에 이르게 되었다. 우리 뇌가 탐색exploratory과 활용exploitatory이라는, 근본적이면서도 상반된 두 마음 상태 사이를 끊임없이 오간다는 사실이다. 그리고 정신이 방황하는 정도와 방식은 두 상태 중 어느 쪽에 머무르느냐에 따라 극적으로 달라진다.

　탐색 상태일 때 정신은 새로운 정보에 열려 있다. 즉 순간을 경험하고 관찰하며 학습의 이점을 얻기 위해 불확실성도 기꺼이 감내한다. 창의성은 한창 고무되어 있고 기분도 비교적 긍정적이다. 이때 정신이 방황하면 즐겁고 자유로운 방식으로 활동할 것이다. 반면 활용 상태에서는 과거 경험에서 생각을 도출하는 데 집중한다. 상황을 해석하고 문제를 해결하기 위해 과거의 검증된 방법에 의존하며, 새로운 자극에서 생기는 흥분보다 익숙한 것에서 비롯된 확실함을 선호한다. 그러면 기분은 상대적으로 가라앉게 된다. 이때 정신이 방황한다면 상대적으로 편협한 방식으로 활동할 것이다. 탐색 상태는 외부 지향적이고 상향식이며 경험적이지만 활용 상태는 내향적이고 하향식이며 절차적이다. 실제로 정신은 결코 어느 한쪽이나 반대편 극단에 있지 않다. 그러나 결정적인 순간에는 어느 한쪽을 더 선호하는 경향이 있다.

　탐색 상태가 활용 상태보다 훨씬 더 큰 즐거움을 선사하는 듯 보이지만 둘 다 성공과 행복에 반드시 필요하다. 핵심은 우리가 주어진 일이나 경험을 할 때 가능한 한 특정 상황에 가장 적합한 마음 상태(SoM)를 유지하려고 한다는 것이다. 만약 아이들과 휴가를 간다면 일이나 낡은 생각의 틀에 갇히지 않고 최대한 상향식의 광범위한 경험 모드에서 온전히 아이들과 시간을 보내고 싶을 것이다. 한편 내일 아침까지 보고서를 작성해야 한다면 하향식의 좁은 집중 모드로 전환해야 한다. 가령 새로운 제품을 만들기 위한 기발한 아이디어를 찾고 있다면 광범위하고 더 자유롭고 연상적인 마음 방황 모드가 필요할 것이다.

　인간의 뇌가 얼마나 유연한지와 관련해서는 이미 많은 연구와 논의가 이루어졌다. 그리고 그 결과물은 대부분 상황에서 인간 진화와 생존에 중요한 열쇠가 되었다. 이렇게 탄력 있고 개방된 뇌를 지닌 우리는 얼마나 운이 좋은가. 물론 마법을 부리듯 마음 상태를 통제할 수 있는 확실한 공식은 없다. 그러나 우리가 처한 상황에서 탐색적 또는 활용적 연속성에 대한 마음 상태를 조정할 필요성을 인식함으로써 조정 능력이 높아질 수 있다는 사실을 발견했다. 나는 이러한 발견들을 만들어내는 과정에서 내 신경과학 동료과 함께 걸어온 흥미진진한 지적 여정을 재현하고자 했다. 더불어 정신을 원하는 상태로 만들 수 있는 능력을 키우는 통찰도 공유하고자 한다. 이러한 통찰 중 일부는 부록에 정리되어 있다. 구체적인 지침이라기보다는, 일상 속에서 적용해보며 스스로 탐색하고 조율해볼 수 있는 여정으로 삼기를 바란다.

 내게는 마음 챙김 명상이 큰 도움이 되었다. 여기서 나는 침묵 수련을 한 경험이 어떻게 내 마음 상태의 인식을 높이고 정신을 의도한 대로 움직이도록 도와주었는지를 말하고자 한다. 그러나 명상이나 고도의 마음 챙김이 마음 상태를 최적화하는 데 한계가 있다는 점도 논의할 것이다. 많은 사람이 마음 챙김 수양을 불편하게 여기지 않도록 하기 위해서다. 내 연구는 사람들이 명상을 불쾌하게 여기는 한 가지 이유를 명확히 밝힌다. 명상은 매우 좁은 범위의 정신 활동으로, 넓고 연상적인 마음 방황과는 정반대에 위치한다. 따라서 어떤 면에서는 즐겁지 않을 수 있다. 또한 마음 챙김을 지나치게 엄격하게 자신에게 적용하다 보면 스스로 삶의 관찰자가 되어 삶에 완전히 몰두하기가 어려워지고 혼잡한 경험 속에서 자칫 길을 잃을 수도 있다. 마음 챙김은 많은 이점을 제공하므로 나는 누구나 최소한 한 번쯤은 시도해보라고 권장하지만, 동시에 삶 속에서 지금 이 순간에 완전히 몰입하는 시간도 분명 필요하다.

  나는 정신에 대한 통제력을 갖고 있지만, 정신은 내가 원하지 않는 때에도 번번이 방황한다. 앞으로도 우리의 정신은 어느 정도는 늘 방황할 것이다. 마음 방황에 관한 연구를 하면서 얻은 가장 큰 교훈은, 이제는 마음 방황 때문에 스트레스를 덜 받는다는 점이다. 방황이 왜 일어나는지 알고 있기 때문이다. 며칠 전, 스탠퍼드 대학에서 온 한 교수님과 텔아비브의 한 카페에서 점심을 함께했다. 그의 연구와 인품을 나는 깊이 존경하고 있다. 대화를 나누던 중, 그는 예전에 삶과 사고방식을 완전히 바꿔놓은 중요한 말을 들은 적이 있다며, 나와 공유하고 싶다고 했다. 나는 그 말이 어떤 의미인지 전혀 몰랐다. 교수님의 거창한 이야기를 들으면서도 자꾸 내 정신은 산만해졌다. 그러나 무슨 말을 했는지 이해하지 못했다고 말하기도 무척 난처한 상황이었다. 그 중요한 이야기를 듣는 동안 내가 별다른 언급을 하지 않았기 때문에, 교수님이 얼마나 의아했을지 짐작이 간다. 대신 나는 재빨리 화제를 바

꿨다. 다행히 나 또한 요즘 흥미로운 무언가에 빠져 방황하고 있노라 말할 수 있었다. 이처럼 마음이 방황하면 정도를 벗어날 수 있다. 그러나 대체로 나름의 목적이 있다는 사실만은 분명하다.

1장. 항상 '켜짐'

　뇌 스캔이 발달하기 이전의 수많은 신경과학 연구는 골상학과 어느 정도 유사했다. 빅토리아 시대의 관행인, 인간의 두개골 형상을 감지하여 정신적 특성을 추론하는 학문 말이다. 물론 어느 정도 과장은 있지만, 연구자들은 뇌의 내부 작용에 관한 연구에서 뇌 안의 여러 영역이 각자 다른 일에 전념한다고 오랫동안 추정해왔다. 어떤 영역은 언어를, 또 다른 영역은 기억을 담당하며, 얼굴을 인식하는 영역과 감정을 느끼는 영역도 따로 존재한다고 여겨졌던 것이다. 그러나 시간이 지나면서 뇌의 작동 방식과 구조가 이렇게 분절되고 모듈화된 형태가 아니라, 훨씬 더 넓고 복합적인 네트워크에 걸쳐 분산되어 있다는 사실을 깨닫게 되었다. 대부분 기능은 하나의 국소 영역이 아닌, 여러 영역이 동시에 활성화되고 조율되는 네트워크를 통해 이루어진다. 개별 뉴런은 물론 어떤 단일 뇌 영역도 근거리와 원거리의 협력 없이는 어떤 활동도 수행하지 못한다. 그리고 마음 방황과 이를 중재하는 뇌의 기본 네트워크의 맥락에도 주목할 필요가 있다. 여기에는 명상이나 수면 같은 마음 상태의 변화뿐만 아니라 다양한 정신 질환이 이 거대한 네트워크의 정보 구성뿐 아니라, 피질 영역들 간의 연결 정도에도 영향을 미친다. 네트워크를 구성하는 서로 다른 영역들은 각각의 상태에서 더 강하게 때로는 더 약하게 연결될 수 있으며 영향을 미치는 정도도 각각 다르다. 우리는 이처럼 뇌의 작동 방식과 그 특성 자체가 역동적이고 유연하다는 사실을 알고 있다.

그런데도 우리는 가장 기본적인 신경 기능조차 제대로 이해하지 못하고 있다. 나는 컴퓨터 비전 개발의 선구자인 시몬 울만 교수의 연구소 학생일 때 이 사실을 깨닫고 큰 충격을 받았다. 엔지니어가 되길 바라는 아버지의 기대에 부응하겠다는 어설픈 의도로, 전기 공학 공부를 마친 뒤였다. 사실 전기 공학을 공부하기 시작할 때도 내 관심사는 칩 디자인이 아니라 오로지 컴퓨터 비전이었다. 이 분야의 목적은 인간의 뇌가 이미지를 표현하고 인식하는 방식을 모방하는 것이다. 놀랍게도 30년 전만 해도 인간의 뇌가 어떻게 이미지를 인식하는지에 대해 명확하게 아는 사람이 없었다. 내가 좀 당돌

하다는 것은 알았지만 한창 의욕에 불타던 학생으로서 나는 울만 교수에게 내 생각을 말했다. 그러자 교수님이 머지않아 뇌의 작용이 얼마나 복잡한지 알게 될 것이라고 말한 기억이 난다. 교수님이 옳았다. 안타깝게도 우리는 아직도 인간의 뇌가 어떻게 이미지를 인식하는지 제대로 알지 못한다. 고작해야 몇 가지 흥미로운 이론만이 기초적인 지식으로 뒷받침될 뿐이다.

    울만 교수의 연구실에서 공부를 마친 뒤, 운 좋게도 인지심리학의 또 다른 선구자인 어브 비더만의 연구실에서 훨씬 더 광범위하게 연구를 진행하면서 새롭고 훨씬 생산적인 연구의 길을 발견하게 되었다. 막 막을 올린 참신하고 흥미로운 분야였고, 나는 그것을 좇아 이전의 연구를 떠났다. 지금도 내가 뇌 연구에 활발히 사용하는 기능적 자기공명영상fMRI, functional magnetic resonance imaging이 새롭게 개발된 것이다. MRI 기계는 자기장과 전파를 사용하여 생체 조직, 뼈, 신체 기관의 구조를 영상화하는 장치다. 기계 자체는 수십 년 전부터 존재했지만 주로 의학 분야에서 사용되었다. 그러나 기능적이라는 의미의 'f'가 붙은 fMRI는 신경과학자들이 그토록 찾던 돌파구였다. fMRI의 기능적인 부분을 활용해 혈류량을 측정함으로써 뇌의 활동이 언제 어디서 일어나는지 유추할 수 있게 되었다. 실험 참가자를 MRI 기계에 눕힌 뒤 사진을 보여주거나 소리를 들려주거나 숫자를 세게 하거나 양을 세게 하는 등 다양한 과제를 주며 뇌의 활동 지도를 그릴 수 있었다. fMRI 덕분에 인간의 뇌가 평소에 작동하는 모습을 실시간으로 들여다볼 수 있게 된 것이다. 물론 측정되는 것은 뇌 활성 그 자체가 아니라 간접적인 신호일 뿐이며, 데이터 해석 역시 일정 부분 주관적일 수 있다. 아직은 더 점검해봐야 할 사항이 없진 않으나 분명 획기적인 발전이었다. 짜릿한 모험의 순간이었다. 지금까지 우리는 숲속의 등산객처럼 손전등에 의지한 채 인간의 정신 속 길을 배회해야 했지만, 신경 영상을 통해 처음으로 상당히 실질적이고 중대한 결과에 도달하게 되었다.

우연한 발견, 뇌의 기본 모드 네트워크(DMN)

연구의 비약적인 발전으로 한껏 고무된 나는 하버드 의과대학에 진학했다. 그곳에서는 케네스 콴과 브루스 로젠이라는 공동 연구진이 매우 중요한 몇 가지 연구를 하고 있었다. 타이밍이 좋았다. 최근에 뇌 영상 기술을 통해 중요한 발견이 이루어졌기 때문이다. 뇌의 기본 모드가 존재한다는 사실과, 일상에서 마음 방황이 얼마나 빈번하게 일어나는지에 대한 실증적 단서가 처음으로 드러나기 시작한 것이다.

fMRI의 등장이 획기적이었던 이유는, 이제 더는 동물의 뇌에 의존해 간접적으로 유추할 필요가 없어졌기 때문이다. 더는 사후 뇌를 해부하는 방식에 의존하지 않아도 되었고, 이제는 유명해진 피니어스 게이지(뇌와 감정의 관계와 관련된 유명한 일화의 주인공-옮긴이)나 스페인 내전 당시 총상을 입은 병사들처럼, 뇌 손상 사례를 통해 정상적인 뇌의 작동을 추론할 필요도 없게 되었다. 또한 뇌 수술 중이거나 수술 전 환자들로부터 얻을 수 있는 제한적인 정보에만 의존하지 않아도 되었다. 그 결과로 우리는, 이제 신경 활성화 지도로 촬영된 아름답고 다채로운 이미지들을 얻게 되었다. 바로 fMRI가 열어준 세계다.

fMRI 연구에서 자주 보게 되는 형형색색의 뇌 활성 지도 이미지들은 도대체 무엇을 의미할까? 보통 두 가지 실험 조건에서 뇌가 보인 반응을 서로 비교해 뺀 차이값을 시각화한 결과다. 감정 처리에 관한 연구를 한다고 가정하고, 특히 우리가 행복한 얼굴을 볼 때 뇌에서 일어나는 현상과 슬픈 얼굴을 볼 때 뇌에서 일어나는 현상을 비교해보자. 이때 실험 참가자('피험자')는 슬라이딩 MRI 침대 위에 가만히 누워 화면에 투영되는 영상에 주의를 기울여 응시해야 한다. 머리에 큰 케이지(무선 주파수 코일)를 두르고 있어야 하며 기계가 내는 시끄러운 고주파 소음을 차가운 온도 속에서 들어야 한다. 이때 피험자는 투사된 영상에만 집중하게 된다. 실험은 여러 번 반복되며, 각 시도마다 fMRI 신호가 측정된다. 한 조건(모든 행복한 얼굴)에서 모든 실험으로 유도된 뇌 활성화 값이 평균화되고 다른 조건(모든 슬픈 얼굴)에서 실험으로 평균값이 도출되는데, 이때 앞의 값에서 뒤의 값을 뺀다. 실험 결과는 한 조건이 다른 조건보다 더 강하게(보통 따뜻한 적색-황색) 그리고 더 약하게(보통 차가운 청색) 활성화된 영역을 보여준다. 이처럼 연구 사례에서 적색으로 표시되는 뇌 영역은 슬픈 얼굴보다 행복한 얼굴이 더 강한 신경 활동을 유도하는 영역 그리고 청색 부위는 슬픈 얼굴이 행복한 얼굴보다 더 강하게 활성화되는 영역에 해당한다. 이 지도들은 기초적인 신경 메커니즘과 관련된 새로운 정보를 추론하기 위해 사용된다.

   실험 조건 중간(예를 들면 슬픈 얼굴과 기쁜 얼굴 사이)에 짧은 휴지기가 있었는데, 이때는 대체로 빈 화면이나 중앙에 고정

점이 있는 단순한 화면이 제시된다. 이 화면은 분석 목적으로 MRI 신호를 복구하는 데 사용될 뿐만 아니라 실험 블록 사이의 참여자들에게 휴식을 제공하려는 목적도 있다. 그러나 여기에는 중요한 지점이 있다. 아무도 이 휴식 동안 뇌가 활동을 멈추고 잠잠할 것이라 믿지 않았다. 그러나 그동안은 참가자가 특별한 과제를 수행하지 않을 때 뇌의 활동 수준이 상대적으로 낮을 것이라는 암묵적인 가정이 존재해왔다. 놀라운 전환점은 바로 이 휴식 시간 동안의 뇌 활성 지도를 우연히 살펴보던 중 발생했다. 연구자들은 실험 과제가 없는 순간에도 뇌가 놀랄 만큼 활발히 활동하고 있다는 사실을 발견한 것이다. 게다가 실험 과제가 주어졌을 때보다 더 강한 반응이 나타나기도 했고, 매우 일관된 방식으로 광범위하고 집약적인 네트워크에서 이루어졌다. 그 네트워크가 바로 기본 모드 네트워크, 즉 DMN이다.

   마커스 레이클과 동료 연구진은 이 DMN을 여러 차례 발견했고 이 작업은 여러 연구실에서 수행되었다.[01] 그 뒤로 이 네트워크는 기본 네트워크, 이 활동은 기본 활동 그리고 이 상태는 뇌의 기본 모드라고 명명되었다. 기본 네트워크는 발견 이후 다양한 실험 환경과 연구실, MRI 장비를 통해 꾸준히 확인되고 재현되었으며, 지금은 신뢰할 수 있는 연구 결과로 인정받고 있다.

fMRI가 소개된 뒤 초기 몇 년간은 모두가 흥분에 휩싸여 있었다. 지금은 fMRI가 측정하는 것과 실제 보고되는 결과가 반드시 직접적인 뇌 활성은 아니며, 항상 일관된 것도 아니라는 점이 분명해졌다. 많은 단계에 왜곡이 개입할 수 있다. 실험 설계 시점부터 시작해, 민감도가 서로 다른 장비에서 실험을 수행하는 과정, 실험마다 달라질 수 있는 수십 개의 설정 값, 다양한 장단점을 지닌 분석 방법의 선택 그리고 해석의 한계에 이르기까지 여러 단계에서 결과에 영향을 줄 수 있다. 최근 한 연구에서는 서로 다른 70개의 그룹에 동일한 데이터 세트를 주고 분석하도록 했는데, 각각 다른 결과를 도출했다. 이에 fMRI 연구에 대한 건전한 회의론이 최고조에 달했다.[02] 점점 더 많은 신경 영상 연구가 진행되고 후속 주장들이 제기되고 있으므로 fMRI에 한계가 있다는 점을 유념해도 좋다. 그러나 여기서 우리가 다룰 상황에서는 그런 우려를 덜어도 된다. DMN의 존재와 일반적인 작동 방식에 누구도 이의를 제기하지 않기 때문이다. DMN은 방대하고 어디에나 존재하며 재현성이 매우 높다. 덕분에 우리는 뇌의 기본 모드 네트워크의 기능과 특성을 이해하기 위한 노력을 계속할 수 있다.

DMN의 발견은 경이로웠다. 신경 활동은 에너지를 많이 소모한다. 우리 뇌는 아무것도 하지 않는 것처럼 보이는 순간에도 왜 그렇게 많은 대사 에너지를 소비하는 걸까? 내가 박사후연구원으로 하버드 대학에 왔을 때는 DMN의 기능이 무엇인지 규명하려는 연구가 막 시작되고 있었다. 그때 우리는 뇌 영상 기술과 연계한 흥미로운 사고 표집 방법을 사용하여, DMN이 활동적일수록 해당 뇌가 마음 방황에 더 많이 관여한다는 사실을 알게 되었다. 그 뒤 20여 년에 걸쳐 다양한 연구가 이어지며, 겉보기에 자발적인 이 활동이 실제로 여러 중요한 기능을 수행한다는 점이 점차 드러나기 시작했다.

신경과학자로 성장해가면서 나는 이 흥미로운 연구에 대해 두 가지 원칙을 깨달았다. 첫째, 진화는 실수하지 않는다. 뇌에서 일어나는 모든 현상에는 반드시 이유와 기능이 있다. 환상, 다양한 '맹목blindness,' 세포 자살, 잘못된 기억 등 당혹스럽고 때로 흥미로운 현상들은 종종 뇌가 제 기능을 못하는 것처럼 보이게 만든다. 그러나 결국 이 또한 더 큰 능력의 일부로 작용하는 현상임을 알게 된다. 뇌가 이토록 유연하고 적응력이 뛰어나며 민첩하고 효율적이려면 어떤 대가를 치러야 한다. 실제로 AI 알고리즘이 왜 인간의 뇌처럼 작동하지 않느냐는 질문을 받으면 나는 여전히 AI가 신경과학이 아니라 공학에 더 가깝다고 대답한다. 컴퓨터가 어떤 과제를 수행하도록 설계할 때 목표를 달성하는 방식에 엄격한 경계를 두고 예외 상황이나 즉흥적인 대응을 거의 허용하지 않기 때문에, 인공 시스템은 인간의 뇌가 지닌 유연성과 창의성처럼 더 암묵적이지만 매우 중요한 요소들을 갖추지 못한다. 우리의 맥락에서 본다면, 예를 들어 줄을 서서 기다릴 때, 샤워 중일 때, 지루한 이야기를 듣고 있을 때 등 특정한 목표에 집중하고 있지 않은 순간에도 뇌가 활발히 작동한다. 여기에 상당한 에너지를 소비한다는 사실은 그 활동이 반드시 중요한 역할을 하고 있다는 점을 시사한다.

두 번째 원칙은 젊고 순진한 박사후 연구원이었던 시절에 마음속에 자리 잡았지만 지금까지도 나를 이끄는 기준이 되고 있다. 뇌는 탐구하는 과학자에게 언제나 진실을 말한다. 무언가 이해되지 않는다면, 뇌가 거짓을 말하는 것이 아니라 질문이 올바르지 않거나 제대로 묻지 않은 것이다. 뇌는 스스로 정보를 내놓지 않지만, 답은 이미 존재하며 우리가 도달하길 기다리고 있다.

항상 '켜져 있는' 뇌는 우리가 바쁘지 않을 때 무엇을 할까? 2장부터는 때로는 이해하기 어렵지만 늘 흥미로운 발견의 과정, 전혀 별개처럼 보였던 결과들이 어떻게 하나의 흐름으로 이어졌는지를 살펴보고자 한다. 그러나 본격적으로 기본 모드 네트워크와 마음 방황의 목적을 탐구하기에 앞서, 먼저 우리의 생각이란 무엇인지부터 깊이 들여다볼 필요가 있다.

2장. 생각과 연결하기

우리는 생각에 대해 자주 고민하지 않지만, 생각은 정신 생활과 마음 방황을 이루는 기본 단위다. 생각은 하나의 아이디어에서 다음으로 나아가는 방식이다. 말로 이루어질 수도 있고 이미지일 수도 있으며, 빠르게 흐르거나 천천히 이어질 수 있다. 다양한 주제를 넘나들고 기억 속에 저장된 지식에 기반하며 감정의 강도도 다르다. 생각은 주로 나와 내가 대화를 나누는 형식으로 나타나기도 한다. 생각은 내면의 세계를 의식으로 번역해주는 창이며, 그 결과는 내부로 전달되거나 내면에 머문다.

생각의 근원

생각이 특정 목표를 추구할 때는 일정한 흐름과 명확한 구조를 따른다. 예측은 불가능하나 문제를 해결할 때처럼 일관된 방식으로 진행된다. 생각이 축적되면서 목표를 향해 나아간다. 이때 계획을 세우면 좋다. 집에 직접 고치고 싶었던 의자가 있는데 내일 아침에 작업을 할 예정이다. 접착제, 망치, 대패, 나무 끌, 톱, 사포 같은 장비를 생각한다. 기억 속에 있는 개념의 망을 따라 '여행하며' 필요한 항목을 선택한다. 보호 장갑이 새로 필요하다는 사실을 깨닫고 먼저 장갑부터 사러 가야겠다고 생각한다. 정확히 어디에서 작업을 할지, 수리를 위해 어떤 단계가 필요한지, 의자가 제 기능을 하게 하려면 무엇을 해야 할지, 식구들이 모두 집을 나간 뒤 어떻게 작업을 할지를 생각한다. 그리고 딸이 집에 와서 제일 좋아하는 의자가 말끔하게 고쳐진 모습을 보고 어떤 반응을 보일지에 대해서도 말이다. 마치 시작과 끝이 있는 기차와 같다.

때때로 생각이 꼬리를 물고 이어져 흘러가며 쉽게 산만해지기도 한다. 위 목록에 있는 나무 끌을 생각하면 제페토 할아버지와 피노키오가 떠오르고, 늘어나는 코와 거짓말에 관한 생각으로 전환된다. 그러다 아들이 얼마 전 개를 데리고 산책하러 나갔다고 거짓말했던 일이 떠오른다. 사실은 귀찮아서 안 나갔지만 솔직하게 말하기가 부끄러워서였다고 했던 기억이다. 이어서 이 개(그리고 아들)가 있어 얼마나 다행인지 생각한다. 아들의 장난기 어린 태도와, 퇴근해 집에 돌아왔을 때 아들이 매일 어떻게 기운을 북돋아주는지도 생각한다. 이런 상황까지 오게 되면 의자 수리에 대한 생각 열차로는 절대 돌아가지 못한다.

깨어 있는 동안 우리는 사실 하나의 긴 생각 흐름을 이어간다. 주제, 속도, 방식, 방향, 내용 등은 계속 바뀌지만 그 흐름은 끊기지 않는다. 생각에는 진짜 멈춤이란 없다.

생각의 근원과 다음 생각을 결정하는 것이 우리가 계발하고 진행 중인 연구 주제다. 우리는 누구나 자신의 생각을 완전히 통제하고 있다고 느끼지만, 이 감각에는 근거가 없다. 의식적 사고와 무의식적 사고는 뒤섞이고 상호작용하며 서로를 자극한다. 우리는 자신의 생각을 스스로 알고 있다고 믿는다. 누군가 물으면 그 생각이 어디서 시작되었고 앞뒤로 어떻게 연결되는지 설명할 수 있을 것처럼 느낀다. 자신의 생각을 스스로 소유하고 감시하고 있다고 믿지만, 이러한 믿음은 순진하다. 거리를 걸으면서 어젯밤에 읽은 기사를 생각하다가도 문득 오랫동안 만나지 못한 고등학교 선생님이 생각난다. 그런데 그 선생님은 1초 전에 정신을 스쳐 지나간 그 어떤 생각과도 관련이 없다. 우리가 느끼는 통제감은 착각이다. 대부분의 사람은 대부분의 경우, 그 생각이 의식하지 못한 어떤 원인에 의해 촉발되었음을 받아들이기 어렵다. 그래서 우리는 연결고리를 만들어내거나 그냥 생각이 저절로 떠올랐다고 믿는다.

그러나 그런 일은 없다. 생각은 그냥 떠오르지 않는다. 각각의 생각은 무언가와 연결되어 있지만 때때로 이 연결은 의식의 범위를 벗어나기도 한다. 생각이 서로 연결되어 있다는 말이, 항상 일관되고 논리적으로 다음 생각으로 이어진다는 뜻은 아니다. 생각의 흐름은 외부 자극, 예를 들어 유리 깨지는 소리나 누군가가 이름을 부르는 소리처럼 명확한 사건에 의해 끊기기도 하고, 어떤 감정을 떠올리는 내부 작용에 의해 방해받기도 한다. 그런 끊김을 자각할 수도 있고 전혀 인식하지 못할 수도 있다. 길을 걷던 중 갑자기 고등학교 선생님이 떠올랐다면, 거리 어딘가에서 그를 연상시키는 자극을 받았을 가능성이 있다. 예를 들면 그 선생님이 쓰던 독특한 안경을 쓴 누군가를 봤을 수 있다. 그러나 그 자극이 너무 빨리 지나가 의식적으로 인식하지 못했거나, 보거나 듣거나 맡은 무언가가 실제로는 그 선생님과 연결되어 있는데도 본인은 그 연관성을 모를 수도 있다. 그렇게 의도하지 않았고 이유도 모른 채 그를 떠올리게 되지만, 생각은 여전히 그 길을 따라가고 있다.

  이제 아무런 방해도 없는 상태, 완전히 고요한 공간에서 생각이 어떻게 흘러가는지를 상상해보자. 우리의 기억은 이름, 사물, 장소, 개념, 감정 등이 모두 연상을 통해 연결된 거대한 거미줄 같은 구조로 이루어져 있다. 생각이란 이 거미줄 위를 걷는 것과 같다. 하나의 개념 노드에서 다음 노드로, 하나의 생각에서 다음 생각으로 옮겨가는 과정이다. 우리가 걷는 경로의 모든 지점은 앞선 생각과 다음 생각에 연결되어 있다. 그 연결이 매 순간 눈에 보이지는 않더라도 말이다. 이 거미줄 구조에서는 하나의 노드에서 여러 방향으로 갈 수 있고, 마음은 그중 하나를 선택한다. 만일 휴가가 필요하다는 생각을 하고 있다고 가정해보자. 가능한 생각들의 '휴가' 노드 망 위에서 우리는 '돈' 지점으로 이동하여 휴가가 재정적으로 어떤 영향을 미칠지 고민할 수도 있다. 그리고 '재미' 지점으로 가서 즐거운 상상을 펼칠 수도 있다. 또는 구체적인 일정과 여행지를 계획하는 방향으로 생각을 발전시킬 수도 있다. 각 단계를 수행할 때마다 우리의 정신은 여러 가능성 중에서 하나를 선택한다. 제대로 알지 못하고 깊이 생각하지 않아도 이 선택과 단계는 계속 실행된다. 생각의 사슬에서는 우리를 끌어당기는 서로 다른 근원 사이의 줄다리기로 인해 다음 단계가 결정되며, 오로지 하나만 승리한다. 우리의 성향(검소한지, 새로운 경험에 개방적인지), 심리 상태, 성향, 최근의 생각 이력(예를 들어 바로 한 시간 전에 청구서를 지불했다면 '돈' 경로로 갈 가능성이 크지만 아름다움 섬에서 휴가를 보내는 광고를 봤다면 '재미'라는 경로로 갈 것이다. 이러한 현상을 심리학에서는 '프라이밍priming'이라고 한다), 또는 깊숙한 잠재의식 아래에 있는 동기가 '이 모든 것으로부터 벗어나고 싶다'는 방향으로 당신을 끌어당길 수도 있다. 이처럼 여러 요소가 동시에 작용하며 마음은 그중 하나의 길을 택한다.

개념과 기억의 망에 있는 각각의 노드는 한 번에 여러 개의 다른 노드에 연결되지만 그 연결 강도가 서로 다르다. 신경 세포 간의 연결에는 연관성의 강도를 나타내는 '가중치'가 있다. A와 B 사이의 연관 강도는 생각 A가 생각 B를 얼마나 쉽게, 얼마나 빠르게 떠올리게 할지를 결정한다. 그래서 A를 보거나 생각하면 곧이어 B가 떠오른다. 이 가중치의 강도는 학습의 질에 따라 결정될 수 있다. 예를 들어 특정 연결이 얼마나 반복되었는지(적색 신호등이 '정지'를 의미하는 빈도)에 따라서 정해질 수 있다. 또 이 강도는 일시적으로 형성되기도 한다. 직전에 일어난 정신적 경험이 어떤 연상을 일시적으로 활성화된 상태로 유지하면서 연관의 강도를 높일 수 있다.

생각이 활성화되는 데는 분명한 원인이 있다는 사실을 모르면, 그리고 실제로 모를 때가 많기 때문에, 우리는 일상 속에서 많은 혼란을 겪게 된다. 생각이 어디서 비롯되었는지를 정확히 인식하지 못하면, 우리는 종종 자신이 생각을 완전히 통제하고 있다고 착각하고, 그로 인해 자유의지가 있다는 환상도 함께 갖게 된다. 그러나 생각은 이전 경험에 의한 프라이밍, 무의식적 요인, 연상 강도 같은 결정적인 요인들로부터 비롯된다. 자유 연상 방식에서는 일단 참가자에게 단어를 제시한다. 그리고 어떤 검열이나 평가도 받지 않고 단어를 본 후 가장 먼저 떠오르는 대로 최대한 신속하게 반응하도록 유도한다. 고무적이고 위협적이지 않은 환경하에서 억제는 최소화된다. 이때 자유 연상으로 나온 반응들이 그 사람의 내면 구조, 깊은 욕망, 숨겨진 두려움, 의외의 충동 등을 보여주는 중요한 단서가 될 수 있다. 그러나 그 사람이 방금 어떤 생각을 했는지, 어떤 말을 했는지를 이해하려고 할 때는 앞서 언급된 다양한 요인들이 다음 생각을 어떻게 결정짓는지를 반드시 함께 고려해야 한다. 만약 치료 전문가가 '어머니'라고 말했을 때 당신이 '피'라고 대답한다면 치료 전문가는 당신과 어머니와의 관계를 걱정할 것이다. 치료사가 궁금해하는 상황이 당연할 수도 있다. 그러나 오늘 아침 어머니에게 전화를 걸어 셔츠에 묻은 핏자국을 제거하는 방법을 물어보았기 때문에 의미론적 개념인 '피'라는 단어가 떠올랐을 수도 있다. 반사적으로 답할수록 더 쉽게 나올 수 있는 말이다. 우리는 생각 A가 어떻게 생각 B로 이어졌는지를 먼저 이해해야 비로소 그로부터 의미 있는 결론을 이끌어낼 수 있다.

생각 관찰하기

내면의 세계를 향한 첫 번째 공식적인 여정은 마음 챙김 단기 프로그램(MBSR, 스트레스 감소를 위한 마음 챙김 기반 훈련 과정)에 등록하면서 시작되었다. 총 여덟 번의 저녁 모임과 마지막 하루 동안의 침묵 수행으로 구성된 과정이었다. 실제 모임에 참여하기 전에 지참해야 하는 서류와 정보에 대해 논의하는 사전 미팅이 있었다. 장소는 매사추세츠 주의 애머스트였고, 다행스럽게도 존 카밧진이 마음 챙김 명상을 대중을 위한 방식으로 정제해낸 곳이기도 했다. 이 모임을 위해 모든 그룹이 농구 코트 위 거대한 원에 모여 앉았다. 여정을 떠나기 직전, 강사는 우리에게 긴장을 풀고 1분간 눈을 감고 쉬어보고 나서 다른 사람들과의 경험을 공유하라고 요청했다. 아주 기본적이고 초보적인 활동처럼 보였다. 그러나 이 짧은 순간이 나에게 새로운 세계를 열어주었다. 갑작스러운 멈춤, 내면 정신의 급격한 변화, 오랫동안 잊고 있었던 감각과 내 몸에 대한 관심이 순식간에 나를 사로잡았다. 그 무렵 나는 하버드라는 경쟁이 치열한 환경 속에서 젊은 교수로 일했고 집에서는 어린 자녀들도 돌보느라 일상이 숨 가쁘게 흘러가고 있었다. 나는 스스로에게 물었다. 내가 이런 감각을 마지막으로 느낀 건 언제였지? 왜 그렇게 오랫동안 단 1분도 멈추지 않았는지 나 자신에게 묻는 시간이었다. 마치 마지막으로 하늘의 별을 올려다본 적이 언제였냐는 상투적인 질문과도 같았다. 내 안에 있는 이 개인적이고 강렬한 우주가 나를 기다리고 있었다. 더 깊이 들어가고 싶었고 그 단계를 밟는 데 몇 년이 걸렸지만, 그 여정은 충분히 가치가 있었다.

  처음에 나는 자기 생각을 '관찰'도록 권유받는다는 게 전혀 말도 안 된다고 생각했다. 그러나 의구심을 떨치기 위해 나는 쓰고 있던 과학자라는 모자를 집에 두고, 마음 챙김 명상에 백지 상태로 참여하겠다고 마음먹었기에 그대로 받아들이고 시도해보기로 했다. 그렇게 명상을 온전히 받아들이도록 노력했다. 거울을 보듯 내면을 관찰하다가 새로운 결점을 발견하면 잠시 집중하고, 주목하고, 점검한 다음 놓아주면 된다. 이처럼 마음먹은 대로 행동하지 못할 이유는 없다. 이 경험은 놀라울 정도로 흥미롭고 쉽게 접근할 수 있고 지극히 사적이지만, 우리는 대부분 이 방식대로 스스로를 들여다볼 엄두조차 내지 않는다.

　우리는 스스로의 사고 과정을 개인적으로 탐색하는 것이 불가능하다고 여기며 살아왔다. 내가 처음으로 침묵을 경험했을 때 비록 아직 제대로 된 훈련도 받지 않은 초보자였지만, 그 짧은 시간 안에 이것이 나만의 금광이라는 확신이 찾아왔다. 생각에 집중하는 일은 곧 자신을 대상으로 하는 일종의 정신분석처럼 느껴지기 시작했다. 처음에는 대부분 최근에 나를 괴롭혔던 평범한 일들로 정신이 채워진다. 여행 중 불편했던 일, 집이나 직장에 두고 온 물건들, 명상 후에 해야 할 일들, 방 안의 냄새, 멀리서 들리는 소리 등. 그런 다음 오래된 문제, 기억, 두려움 그리고 욕망을 탐구하기 시작한다. 오롯이 자기 내면을 들여다보는 힘만으로도 문득 웃음이 나거나 눈물이 나는 순간이 찾아온다. 기억 속을 헤집는 것만으로도 강한 감정이 찾아든다. 그리고 이 모든 경험은 명상의 형식이나 방식에 상관없이 누구에게나 일어날 수 있다. 스스로를 호기심 어린 관찰자의 시선으로 바라볼 수 있고 또 그렇게 하면 분명한 이점이 있다는 단순한 자각만으로도, 그런 경험은 일상 속에서도 얼마든지 가능해진다. 샐러드를 만들거나 조깅을 할 때조차도 말이다. 특별한 장비나 복장, 공간은 필요 없다. '나는 내 생각을 들여다볼 수 있다'라는 단순한 이해만으로도 무엇이 나를 괴롭히는지, 무엇이 나를 기쁘게 하는지, 왜 내가 그런 말을 하고 그런 행동을 하며 그런 감정을 느끼는지를 더 분명하게 알게 된다. 물론 명상은 오랫동안 피했던 기억이나 아직 감당할 준비가 되지 않은 감정을 드러낼 수도 있다. 외부의 도움이 필요한 경우도 발생한다. 명상이 언제나 순기능만을 하는 것은 아니다.

분명 내가 자아에 대한 관찰의 샘을 처음으로 발견한 사람은 아니다. 앞서 수백 년에 걸쳐 많은 사람이 영적 수행, 심리검사 그리고 심지어 자기 발견의 길을 걸어왔다. 손꼽을 만한 사람은 마리언 밀너(필명: 조안나 필드)다. 밀너는 행복이 무엇인지 알아내기 위한 여정을 시작하며, 섬세하고 통찰력 깊은 일기를 꾸준히 써 내려갔다. 그리고 저서 《자기만의 인생

A Life of One's Own》에 8년간의 여정을 아주 잘 요약했다.[01] 밀너는 일기 쓰기를 통해 자기 성찰에 대한 독특한 통찰력을 개발했다. 나중에 밀너가 저명한 정신분석가가 된 것도 놀랄 일이 아니다.

우리는 늘 생각의 주체로서, 생각의 흐름 한가운데에 있는 데 익숙하다. 생각이 마치 우리에게 작용하듯 흘러가고, 어디로 가는지 어떻게 흘러가는지에 대해선 거의 통제도 통찰도 없다. 그러나 내가 새롭게 시작한 이 연습, 그리고 나보다 먼저 수많은 사람이 해온 이 연습은 그 흐름을 옆에서 지켜보는 시점을 하나 더 추가한다는 의미다. 사실 이것은 예술도 아니고 수만 시간의 경험이 있어야만 효과를 얻을 수 있는 어떤 고급 기술도 아니다. 단지 시선을 바꾸려는 노력일 뿐이다. 여기에는 두 가지 관점이 있다. 하나는 생각 속에 들어가 그 흐름을 따라가는 것, 마치 롤러코스터에 올라타 직접 경험하는 사람처럼 생각에 몰입하는 방식이다. 또 하나는 티켓을 사지 않고 아래에서 롤러코스터를 바라보는 사람처럼 생각을 바깥에서 관찰하는 방식이다. 이 두 가지 모드는 자동으로 또는 임의로 몰입형 참여에서 외부 관찰로 전환될 수 있다. 시간이 지나면 이 두 시점을 오가는 것이 자연스럽고 익숙해질 것이다.

생각을 관찰한 개인적인 경험과 마음에 대한 점진적인 이해(심리학), 뇌에 대한 과학적 탐구(신경과학)를 통합하면 우리가 누구이며 왜 그렇게 작동하는지를 새롭고도 쉽게 이해할 수 있게 된다.

생각과 정신적 잡음

공학 분야와 신호 처리 분야에는 신호대잡음비SNR, Signal-to-Noise Ratio라는 측정값이 있다. SNR은 잡음이 많은 환경에서 관심 신호가 얼마나 많이 포함되는지를 수치화한 지표다. 실제 환경은 믿을 수 없을 정도로 시끄럽다. 무선 수신 환경은 무선 전송으로 가득 차 있다. 그리고 우리 주변 장면의 시각적 이미지는 잡동사니, 방해물, 움직임, 다양한 조명 등으로 가득 차 있다. 칵테일파티에서 친구가 하는 말을 알아들으려면 소음과 잡담 소리를 이겨내야 한다. 좋은 시스템이란 신호를 증폭하고 잡음을 억제해 SNR을 최대화함으로써 중요한 정보를 뚜렷하게 추출하는 시스템이다. 뇌는 외부 세계와 내부 세계를 모두 고려하여 이와 동일한 문제를 해결해야 한다.

외부 세계로부터 들어오는 신호 중에서 우리가 어떤 자극을 받아들이고 어떤 자극을 걸러낼지는 '주의'라는 정교한 필터에 따라 결정된다. 이 필터는 우리가 인식하지 못하는 수준에서도 관련성, 새로움, 매력, 또는 위협성을 기준으로 자극을 선별한다. 우리는 소리, 색, 냄새 등 수많은 감각 자극에 끊임없이 노출되어 있지만 그중 극히 일부만을 선택적으로 받아들인다. 분주한 거리에서 버스를 기다리고 있다고 가정해보라. 멀리서 버스들이 오면 내가 타려는 버스를 확인해야 한다. 이때 얼마나 많은 정보를 버려야 집중할 수 있을지 생각해보자. 버스 근처의 자동차들, 주변 물체들, 번잡한 거리의 복잡한 움직임들, 주의를 산만하게 하는 경적, 가방의 무게, 어디선가 들리는 대화 등 많은 정보가 있다. 그러나 우리는 이런 복잡한 환경 속에서도 대부분 무리 없이 원하는 정보를 추려내며 일상을 살아간다. 이 과정이 때로는 흥미롭고 웃음을 자아내는 실수로 이어지기도 한다. 대표적인 사례가 '보이지 않는 고릴라invisible gorilla' 실험이다. 참가자들이 농구공을 주고받는 횟수를 세느라 집중한 나머지, 화면 한가운데를 지나가는 고릴라 분장을 한 인물을 전혀 알아채지 못하는 실험이다(인지 심리학의 창시자 중 한 명인 울릭 나이서가 처음으로 제시했다).[02] 그러나 대부분의 선택적 관심은 우리에게 꼭 필요한 자연의 선물이다. 세상 속에서 안전하고, 정신적으로 건강하며, 효율적으로 살아갈 수 있게 해주는 핵심적인 능력이다.

또한 우리는 주의가 외부 자극에만 작용하는 것이 아니라 내면에도 적용된다고 생각할 수 있다. 어떤 생각에는 주의를 기울이고, 어떤 생각은 무시할 수 있다(비록 생각 억제나 억압이 쉽게 되는 일은 아니지만). 명상은 그런 내면의 주의를 다루는 데 있어 내가 아는 가장 효과적인 도구다. 명상은 정신적 잡음을 줄이고, SNR을 높이는 과정이라 볼 수 있다. 그 과정을 통해 우리는 단지 생각을 이해하는 것뿐 아니라 일정 수준에서 통제하는 능력도 얻게 된다. 원하는 대로 아무 데로나 가는 차에 그냥 타고 있을 수 있겠는가? 그렇지 않다면, 왜 자신이 조종하지 않는 몸에 기대어 살아가는 것을 당연하게 여기는가?

우리는 SNR을 정화하고 개선한다. 그러고 나서 남아 있는 생각들을 소위 방문자들처럼 조심스럽게 처리하며 관찰하고 라벨을 붙여 분류한다. 그다음 침묵으로 마음 챙김 상태에 들어간다. 최대한 차분한 방식으로 실제 세계가 우리와 얼마나 가까이 있는지를 경험하도록 하기 위함이다. 명상은 생각을 정화하면서 마음을 다스릴 수 있게 이끈다. 또한 통찰력에 더욱 가까워지도록 한다.

평온한 마음과 통찰력 사이에는 어떤 관계가 있을까? 문제 해결이나 다양한 인지 과제를 다룬 심리학 연구들은 통찰이 보통 갑작스럽게, 예고 없이 떠오른다는 사실을 보여준다. 통찰력은 소위 '배양incubation'이라는 무의식적인 과정 처리의 결과로 나타난다. 꼭 필요하지 않은 순간에는 의식을 방해하지 않고 정신적 과업을 조용히 처리하는, 의식의 '배후에서behind the scenes' 일어나는 과정이다. 통찰은 그 배양 과정의 최종 결과를 무의식이 의식에 전달하는 순간이다. 마치 세부 사항에는 신경 쓰지 않기 위해 외부 하청업자에게 일을 맡기고, 우리는 그동안 삶을 이어가는 것과 같다. 일단 메시지가 전송되면 수신할 준비가 되어 있어야 한다. 그러나 의식이 온갖 일로 가득 차 있을 때는 무의식의 깊은 곳에서 송신되는 미세한 신호들을 인식하기 어렵다. 생각은 우리의 정신을 장악한다. 생각 속에는 너무 많은 잡음이 있어서 내재된 통찰력을 쉽게 의식하지 못한다. 그럴 때는 명상을 통해 '배경 사고background thought'를 정리하고 신호 대 잡음 비율을 높임으로써 더 많은 부분에 열릴 수 있다. 이는 외부 환경뿐 아니라 내면을 인식할 때도 작동하는 동일한 메커니즘이며, 수행 방식도 유사하고 얻는 이점 또한 비슷하다.

명상을 수행하면 생각뿐 아니라 감정에도 더욱 민감해진다. 특히 호흡할 때 주의를 다른 곳으로 돌리게 만드는 욕구와 갈망, 다른 경험을 향한 바람, 분노, 비판, 판단, 불안, 두려움, 초조, 피로, 무감각, 의구심 등이 더욱 뚜렷하게 떠오른다. 그러나 걱정하지 않아도 된다. 부정적인 감정과 생각만 생기는 것은 아니기 때문이다.

처음에는 여럿이 함께하는 명상에서 집중하지 못하고 자꾸만 눈을 뜨곤 했다. 참 기이한 광경이지 않은가. 한 무리의 낯선 사람들이 한데 모여 똑바로 앉아서 눈을 감은 채 형형색색의 베개와 숄에 둘러싸여 있다. 모든 것이 이 사람들을 편안하고 고요하게 만든다. 분명히 잠들지 않고 깨어 있지도 않으면서 뭔가에 완전히 몰입된 듯한 독특한 표정을 짓고 있다. 다른 어떤 상황에서도 보기 힘든 광경이었다. 여기에 온 사람들은 명상할 때 서로 쳐다보면 안 되는 것처럼 느껴질 정도로 자기 자신에게 푹 빠져 있었다. 그러나 가끔 그렇게 바라보는 순간들을 통해 나는 외부 자극 없이도 사람들이 내면을 들여다보며 겪는 감정의 폭이 얼마나 넓은지를 알게 되었다.

호흡과 생각

한번은 이탈리아 아시시의 아름다운 숲에서 열리는 명상 수련회에서 강연을 하게 되어 초대를 받았다. 로마에 도착하자 지인과 지인의 남편이 공항으로 마중 나왔다. 모든 일정은 완벽히 짜여 있었다. 나는 수련회를 주최하는 파트리치오라는 사람을 만나기로 되어 있었다. 그는 아시시 주변의 숲에서 명상 수련회에 참여하기 전에는 불교와 선행에 관심이 있는, 친절하고 다양한 분야에 박식한 르네상스식 인간이었다. 비행기가 늦게 도착하는 바람에 우리는 서둘러야 했다. 잠깐 점심 먹을 겨를도 없이 자동차로 세 시간이나 달렸다. 차 안에서 논의한 유일한 주제는 우리가 제시간에 도착할 수 있는지였다. 오로지 빨리 가는 데만 몰두하다 보니 마치 스릴러 영화 속 인물이 된 기분이었다. 도중에 차를 갈아타고 짐은 친구 남편에게 맡겼다. 나와 그 친구는 계속해서 차에 몸을 싣고 간신히 약속 시간에 맞춰 파트리치오를 만났다. 나는 그와 악수를 했다. 힘든 여정으로 숨이 가빴지만 마치 지구를 구한 듯한 기분이었다. 파트리치오는 차분하게 말했다. "어서 오세요. 이제 우리는 네 시간 동안 앉아서 호흡과 인중에 집중하겠습니다." 그리고 윗입술과 코밑 사이의 세로 홈을 가리켰다. 서둘러 봤자 별 소용이 없었다.

  명상을 통해 정신을 깨끗이 갈고 닦는 방법은 다양하다. 반드시 힘들거나 지루할 필요는 없다. 그중 한 가지는 유명한 만트라 명상으로, 내가 직접 해본 적은 없지만 꽤 인기가 있는 명상법 같다. 내가 처음 경험한 명상은 기본적이고 친숙하게 신체를 스캔하는 방식의 명상이었다. 앉거나, 눕거나, 서 있는 상태에서 눈을 감고 마음의 눈으로 자신의 몸을 아주 자세히 살펴본다. 발가락 사이, 발톱 밑 공간, 거기에서 위로 올라가면서 육체의 모든 부분을 상상력으로 덮는다. 내 경험상 머리 꼭대기까지 도달한 적은 한 번도 없었지만 괜찮다. 강사들이 부드러운 어투로 강조하는 것처럼 마음은 흐트러지기 마련이며, 억지로 막으려 하지 말지어다. 오로지 자신의 몸을 살피는 데 주의를 기울여라.

  명상은 서 있는 상태에서도 할 수 있다. 발의 감각을 천천히, 세밀하게 들여다보며 섬세하게 집중하는 것이다. 아주 느리게 걷는 동안에도 명상을 할 수 있다. 몸의 작은 움직임, 발, 발가락, 무릎, 근육, 머리의 자세 등으로 주의를 옮기며 하나하나 감각에 집중한다. 나는 이 방식이 가장 어려웠다. 아마도 나의 삶의 방식이 반영된 결과일 것이다. 나에게 걷는다는 것은 항상 어딘가에 도달하는 행위였고, 그 자체로 걷는 일은 의미 없게 느껴졌다. 오랫동안 도착을 향해 달려온 몸에게 목적지 없이 천천히 걷는 일은 어색했다. 평생 몸에 밴 조건을 지우려면 연습이 필요하다.

집중의 대상이 반드시 몸일 필요는 없다. 예를 들어 근처의 에어컨을 세밀하게 관찰하는 것도 가능하다. 정신이 방황할 때마다 돌아갈 착지 대상을 선택하는 일은 일종의 '속임 동작head fake'이다. 정신을 관찰하고 서서히 산만함을 최소화하기 위한 훈련에 도움이 되는 기본적인 방법이다. 산만함을 알아차리기 위해서는 우선 어떤 것에 집중하고 있어야 한다. 명상에서는 그 집중 대상이 바로 몸이든 다른 무엇이든 기준점 역할을 한다. 실생활에서 우리를 산만하게 하는 것은 바로 현재다.

가장 널리 쓰이는 명상 방식은 호흡에 주의를 기울이는 것이다. 그리고 이 방법이 인기 있는 데에는 충분한 이유가 있다. 명상을 한 번도 해보지 않은 사람에게는 이 말이 낯설게 들릴 것이다. "호흡에 무슨 집중을 해? 그저 공기가 드나드는 것뿐인데. 그렇게 단순하고 평범한 일을 얼마나 오래 생각할 수 있을까?" 그러나 연습을 오래 할수록, 그리고 더 깊이 있는 지도를 받을수록 주의력은 더 정밀해진다. 단계적으로 우리는 콧구멍을 통한 공기의 흐름을 알아차리기 시작한다. 따뜻한가? 간지러운가? 느리고 긴가? 아니면 짧고 강렬한가? 이윽고 코와 입에서 폐로 가는 공기의 경로에 주의를 기울이기 시작한다. 자세나 복근에 영향을 받는가? 안과 밖의 한 호흡은 언제 끝나고 다음 호흡은 언제 시작될까?

우리가 어떤 대상을 택하든 거기에 주의를 기울이는 것만으로도 그 대상을 얼마나 세밀하게 관찰할 수 있는지를 생각해보면 흥미롭다. 우리는 사물을 완전한 실체, 즉 집, 나무, 사람, 도시, 달처럼 이름을 붙인 완성된 형태, 닫힌 전체로 받아들이며 살아간다. 정보를 상상하고 마음의 눈으로 떠올리는 능력도 마찬가지다. 눈을 감고 자동차, 고양이, 사무실을 생각하면, 자세히 곱씹어보고 주의를 기울이지 않는 한 단지 아주 기본적인 정보만 볼 수 있다. 그러나 무심코 지나치려던 나무를 몇 분씩 집중해서 보면 어떻게 될까? 전혀 다른 세계가 열린다. 갑자기 나무에 줄기, 나무껍질, 나뭇가지, 잔가지, 잎사귀, 꽃봉오리, 잎맥, 색감, 작은 꽃이 생겨난다. 안으로 들어가면 마치 새로운 프랙탈(일부 작은 조각이 전체와 비슷한 기하학적 형태-옮긴이)이 끝없이 나타나는 프랙탈 애니

메이션과도 같다. 단순히 잠깐 멈춰 머물기만 했는데도, 층층이 쌓이는 세부적인 물체의 지속적인 흐름을 느끼기에는 충분하다.

오랫동안 진지하게 요가와 명상을 수련한 내 친구 나탈리는 어떤 과정에서 배운 독특하고 도전적인 운동에 대해 말해주었다. 하루 종일 일상생활을 하면서도 계속해서 자신의 호흡을 자세히 관찰하는 것이다. 지금의 나로서는 감히 상상하기 어려운 단계지만, 듣기만 해도 흥미로운 경험처럼 느껴졌다. 나탈리에게서 '실제 시간'이라는 새로운 용어도 배웠다. 우리는 모두 상황에 따라 시간이 다르게 느껴진다는 사실을 알고 있다. 지루할 때는 시간이 느리게 흐르고, 즐거울 때는 빠르게 지나간다. 그런데 깊고 지속적인 명상은 이러한 주관적 시간 왜곡을 줄이고, 보다 안정된 시간 감각을 만들어낼 수 있다고 한다. 우리에게는 오로지 실제 시간만이 진짜 의미 있는 중요한 시간이다.

신체적 감각에 대한 생각

나는 처음으로 참여한 침묵 수행에서 이스라엘에 있는 위파사나 토바나 명상 단체의 설립자인 스티븐 풀더 뒤를 쫓아가며 말하고 싶어 안달이 났던 기억이 있다. 그에게 아무것도 느끼지 못한다고 말하려고 했다. 하루밖에 지나지 않았지만 나는 참을성이 없고 통찰력을 갈망하는 유형의 사람이었다. 너무 궁금하고 조급한 나머지 침묵 수행 중인데도 말을 꺼냈고, 덕분에 스티븐은 꽤 난처했던 모양이다. 그러나 그는 너그럽게 받아들이고, 앉아 있는 동안 떠오르는 다양한 생각이 내 몸에 어떤 영향을 미치는지부터 관찰해보라고 말했다. 나는 그 말이 무슨 뜻인지 잘 이해하지 못했다. "생각이 몸에 영향을 준다고요? 또 생각마다 몸에 미치는 영향이 다르다고요?"라고 묻자 그는 웃으며 말했다. "물론이죠. 선생님은 신경과학자입니다. 선생님에게는 오직 뇌만 존재하는 겁니다." 그 말이 맞았다. 이 경험을 하기 전까지 내 눈 속의 육체는 선택적으로 뇌를 운반하는 플랫폼이었다. 과학자가 젊음을 유지하기 위해 아이들을 납치해 꿈을 훔쳐 가는 영화 〈잃어버린 아이들의 도시The City of Lost Children〉에서 어빈 아저씨는 그저 병 속의 두뇌일 뿐이지만 수다스럽고 불쾌할 정도로 냉소적이며 심지어 편두통을 앓기까지 한다. 바로 내가 우리의 존재를 생각해왔던 방식과 같다. 뇌에서 시작해 뇌에서 끝난다.

  신경과학, 철학, 불교, 종교 연구에서 사람들은 오랫동안 정신과 몸의 상호작용에 대해 생각해왔다. 우리가 몸의 감각을 뇌로 느낀다는 점에는 의심의 여지가 없다. 증거도 차고 넘친다. 그러나 정신과 육체가 상호적이라는 사실은 아직 널리 알려지지 않았다. 몸은 단순히 감각 정보를 뇌로 전달하는 도구가 아니다. 뜨거운 것에 다가가거나 간지럼을 느낄 때처럼 외부 자극을 인식하게 해주는 역할에만 그치지 않는다. 사실 이미 일부 연구에서는 정신이 신체로부터 오는 신호에 의해 형성된다고 주장한다.[03] 결국 마음과 몸은 서로 영향을 주고받는 공생 관계다. 이 사실을 분명히 인식하고 기억할 가치가 있다.

마음과 몸의 연결을 보여주는 대표적인 예는 어디서나 볼 수 있는 플라시보 현상이다. 믿음과 기대는 생리적 건강에 영향을 미칠 수 있다. 임상 환경은 물론 일상생활에서도, 믿음은 우리가 어떤 사건에 반응하는 방식을 바꾼다. 즉 우리는 무의식적으로 병리적, 심리적, 생리적 증상까지 변화시킬 수 있다. 적절한 상황과 설명이 주어지면 아무런 약효가 없는 치료도 효과를 발휘할 수 있다. 예를 들어 우울증 사례의 최소 30퍼센트는 플라시보만으로 완화될 수 있으며,[04] 치료 자체와 무관하게 치료에 대한 믿음만으로 우울증 상태를 개선할 수 있음을 의미한다. 유사하게 플라시보는 편두통의 증상을 완화하고 다양한 영역에서 통증을 관리하는 데에도 도움이 되는 것으로 나타났다.[05] 우리 몸에 정신의 힘이 어떤 영향을 미치는지 보여주는 사례다.

한번은 딸아이가 다니는 유치원에서 발표회를 했었는데 아이들에게 슬픔, 질투, 분노는 물론 행복이 우리 몸 어디에 있느냐고 물었다. 아이들은 모두 '뇌'라고 대답했지만 사랑만큼은 '심장'에 있다고 말했다. 심장이 두근거리는 것을 느끼면, 우리는 감각이 느껴지는 곳에 감정이 존재한다고 직관적으로 받아들인다. 그래서 예전에는 인간의 모든 감정이 뇌에서 일어난다는 개념 자체를 받아들이기 어려웠을 것이다. 뇌에 대한 지식이 거의 없던 시절에는 몸에서 느껴지는 감각만이 유일한 단서였고, 그 감각이 곧 감정이 발생하는 장소라고 여길 수밖에 없었다. 그렇게 감각 중심의 직관이 발달한 것도 충분히 이해된다. 만약 오른발 엄지발가락이 뜨거운 숯에 닿았다면, 감각은 실제로는 뇌의 체성감각 피질과 통증 처리 영역에서 일어나더라도 그 느낌이 발가락에 있다고 인식하는 편이 생존에 유리하다. 뇌는 이러한 기능적 착각으로 가득 차 있다. 생존과 행동 효율을 높이기 위한 전략이다. 그래서 영화관에서 스피커가 양옆 벽과 뒤에 있더라도 우리는 눈앞에 있는 스크린에서 소리가 나온다고 느낀다. 잘못된 위치 인식이지만 기능적으로는 훨씬 자연스럽게 작동한다.

심리학의 선구자인 윌리엄 제임스는 실제로 감정이 육체에서 비롯된다고 최초로 가정한 사람 중 한 명이다(제임스-랑게 이론). 분노, 공포, 기쁨을 느끼는 것은 몸에서 먼저 나타나는 생리 변화 때문이며, 뇌는 그 신체 반응을 바탕으로 감정이라는 인지적 표현을 만들어낸다는 것이다. 이 논쟁의 여지가 있는 이론에 따르면 감정이 뇌에서 시작하여 신체에 대한 감각을 지시하는 것이 아니다. 대신 몸은 사자의 얼굴이나 사랑하는 사람의 미소 같은 자극의 인식에 직접적으로 반응하며 신체의 변화가 뇌의 감정을 풍부하게 만든다. 이는 사람의 몸에 정신이 있다는 뜻이 아니라 뇌가 자극의 물리적 특성(색깔, 소리, 얼굴, 미소 등)을 인지한다는 의미다. 그 인지가 신체 반응을 유도하며, 이어지는 몸의 반응이 다시 뇌에 감정이 무엇인지를 알려준다는 것이다. 이 이론에 따르면 감정은 신체의 생리적 반응을 해석한 뇌의 결과물이다. 슬퍼서 우는 것이 아니라 울기 때문에 슬퍼지는 것이다.

이 이론이 직관에 어긋나는 만큼, 하나의 예를 더 들어보

자. 누군가 화를 내며 소리를 지르고 있다고 가정해보자. 목소리의 강도와 빈도, 자세한 표정, 자세 등 신체적 특징은 모두 뇌에서 감지되어 빠르게 몸으로 전달된다. 몸은 이런 물리적 신호들을 과거의 연상 경험을 바탕으로 즉시 반응한다. 몸이 움츠러들고 심장 박동이 빨라지고 피부에 땀이 맺히면 뇌는 두렵다고 판단한다. 이제 뇌도 그 감정을 아는 것이다. 다소 복잡하고 순환적인 과정처럼 보일 수 있지만, 이 흐름은 현대 심리학의 창시자를 비롯한 수많은 연구자들이 감정의 형성에 있어 몸이 중요한 출발점이라는 점에 주목했다는 사실을 잘 보여준다. 신체의 감정 표현은 또 다른 중요한 역할을 한다. 얼굴을 포함한 신체의 감정 표현은 우리가 어떻게 느끼는지를 다른 사람들에게 전달하기 위한 수단이다. 개의 꼬리를 보고 개의 기분을 추론할 수 있듯 사람은 전신을 통해 훨씬 더 풍부한 감정을 표현하고 읽어낼 수 있다. 놀라움, 공포, 경계, 흥분, 지루함, 혐오감 등 수많은 기분을 얼굴과 몸으로 표현하면서도 우리는 얼마나 많은 감정을 전달하고 인지하는지 알지 못한다. 실제로 감정을 설명하기 위해 사용하는 말이 상대에게 얼마나 영향을 주는지는 분명하지 않다. 말보다 먼저 전달되는 것은 몸이 이미 보여준 모든 표현이다.

사고의 종류

주변에서 어떤 단어가 얼마나 자주 사용되는지는 오래전부터 사람들의 관심 대상이었다. 단어의 빈도는 지금 무엇이 유행하고 있는지, 무엇이 사람들의 관심을 끌고 있는지를 그대로 보여준다. 신문, 책, 라디오, 텔레비전, 인터넷 등 다양한 매체에서 가장 자주 등장하는 단어들을 단순히 세어보는 것만으로도 사회의 흐름을 파악할 수 있다. '생각하다'라는 단어는 통계가 시작된 때부터 상위 100위 안에 들었다. 존 듀이는 저서 《생각하는 방식 How We Think》에서 이 단어가 가장 많이 쓰인다고 말했는데, 그것이 비유적인 표현이었을 수도 있지만, 내가 최근에 확인했을 때는 실제로 75위였다. 어느 방식으로 보더라도, 사람들은 생각과 사고에 대해 자주 이야기하고 있다. 생각하는 일이 우리 삶에서 가장 중심적인 활동이라는 점을 감안하면 그다지 놀라운 일은 아니다.

우리는 생각을 단일한 과정이라고 생각하는 경향이 있다. 주관적으로 보면 생각은 이리저리 오가다 때로는 한 쪽에 약간 더 머물기도 하지만, 기본적으로는 계속해서 생각의 주제만 바뀔 뿐이다. 그러나 실제로 생각은 훨씬 더 다양하고 복잡하다. 생각은 하나의 주제를 오래 붙잡고 맴돌 수도 있고 이 생각에서 저 생각으로 훌쩍 뛰어넘기도 한다. 의미의 범위가 좁을 수도 넓을 수도 있고 빠르게 갈 수도 느리게 갈 수도 있다. 의도된 생각일 수 있고 방해받은 생각일 수도 있다. 자발적으로 생겨날 수도 있고 외부 자극에 의해 촉발되기도 한다. 단어, 이미지 또는 소리라는 형태가 될 수도 있다.

다양한 사고 패턴과 두 가지 이상의 사고 유형이 있다. 여기에서 생각의 유형이나 패턴은 생각의 내용이 아니라 생각이 진행되는 방식을 의미한다. 차 안에 누가 있느냐가 아니라 차를 어떻게 운전하느냐가 중요하다. 수박, 스카이다이빙, 치근관 또는 죽음에 대해 생각할 수 있지만 그 주제들을 생각하는 방식은 전혀 다를 수 있다. 이러한 다양한 유형의 사고 패턴은 기분이나 상황에 의해 결정되며 다른 목표를 달성하는 데 도움이 되기도 하고 오히려 방해가 되기도 한다. 대표적인 사고 유형들을 간략히 살펴보자.

연상적 사고

생각은 개념으로 이루어져 있다. 앞서 설명했듯이 우리의 경험과 지식은 하나의 거대한 그물망처럼 구성되며 각 지점은 하나의 개념이다. 어떤 개념을 생각한다는 것은 그 노드를 방문하여 해당 노드에 담긴 내용을 활성화하는 것이다. '빨간색'이라는 색깔, '좋다'라는 단어, '따뜻하다'라는 느낌, '할머니'의 얼굴, 또는 '할바(깨와 꿀로 만든 터키의 과자-옮긴이)'의 맛이 될 수 있다. 사고 패턴은 이 개념의 그물망 위를 어떻게 이동하느냐에 따라 달라진다. 연상적 사고는 한 개념에서 연관된 또 다른 개념으로 자연스럽게 이어지는 사고 방식이다. 예를 들어 사과를 생각하면 아이작 뉴턴과 중력이 떠오르고, 이어서 물리학과 학창 시절을 떠올리다가 첫사랑이 생각난다. 사랑을 생각하면 아이들이 떠오르고 삶과 나이와 운동으로 생각이 꼬리를 물고 이어진다. 이처럼 연상적 사고는 고유한 노드와 연결망을 기반으로 원활하게 진행된다.

이와 같은 뇌의 연상은 세상과의 경험을 통해 형성된다. 관련 객체(의자-탁자, 간호사-의사) 간의 연관성은 통계상으로 우리 세계에서 규칙적으로 함께 발생한다. 이를 통계적 규칙성 statistical regularities이라고 한다. 경험을 통해 이와 같은 동시 발생의 규칙성을 축적하고 기억에 연상으로 저장한다. 현실에서 두 개념이 동시에 발생할 빈도가 높을수록 뇌에서 더 강하게 연결된다. 사용 빈도가 높은 포크-나이프와 빈도가 낮은 포크-냅킨 그리고 더 낮은 빈도의 포크-수프를 비교해보

자. 이 예시에서 개념 노드 '포크'는 '나이프' '냅킨' '수프'와 연결되지만, 실제로 어떤 개념이 함께 활성화될 가능성도 그 강도에 따라 달라진다.

우리 뇌는 정보를 연상적인 방식으로 묶어 저장한다. 기억에 더욱 경제적으로 저장될 뿐 아니라 기억에서 정보를 더욱 효율적으로 검색할 수 있다는 큰 이점이 있다. 스쿠버 산소탱크라고 하면 기억에서 다이버와 다른 스쿠버 장비가 연상되듯이 새로운 정보를 기억할 때, 기존에 저장된 관련 정보 옆에 함께 저장하는 것이 훨씬 쉽다. 이와 같은 연상 기반 저장 방식을 사용하면 필요할 때 자연스럽게 기억에서 쉽게 찾고 검색할 수 있다. 연상적 활성화는 예측의 기반이 되기도 한다. 기차 소리를 들었을 때 기차의 모습을 떠올리거나 불꽃을 보면 뜨거움을 예측하는 식이다. 과거의 경험을 기반으로 환경과의 상호작용을 최적화하는 데 도움이 된다.

개념이 연상에 의해 확장되더라도 연상적 사고는 빠를 수도 있고 느릴 수도 있다. 빠를 때는 조급한 사고와 유사하게 아주 짜릿할 수 있다. 연상적 사고는 개인의 상태, 성격 특성, 기질, 재능, 정신 질환과도 관련이 있다. 예를 들어 고도의 연상적 사고는 특별한 통찰력과 독창적인 문제 해결로 나타나는 창의성과 관련이 있다. 주의력결핍 과잉행동장애(ADHD)가 있는 사람은 매우 연상적이며 일반적으로 더 창의적인 경향이 있다(다만 약물 치료를 받으면 이 창의성은 줄어들 수 있다).[06] 반대로 연상 수준이 지나치게 높아 다른 사람들에게는 느슨한 연결로 보이거나 아무 관련성도 없는 상황에서도 연결고리를 찾는 경향이 있으며, 이는 망상과 조현병과 같은 정신 장애로 진단될 수 있다. 반대로 장기간 특정 주제를 둘러싸고 순환적이고 반추하는 사고 경향은 불안 또는 우울증과 같은 기분 장애의 신호일 수 있다.

반추적 사고

반추적 사고는 특정 주제를 중심으로 반복해서 맴도는 사고 패턴이다. 일반적으로 같은 사건이나 상황을 여러 각도에서 계속 들여다보며 종종 비합리적일 정도로 고심한다. 그 과정은 대부분 고통을 동반한다. 어제 놓친 기회, 그 기회의 의미 그리고 타인의 눈에 비치는 나의 인상, 부자가 될 기회를 놓쳤다는 생각, 왜 마지막 순간에 주저했을까 하는 아쉬움, 위험을 감수하지 못한 데 대한 안타까움, 절대 성공하지 못할 것이라는 좌절감 등을 몇 번이고 곱씹고 모든 것을 또다시 생각한다. 그러나 반추 성향이 덜한 사람이라면, 그런 상황을 떠올리더라도 교훈을 얻고는 바로 다음으로 넘어간다.

같은 주제에 머무는 것이 곧 집중한다는 뜻은 아니다. 집중 상태에서도 마음속을 차지하는 개념의 범위는 좁지만, 그 안에는 진행이 있다. 복잡한 수학 문제를 풀거나 나무 집을 설계할 때처럼, 세부 사항에 깊이 몰입하더라도 분명 그 과정에는 시작과 끝이 있는 법이다. 그러나 반추에서는 같은 생각을 붙잡고 맴돌며 제자리만 돌 뿐 나아가지 못한다.

누구나 때때로 반추에 빠진다. 그러나 지속적인 반추는 병적인 결과로 이어질 수 있다. 예를 들어 미래에 예상되는 상황을 반추하는 일은 "나는 정말로 발표할 준비가 되어 있지 않아. 내 자료는 엉망이야. 에어컨이 고장 나서 내가 땀범벅이 되면 정말 창피할 거야. 사람들도 날 싫어하겠지"처럼 불안과 유사한 상태다. 사실 이런 수준의 불안은 누구에게나 있을 수 있는 정상적인 반응이다. 그러나 이러한 불안이 상시적이고 만성적인 사고 패턴으로 자리 잡아 늘 다음에 닥칠 일을 걱정하고 반복적으로 반추한다면 임상적 불안장애로 발전할 수 있다. 이는 신경 쇠약으로 이어져 치료가 필요할 수 준이 되고, 과거에 대한 반추가 지속되면 기분이 점점 가라

앓고 결국 우울증으로 이어질 수 있다. 실제로 불안과 우울은 함께 나타나는 경우가 많다. 전문 용어로 동반 질병comorbidity 이다. 하나의 질환이 있는 사람에게 다른 하나도 함께 나타나는 경향을 의미한다. 다른 많은 정신 질환의 공통점은 바로 반추적인 사고 방식이다.

강박적 사고

강박적인 사고는 강박장애(OCD)의 특징이다. 반추와 같이 항상 순환적이지는 않지만, 반복적이고 지속적이며 대개 부정적이다. 특히 멈추려 하면 할수록 강박이 더욱 강해지는 경향이 있다. 외상 후 스트레스장애(PTSD), 공황 발작, 공포증과 같은 다른 장애와 함께 나타날 수 있다. 그러나 모든 강박적인 사고가 병적인 것은 아니다. 예컨대 갚아야 할 빚에 집착하거나, 사랑에 빠진 대상의 행방에 집착하는 것처럼 특정 시기에 누구에게나 자연스럽게 일어날 수 있다. 우리는 강박적인 사고를 원치 않지만 결코 멈출 수는 없는 듯하다.

침투적 사고

침투적 사고는 실제로는 특정한 사고 유형이라기보다 하나의 사고 현상에 가깝다. 자발적이지 않고 대체로 부정적이기 때문에 요청되지 않는 생각이며, 분명한 관련성 없이 현재 진행 중인 사고 흐름에 아무런 맥락 없이 끼어든다. 강박적인 사고와 달리 간헐적으로만 발생하지만 그 영향은 매우 클 수 있다. 트라우마, 지속적인 두려움, 걱정 등이 갑작스럽게 떠오를 수 있기 때문이다. 이와 같은 침투는 우리를 무기력하게 만들 수 있으며, 침투하는 생각과 관련된 다수의 부정적인 감정들이 포함될 가능성이 있다. 그러나 모든 침투적 사고가 부정적인 것은 아니다. 문득 떠오른 즐거운 기억, 누군가의 따뜻한 말, 즐거웠던 여행처럼 예고 없이 떠오른 긍정적인 생각들도 여전히 침투적 사고에 해당한다. 본래의 사고 흐름과 무관하게 끼어들기 때문이다. 침투적 사고는 또한 이전에 우리를 괴롭혀온 어떤 문제에 대한 해결책이 될 수 있으며, 무의식적인 '잠복incubation' 기간이 지난 뒤에야 나타난다. 침투적인 생각이 분명 모두 나쁜 것은 아니다.

'생각'이라는 개념과 '기억'이라는 개념은 이 책 전체에 걸쳐 거의 같은 의미로 교차해 언급된다. 두 개념이 완전히 동일한 것은 아니지만 매우 밀접하게 연결되어 있기 때문이다. 생각은 활성화된 기억으로 구성되지만 그뿐만은 아니다. 우리가 알고 있는 모든 것, 경험을 통해 기억하는 모든 것, 두려워하거나 기대 모든 것, 예상하는 모든 것 그리고 우리가 알고 있는 모든 단어와 기억하는 모든 감정이 기억 속에 저장되어 있다. 어젯밤 엘리베이터에서 이웃이 한 말을 떠올리는 순간, 그동안 잠들어 있던 기억을 다시 활성화해 생각을 만들어낸 것이다. 우리는 이탈리아의 수도를 알고 있지만, 조각을 찾아내고 지속적인 생각의 일부로 만들기 전까지는 휴면 상태에 있다(물론 이후에는 활성화된다). 기억은 서가에 꽂혀 있는 파일과 같다. 내적·외적 사건에 의해, 예컨대 과거에 에덴이라는 사람과 마지막 데이트할 때 보았던 영화 속 등장인물이나 함께 본 광고처럼 우연히 마주친 '인출 단서retrieval cues'에 의해 활성화되기를 기다린다. 이 인출 단서는 지금 연쇄 반응으로 재활성화되는 많은 기억과 연결되어 있다. 활성화된 기억은 생각 또는 생각의 일부다. 그러나 모든 생각이 기억에서 나오는 것은 아니다. 우리가 자주 하는 시뮬레이션, 즉 정신적인 '예행연습dress rehearsals'을 생각해보자. 사람들이 보통 해변에서 어떻게 옷을 입는지, 이국적인 해변은 어떤 모습인지 그리고 함께하고 싶은 누군가의 이미지 같은 것 등 기억의 요소를 끄집어내고 조합해, 아직 실제로는 존재하지 않지만 가능성은 있는 새로운 장면을 만들어낸다. 현재 생각 중 일부는 새로운 것이고 일부는 기억에서 불러온 것이다.

특이한 사고 장애

  내 생각에 정신의학은 직업으로 선택할 수 있는 최고 분야 중 하나다. 사람들을 도울 수 있을 뿐만 아니라, 인간 정신을 온전히 마주 볼 수 있기 때문이다. 이런 다양성을 가리켜 오늘날에는 신경다양성neurodiversity이라고도 한다. 정상에서 벗어난 차이가 반드시 질환이나 장애를 의미하는 것이 아니라, 우리를 흥미로운 개인이자 풍요로운 사회로 이끄는 건강한 차이의 표현일 수 있다는 관점을 강조한다. 정신의학은 인간 정신, 어쩌면 영혼에 가장 가까이 다가갈 수 있는 분야다. 잘못된 사고 패턴을 관찰하는 것은 대단한 동시에 두려운 일이기도 하다. 우리는 자신만의 세계관에 깊이 묶여 있고, 다른 사람들의 내면도 우리와 비슷할 것이라는 주관적 믿음을 당연하게 여긴다. 그래서 누군가가 허공에 대고 말하거나 자기가 신의 아들이라고 확신하거나, 쉴 새 없이 앞뒤가 맞지 않는 말을 하는 모습을 보면 처음에는 연기를 보는 것 같다고 느낀다. 사고 장애를 바라보는 일은, 인간 정신을 들여다볼 수 있는 그 어떤 것과도 비교할 수 없는 창을 열어준다.

첫 번째 사고 장애 유형은 **탈선**derailment으로, '연상의 느슨함loosened associations'이라고도 한다. 보통 임상적인 맥락에서 논의되지만, 이 현상이 반드시 병적인 것만은 아니다. 말 그대로 탈선은 생각이나 말이 주제에서 벗어나 옆길로 새는 상태를 의미한다. 생각의 흐름을 따라가다 보면 처음 시작한 주제로는 다시 돌아오지 못하게 되는 것이다. 이때 생각의 연결은 일관되지 않거나 관련성이 약할 수 있으며, 감정이 강하게 동반되는 경우도 많다. 특히 조증 상태에서 빠르게 진행되는 사고처럼 감정이 고조된 상황에서 자주 나타난다. 탈선은 주로 연상적인 성향이 극도로 느슨하거나 비논리적으로 보일 정도로 연결의 범위가 넓은 조현병 환자에게 흔하다(다른 사람들과는 연관성이 약하거나 느슨한 곳에서 강한 연관성을 인식한다는 의미다).

이 상태를 일상에서 비유하자면, 술을 마시거나 약물을 사용해 억제가 약해진 사람들이 떠오른다. 이들은 아이디어가 끊임없이 흘러나오고, 스스로 대단한 창의력을 발휘하고 있다고 느낀다(다음 날 아침이 되면 전날 밤의 '대발견'이 그리 대단하지 않았다는 걸 깨닫게 된다…). 그럼에도 탈선 사고는 때로 창의성을 자극하기도 한다. 사고가 직선적이지 않고 문제를 다루는 논리도 분명하게 드러나지 않는 흐름, 즉 **수평적 사고**lateral thinking를 통해 새로운 해답에 도달하는 경우가 있다. 탈선 사고는 일단 벗어나면 되돌아오지 않고 방황하는 **접선적 사고**tangential thinking라고도 한다. '접선', '수평', '탈선'이라는 용어들이 유사한 사고 패턴을 가리키면서도 다르게 사용되기 때문에 혼란스러울 수 있다. 여기서 하고 싶은 말은, 용어에 너무 얽매일 필요는 없다는 것이다. (과학자들은 동료의 칫솔은 빌려도 용어는 빌리지 않는다고들 한다). 명칭에 상관없이 이러한 다양한 사고 현상은 생각이 얼마나 다양한 방식으로, 질서 있게 또는 혼란스럽게 전개될 수 있는지를 보여준다. 관련된 더 많은 실증사례가 있는데, 대부분이 기억과 생각 그리고 생각과 말하기 사이의 긴밀한 연결을 강조한다.

다음으로 흥미로운 사고 장애는 **우원증**circumstantiality이다. 불필요한 세부 정보가 너무 많아서 생각이나 말이 핵심을 중심으로 빙빙 돌며, 불필요한 세부 사항이 지나치게 많다(누구나 이런 유형의 친구 한두 명쯤은 떠올릴 수 있을 것이다). 우원증은 결국에는 핵심에 도달한다는 점에서 탈선과는 다르다. 또 다른 하나는 **사고 빈곤**poverty of speech으로, 우원증과 정반대다.

생각의 내용이 현저히 부족하고, 그에 따라 말 역시 매우 단조롭고 정보가 거의 전달되지 않는다.

임상 현장에서 관찰되는 흥미로운 사고 현상들은 아직도 많다. 현상 목록에는 사고의 흐름이 갑자기 막히는 차단blocking 그리고 아이디어가 갑작스럽게 툭 튀어나오나 어느 정도 일관성이 있는 사고 비약flight of ideas이 포함된다. 또한 서로 관련이 없고 일관성도 없는 단어들만 흘리는 경우, 모든 것을 자신과 관련지어 해석하려는 강방적인 사고 경향도 이에 속한다. 연상과도 관련이 있는 기이한 현상으로는, 생각과 말을 의미보다는 운율에 연결하는 **음운 연상**clang association이다. 말이 의미 없이 라임이나 두운을 따라 이어질 때 나타난다. 일반적으로 정신병 환자와 양극성 장애에 많다.

신경과학의 많은 분야에서 그렇듯, 정신 질환은 단순히 임상적인 문제에 그치지 않는다. 오히려 그러한 사례들은 뇌가 정상 상태, 즉 신경학적으로 전형적인 방식으로 어떻게 작동하는지를 이해하는 데 깊은 도전과 질문을 던져준다. 예를 들어 어떻게 생각의 흐름이 갑자기 차단될 수 있는가? 연결에 어떤 문제가 있는 걸까? 생각의 속도는 무엇에 의해 결정되는가? 그리고 얼마나 넓은 범위의 연상이 펼쳐질 수 있는지는 어떤 조건에 달려 있는가??

아마 가장 잘 알려져 있고 가장 많이 회자되는 사고 장애는 '망상delusion'과 '환각hallucination'일 것이다. 망상은 현실을 왜곡하여 만사를 잘못 해석하는 현상으로, 편집증과 과대망상이 주로 여기에 해당한다. 흥미롭게도 망상을 보이는 정신병 환자들은 그 생각을 매우 강한 확신을 가지고 믿는다. 실제로 이러한 비현실적 믿음에 대한 확신의 강도는 망상을 진단하는 주요 기준 중 하나다.

잠시 멈추고 인간 정신의 놀라운 복잡성을 떠올려보자. 겉보기에는 우리 뇌와 다르지 않은데, 망상증 환자의 경우는 자신이 미행당하고 있다고 믿거나 자신이 나폴레옹이라고 확신한다. 어떤 반증도 그 사람의 생각을 바꾸지 못한다. 뇌는 수백억 개의 신경 세포로 구성되어 있다. 각각의 세포는 스위치와 같은 기능을 하며 다른 많은 세포와 연결되어 있다. 이 방대한 망 구조 이외에도 수많은 신경전달물질과 다른 분자 메커니즘이 혼합되어 있다. 그런데 이 복잡한 시스템 어디에서 나폴레옹을 찾을 수 있을까? 우리는 그렇게 강하게 왜곡된 믿음에 대해 도저히 설명할 수 없다.

환각은 망상과는 구분되는 개념이다. 존재하지 않는 무언가를 실제처럼 지각하는 것, 즉 상상을 현실로 착각하는 것이다. 아주 생생해서 매우 특정한 공간 위치를 차지할 수 있으며 시각, 청각 외에 다른 방식으로 나타날 수 있다. 환각은 여러 정신 질환에서 흔히 나타나지만, 특정 약물을 복용할 때 또는 잠이 들거나 깨어날 때, 아니면 수면이 부족할 때도 나타날 수 있다.

우리의 정신은 가상 시나리오를 시뮬레이션하느라 바쁘게 움직인다. 만약 그런 정신적 시뮬레이션이 실제라고 믿는다면 어떨까? 실제로 하늘을 날고 있다고 느끼거나, 유명 모델과 사랑을 나누고 있다고 믿거나, 바다에 빠져 익사하고 있다고 확신하는 것이다. 유사한 이미지를 떠올리고 이를 정신의 눈으로 생생하게 볼 수 있는 능력은 마치 테트리스 큐브를 머릿속에서 회전시켜보는 것처럼 이미지를 조작할 수 있다. 우리는 시뮬레이션과 이미지가 우리의 뇌 안에 있다는 것을 알고 있으며, 일반적으로 내면에서 벌어지는 상상과 외부 세계에서 실제로 벌어지는 일을 혼동하지 않는다.

내면과 외면

우리의 생각은 기차 안에서 우연히 들은 말, 집에 들어갈 때 나는 파이 냄새, 또는 고양이가 다리에 몸을 비비는 행위와 같은 외부 자극에 의해 생성될 수 있다. 반대로 내부에서 비롯될 수도 있다. 여동생과 새 남자친구를 점심 식사에 초대하려고 할 때 예전에 한 번 본 그 남자가 정말 괜찮은 사람인지 아니면 단지 겉치레였는지를 곱씹게 되는 경우처럼 말이다. 그러나 대부분 생각의 근원은 내면 또는 외면에만 있지 않다. 보통은 두 요소가 결합된 결과이며, 우리는 끊임없이 내면과 외부 세계 사이를 오가며 생각을 만들어낸다.

예를 들어 슈퍼볼 결승전에서 쿼터백이 톰 브래디가 아니라 나 자신이라고 상상하는 것도 하나의 생각이며, 우리는 그것이 생각일 뿐이라는 것을 알고 있다. 그 일이 머릿속에서 일어나고 있다는 사실을 인식한다. 이러한 인식 능력은 타고나는 것이 아니라 자라면서 습득하는 기술이다. 아기들에게는 내부와 외부의 사건을 구별하는 일이 쉽지 않다. 어린아이는 처음에 물리적 세계와 정신적 세계, 대상과 생각 사이의 경계를 잘 인식하지 못한다. 마음이 방황하는 능력, 즉 내면의 사고를 자유롭게 펼쳐 나가는 과정은 그보다 조금 더 자란 뒤에 본격적으로 시작된다.

3장. 앞으로의 여정

몇 년 전 제임스 본드 영화를 보면서 겪은 충격적인 경험이 아직도 생생히 기억난다. 나는 영화관에서 앞쪽 자리에 앉는 걸 좋아하는데, 그래야 화면에 완전히 몰입할 수 있기 때문이다. 그날도 마찬가지였다. 악당들은 언제부턴가 스노모빌을 빠르게 몰며 007을 쫓고 있었고, 강렬한 추격전은 밝은 색감과 빠른 움직임으로 내 시야를 가득 채웠다. 영화관을 집어삼킬 듯한 음향 시스템은 고막을 찢는 듯했다. 내 정신은 나름대로 평정을 유지하다가 방황하기로 결정했다(마음 방황 행위는 무의식적인 과정으로 알려져 있다). 내 생각은 어느새 아주 멀리, 깊은 곳으로 떠나버렸고 다시 정신을 차렸을 때는 본드가 얼음 궁전의 바에 앉아 만족스럽게 마티니를 홀짝이고 있었다. 그 사이 나는 추격 장면 전체를 놓친 것이다 놓쳐버렸다(나중에 확인해보니 추격전은 4분간 계속되었다고 한다). 마음 방황의 힘은 감각에서 오는 실제 입력을 압도할 정도로 강력할 수 있다. 아무리 시각적으로 화려하고 소리가 크며 상황이 몰입감 있어도, 더 강력한 내면의 생각이 작동하면 그 모든 외부 자극은 인식되지 않고 스쳐 지나간다. 외부의 물리적 현실이 내면의 정신적 과정에 의해 완전히 덮일 수 있다. 뇌 과학자가 받아들이기 어려울 정도로 놀라운 사실이다.

뇌는 그 자체로 환상적이다. 그러나 기억력, 주의력, 계산력의 제한 등 용량이 제한되어 있다. 마치 컴퓨터의 중앙 처리 장치(이 비유는 뇌를 설명하는 데 그리 적절하진 않지만 여기서는 통한다)가 여러 경쟁적인 프로세스(사용자 명령, 백그라운드 커뮤니케이션 그리고 마우스나 프린터와 같은 주변 장치)의 요청 사이에서 용량을 나누는 것처럼, 뇌도 다양한 인지 요구 사이에서 무엇에 얼마를 쓸지 결정하고 우선순위를 정한다. 뇌는 무엇을 취하든 우선순위를 정하고 100퍼센트의 용량에서 이를 할당하는데, 그렇게 되면 다른 프로세스에 할당되는 용량이 줄어들 수밖에 없다. 예를 들어 계산할 때 주변에서 시끄러운 음악이 흐르거나 옆사람과 대화가 이어지고 있다면 주의는 쉽게 산만해진다. 다른 요인이 방해하지만 않는다면 우리는 머릿속에서 16×93을 더 쉽게 더 성공적으로 계산할 수 있다. 뇌는 제로섬 게임을 한다. 그래서 우리 마음이 방황하면 주변 세계를 덜 인식하게 되고, 반대로 어떤 경험에 깊이 몰입하면 생각은 덜 흘러가게 된다.

제임스 본드 이야기는 분명 극단적이고 비공식적인 사례이긴 하나 온전히 경험하려면 마음도 온전히 거기에 있어야 한다는 사실은 분명하다. 덜 분명한 것은, 우리가 살아가는 동안 생각에 사로잡혀 있을 때 얼마나 많은 것을 놓치고 있는가 하는 점이다. 생각은 때때로 현실만큼이나 강렬하고 생생하다. 브레슬레브의 랍비 나흐만이 말했듯이 "당신은 당신의 생각이 있는 곳에 있다. 그러니 당신의 생각이 머물기를 원하는 자리에 있도록 하라."

방황하도록 발전하는 마음

마음이 방황하거나 공상에 잠기는 경향은 뇌의 맨 앞에 위치한 전전두엽 피질에 크게 좌우된다. 이 전전두엽은 뇌의 가장 앞쪽에 위치하며 뇌 전체에서 가장 늦게 성숙하는 부위다. 대부분의 뇌 기능이 청소년기까지 발달을 마치는 반면, 전전두엽은 20대 초중반에 이르러서야 비로소 완전히 발달한다. 그만큼 복잡하고 중요한 기능을 담당하기 때문이다. 인간 두뇌의 최고경영자(CEO)라 할 수 있다(실제로 이 부위는 다른 동물들과 인간을 구분 짓는 핵심 요소로 여겨지기도 한다). 의사 결정, 행동 조절(충동 억제),[01] 보상 평가, 결과 예측, 계획 수립, 가상 시뮬레이션 및 기타 높은 수준의 인지 기능을 담당한다. 이 모든 것은 경험을 통해 어렵게 얻은 지식을 필요로 한다. 예를 들어 여행을 가려면 무엇을 챙겨야 할지, 함께 줄 서 있는 낯선 사람에게 어떤 말을 해야 할지 또는 친구를 깜짝 방문할 때의 반응을 예상하려면, 과거에 유사한 경험을 통해 쌓인 정보가 반드시 필요하다. 경험이 많을수록 축적된 지식도 많아지고, 그만큼 더 다양한 상황에 대비할 수 있는 능력이 커진다.

이렇게 쌓여가는 경험 기반의 지식은 우리가 마음을 방황할 때 작동하는 정신 과정의 바탕이 되기도 한다. 야자나무 두 그루 사이에 걸린 해먹에 누워 있는 모습을 상상하거나, 개에게 허벅지를 물렸을 때의 감각을 시뮬레이션하거나, 동료가 내게 천재라고 했을 때 그 진짜 의도를 파악하려면 이미 머릿속에 저장된 경험과 지식을 참고해야 한다. 마음 방황은 기억 속에 저장해둔 정보에 의존하기 때문에 어린아이는 어른에 비해 마음이 방황하는 빈도가 낮다.

약 다섯 살 전후부터 아이들의 뇌는 점점 더 많은 기억을 축적하고 통합하기 시작한다. 그리고 이 시점부터 아이들은 점차 '지금 이 순간'에서 벗어나기 시작한다. 물론 이 과정을 비극으로 볼 필요는 없다. 좋은 기억력을 갖추는 일은 삶에서 매우 중요하며, 그중에서도 기억은 자아의 형성에 핵심적인 역할을 한다. 많은 면에서 기억이 곧 나 자신이라고 말할 수 있다. 과언이 아니다. 우리의 자아 감각은 크게 경험, 선호도, 두려움, 욕망, 희망과 실망 그리고 삶에서 만들어낸 신념으로 이루어진 기억에 바탕을 둔다. 기억이 풍부해질수록 우리의 마음은 더 자주 과거로 돌아가거나 미래를 상상하는 식의 방황을 하게 된다. 대략 9세에서 11세가 되면 마음이 방황하는 비율은 전체 시간의 약 20~25퍼센트에 이른다.[02]

얼마 전까지만 해도 마음 방황은 주의와 기분, 행동을 흐트러뜨리는 원하지 않는 정신적 이탈로 여겨졌다. 그러나 예외가 있다. 공상daydreaming 연구의 선구자인 제롬 싱어의 연구로, 그는 공상을 창의적이고 건설적인 정신적 도구라고 주장했다.[03] 물론 어떤 공상은 부정적이고 때로는 강박적인 내용을 포함해, 어떤 목표를 달성하려는 노력에 장애가 되기도 한다. 실제로 사람들은 가만히 두면 부정적인 방향으로 사고가 기울기 쉬운 경향을 보인다.[04] 그러나 창의적이고 유쾌하며 생산적인 상상은 마음속에서 자연스럽게 피어나도록 키우고 지켜야 할 정신의 놀이터가 될 수 있다. 훗날 조너선 스쿨러Jonathan Schooler와 연구진은 이런 건강한 공상의 가치를 더욱 강조하며 연구를 이어갔다.[05] 젊은 세대와 시간을 보내면서 나는 또 하나 흥미로운 현상을 알게 되었다. 영화나 온라인 영상을 1.5배속, 또는 그 이상 빠르게 감상하는 방식이다. 이 기능은 이제 여러 플랫폼에 기본 탑재되어 이제는 고모의 지루한 음성 메시지도 더 빨리 들을 수 있게 되었다. 이렇게 하면 분명 시간은 절약된다. 그러나 동시에 창의적인 마음 방황의 기회를 잃게 되고, 기억을 통합하고 정리하는 데 필요한 자극 사이의 여백도 사라진다. .

마음 방황에 대한 연구의 대부분은 그 내용이 무엇인지를 밝히는 데 초점이 맞춰져 왔다. 정신적 자원을 온전히 요구하는 과제가 없을 때 우리는 어떤 생각을 할까? 우리는 다음 세 장에서 이 생산적이고 흥미로운 연구를 세부적으로 알아볼 예정이다. 그러나 그에 앞서, 먼저 마음 방황을 가능하게 하는 뇌의 피질 구조 사이의 연결에 대해 설명하려 한다. 단지 정신의 흐름이 아니라, 신경학적으로 뒷받침되는 구조적 기반을 보여주는 중요한 출발점이다.

DMN은 마음 방황이 일어나는 곳

 인지 신경과학은 인지 심리학과 신경과학이라는 두 학문의 만남이다. 서로 다른 수단과 접근 방식, 다른 용어 그리고 근본적으로 다른 수준의 설명(한쪽은 추상적 사고와 의사결정 같은 고차원적 개념을 다루고, 다른 한쪽은 신경전달물질과 시냅스 같은 세포 수준의 기전을 연구한다)이 적절히 결합된 분야다. 인지 신경과학자로서 나는 이 설명 스펙트럼의 양 끝에 모두 속한다. 인지 심리학자로서의 나는 마음 방황이라는 고차원적 개념, 즉 그 내용과 기능을 이해하는 데 주력하는 반면, 신경과학자로서의 나는 '마음'이 무엇인지조차 모른다고 느끼며, 가능한 한 구체적이고 기계적인 수준에서 현상을 이해하려 한다. 우리는 아직 마음 방황의 기본적인 신경 요소조차 충분히 이해하지 못했다. 생각이란 무엇인가라는 질문에도 아직 뚜렷한 답을 갖고 있지 않다. 그러나 두 접근 방식을 동시에 번갈아 가며 이러한 중심 문제들을 보는 것이, 두 세계를 잇고 학문의 진전을 이끌 수 있는 가장 확실한 길이다.

 과학 연구에서 실행되는 사고 중 일부는 누군가에게는 때로 이상하거나 불필요해 보일 수 있는데, 마음 방황과 DMN을 둘러싼 연구의 발전 과정이 대표적인 사례다. 한편으로 우리는 뇌에 DMN이 항상 활성화된 상태로 존재한다는 사실을 알고 있었다. 다른 한편으로 특별한 일이 일어나지 않아도 정신이 자주, 규칙적으로 방황한다는 것 역시 체감으로 알고 있다. 그러나 이 두 사실만으로 DMN이 마음 방황의 신경학적 기반이라는 주장을 하기에는 충분하지 않다. 과제도 목표도 없는 때는 뇌가 방황할 수밖에 없다. 이 나태한 때 활동하는 유일한 뇌의 영역은 DMN에 있다. 그러나 이러한 직관을 과학적으로 명확히 입증하지 않고는 확신 있게 말할 수 없었다. 이러한 연관성이 처음으로 드러났을 때 매우 혁신적인 발견으로 인정받았고, 실제로 세계 최고 권위의 과학 저널인 〈사이언스〉에 게재될 정도로 획기적인 연구였다.[06] 나중에 내 연구실의 박사후연구원이 된 말리아 메이슨Malia Mason은 피험자들의 뇌를 fMRI로 스캔하여 마음이 방황하도록 유도한 뒤, 마음 방황의 강도와 DMN 활동 간 상관관계를 분석했다.

  다른 사람의 정신을 들여다본다는 것은 결코 쉬운 일이 아니다. 사실 자신의 마음조차 온전히 관찰하기 어렵다. 왜곡된 인식, 사고 기술의 부족, 감정의 개입 등 다양한 요인이 자신의 정신을 흐리고, 타인의 정신에는 더욱 접근하기 어렵게 만든다. 기능적 MRI나 기타 뇌 영상 기술로 뇌의 구조와 활동을 볼 수 있지만 실제 정신을 유추하려면 아직 갈 길이 멀다. 정신은 잘게 찢겨 흔적도 알 수 없게 된 종이 한 장과도 같다. 구조적 MRI와 같은 해부학적 측정은 그 종이의 모양과 지형을 알려준다. 기능적 MRI와 전기생리 측정은 종이 위에 어떤 글자가 어디에 있는지 보여줄 수는 있다. 그러나 그 종이에 적힌 글의 의미를 종합적으로 이해하기란 여전히 불가능하다. 마찬가지로 우리는 작은 뇌 조직, 신경 활동, 피질 연결성을 정밀하게 측정할 정도로 발전했다. 그러나 그것들이 어떻게 함께 작용해 이 엄청나지만 이해하기 어려운 정신을 만들어내는지를 통합적으로 이해하는 길은 아직 멀었다.

심리학자들은 피험자의 내면에서 어떤 일이 일어나는지를 간접적으로 추정하기 위한 방법들을 고안해왔다. 정신을 직접 들여다볼 수 있도록 하기 위해서다. 그중 하나가 다양한 특성의 **사고 표집**thought sampling이다. 사고 표집에서는 일반적으로 과제 도중 임의의 지점에서 피험자를 멈추게 한 뒤 생각을 묻는다. 내용("백곰에 대해 생각해 본 적 있습니까?"), 관련성("지금 당신이 생각하는 것이 현재 과제와 직접 관련이 있습니까?") 등이다. 물론 이 방법도 한계가 있다. 예를 들어 자기 보고self-report는 그야말로 주관적이기 때문에 왜곡되기 쉽다. 게

다가 피험자는 실험자를 만족시키려는 경향이 있어, 이 역시 응답에 영향을 미칠 수 있다. 그러나 정확한 지침, 신뢰감 있는 실험 환경, 충분한 표본 수 확보를 통해 이러한 편향은 크게 줄일 수 있다.

메이슨과 연구진은 이 사고 표집 방식을 사용해, 특히 피험자의 정신이 방황하는 간격을 관찰함으로써 방황과 DMN 활성도 사이에 명확한 상관관계를 찾아냈다. 또한 마음 방황이 우리 정신의 기준선이며, 특정 과제나 목표가 있을 때만 일시적으로 중단된다는 결론에 도달했다. 이제 우리는 주의가 요구되지 않는 순간 마음이 자연스럽게 방황하며, 그 방황은 DMN이라는 피질 네트워크 위에서 이루어진다는 사실을 발견했다. 이 발견은 커다란 진전이었다. 깨어 있는 시간 중 상당 부분을 차지하는 이 정신 활동의 실체를 더 깊이 탐색할 수 있는 길과 동기를 동시에 열어주었기 때문이다

'마음 방황'은 광범위한 개념이다. 마음 방황의 내용을 구성한다고 믿고 있는 주된 과정은 자신에 대한 생각, 타인에 대한 생각, 가능한 미래를 예측하고 계획하고 시뮬레이션하기 등이다. 다음 세 장에서는 DMN과 관련된 이 핵심 정신 과정들을 더 자세히 알아보기로 한다.

4장. 자아 비판과 자기 대화

가장 오래된 관계를 맺고 있는 누군가를 떠올려보자. 그 관계는 끊임없고 강렬하며 깊고도 친밀하다. 서로에게 따뜻하면서도 동시에 매우 비판적이다. 그 사람에게는 가장 어두운 비밀까지 털어놓지만 그를 속이거나 스스로를 속이기도 한다. 무엇이 좋은지 잘 알고 있으면서도 종종 정반대의 행동을 하며, 그럴듯한 핑계를 만들어 스스로를 납득시킨다. 그 누군가를 매우 자랑스러워하다가도 다음 날이면 그 사람에게서 벗어나고 싶어 한다. 그런데 그 사람은 끊임없이 말을 건다. 다른 사람들과의 관계를 방해하고 세상을 경험하는 데 집중하지 못하게 만든다. 끊임없이 자신이 중심에 있어야 한다고 주장하면서도 당신이 기대에 미치지 못하면 죄책감을 안겨준다. 사랑과 증오, 건설과 파괴, 진실과 거짓이 공존하는 이 모순된 관계는 불가능해 보인다. 그런데 그런 사람이 존재할까? 그렇다, 그 존재는 바로 당신이다. 자신과의 관계는 가장 풍부하고, 가장 사랑스럽고, 가장 복잡하고, 가장 의미 있는 관계다. 동시에 가장 비이성적인 관계이기도 하다. 그리고 그 관계는, 우리가 완전히 이해하지 못하는 관계다. 노자는 《도덕경》에서 "남을 아는 것은 지혜요, 자신을 아는 것은 깨달음이다"라고 말했다.

내가 나 자신을 비판할 때, 누가 누구를 비판하는 것일까?

자아는 명확하고 합의된 정의를 거부하는 불안정한 정신적 구성체다. 사실 나는 사람들이 자아를 연구한다는 사실을 처음 알았을 때, 과연 가능할까 하는 의구심이 있었다. '자아'란 무엇을 의미할까? 위대한 심리학자이자 철학자인 윌리엄 제임스는 서로 다른 두 가지 정신적 관점을 나타내는 유형인 '내가(I)'와 '나를(Me)'을 구분했다. 직관적으로 한 관점(내가)에서 자아가 생각하고 판단하고 행동하는 주체며, 다른 관점(나를)에서는 자아가 객체다. 객체로서의 자아는 물리적(신체) 특성과 추상적(우리의 신념) 특성을 모두 포함하며, 주체로서의 자아는 관찰자이자 평가자다. Me는 '경험하고 있는 자아', I는 '그 경험을 반추하는 자아'다. 비트겐슈타인은 언제나 그랬듯 가장 경제적으로 다음과 같이 말했다. "나는 객체이자

주체다."

철학자들은 태초부터 자아에 대해 깊이 생각해온 것으로 보인다. 데카르트, 로크, 흄, 노자, 플라톤, 아리스토텔레스 등 수많은 거장이 이 사안을 다뤘다. 그리고 자아 개념이 우리가 존재를 이해하기 위한 핵심 기반이기 때문에, 이렇게 많은 현인이 이 문제를 고민했다는 사실은 놀랍지 않다. 이 문제에 대한 관점은 영혼 같은 초월적 개념을 포함한 영성적 관점부터, 자기의 실재성을 부정하는 물질주의적 관점까지 다양하게 펼쳐진다. 예를 들어 데이비드 흄은 자아를 끊임없이 변하는 속성의 묶음, 일종의 공동체로 보았다. 테세우스의 배에 관한 이야기는 이처럼 계속해서 변화하는 자아의 사고방식에 대한 좋은 비유다.

테세우스와 아테네의 젊은이들이 크레타에서 돌아올 때 타고 온 배에는 30개의 노가 있었고, 아테네 사람들은 그 노를 데메트리우스 팔레레우스 시대까지 유지하고 보존했다. 사람들은 낡은 판자를 없애고 새롭고 튼튼한 목재를 그 자리에 넣었다. 과연 이 배를 테세우스의 배라고 할 수 있을까? 이 배는 철학자들 사이에서 '변화하는 것이 과연 여전히 같은 것인가'라는 논리적 질문을 던지는 모범 사례가 되었다. 한쪽

은 여전히 같은 배라고 주장했고, 다른 이들은 이제는 전혀 다른 배가 되었다고 반박했다.[01]

우리는 거울을 볼 때 10년 전에 보았던 것과 같은 자아를 본다. 겉으로는 대조적으로 보일 수 있지만, 현대 철학자 대니얼 데닛은 자아를 무게중심 개념과 동일시한 것으로 유명하다. 그는 실재하지 않지만 문제를 해결하는 데 유용한, 일종의 '편리한 허구'라고 말한다. 또한 자아를 고리의 무게중심에 비유하는데, 이는 공기 중에서 무(無)의 지점이지만 그래도 여전히 무게의 중심이다. 적절한 비유 하나가 모든 설명을 대신할 수도 있다. 자아라는 주제는 철학자와 인지 신경과학자 모두에게 중요한, 행위 주체성이나 자유 의지와 같은 다른 핵심 문제들과도 연결된다.

영성과 명상을 중시하는 철학, 그중에서도 불교에서는 영원한 자아라는 개념을 환상으로 본다. 불교는 개별적 존재가 세상과 분리되어 존재하지 않는다고 말한다. 불교에서는 '존재의 세 가지 표식'을 무아(anattā, 자아 없음), 고(dukkha, 고통), 무상(anicca, 모든 것은 변한다)으로 제시한다. 불교가 인생을 어둡게만 보는 것처럼 들린다면, 그렇게 느끼는 사람이 당신만은 아닐 것이다. 그러나 이는 왜곡된 첫인상이다. 공부와 수행에 더욱 전념하면서 나는 무아(또는 적어도 축소된 자아)를 받아들일 때의 해방감, 삶의 일부 측면에 내재된 고통 그리고 사물이 영구적으로 존재하지 않는다는 것이 얼마나 자유로울 수 있는지를 터득했다. 일상 속에서 과연 완전히 무아나 고통을 받아들일 수 있을지는 모르겠다. 그러나 무상이라는 개념은 내 삶에 가장 강력하게 적용해볼 수 있는 생각이었다. 작년에 노아와 함께 숨이 막힐 듯 아름다운 인도의 북부 지역을 방문했을 때, 승려들이 형형색색의 고운 모래로 거대하고 정교한 만다라(의미와 깨달음의 마음 상태-옮긴이)를 부지런히 만드는 모습을 보았다. 완성되자마자 그 위에 바람을 불어 없애고 다시 처음부터 만드는 장면이었다. 그 모든 정성은 오직 무상함을 잊지 않기 위해, 집착하지 않기 위해 반복하고 수행하는 행위였다. 유치원 때 만들었던 만들기 작품들을 다 간직하지 않았다는 사실에 실망한 닐리에게, 나는 이 이야기를 전하려 애썼다.

불교 수행의 핵심 개념은 자아(여기서 말하는 자아는 프로이트의 '에고'와 정확히 일치하는 개념은 아니다) 또는 자기를 해체하는 것이다. 묵묵히 앉아서 해체하는 과정은 매우 큰 도전이다. 적어도 나에게는 그랬고 지금도 마찬가지다. 그러나 우리는 그 개념 자체에 집중하려 노력한다. 명상은 우리가 고유한 자아에 대한 집착을 내려놓도록 돕기 위해, 세상을 우리의 믿음이나 해석이 아니라 있는 그대로 바라보는 법을 가르친다. 물론 불교의 풍부하고 고대적인 경전과 수행 체계는 여기서 간단히 설명한 것보다 훨씬 더 깊고 방대하다. 충분히 읽을 가치가 있는 학자들의 글도 많은데, 내가 개인적으로 좋아하는 작가는 앨런 와츠Alan Watts와 지두 크리슈나무르티Jiddu Krishnamurti다.

자아를 해체하는 경험, 또는 더욱 극적인 표현인 '자아 죽음'은 실로시빈, LSD, DMT와 같은 환각제를 통해서도 유도될 수 있다고 한다. 이러한 약물의 효과나, 자아 해체를 위한 불교적 수행 방식에 대한 과학적으로 엄밀한 연구는 최근에 들어서야 비로소 시작되었다. 그런데도 많은 사람이 공통으로 보고하는 경험, 즉 자신과 세상 사이의 경계가 사라지는 듯한 의식 상태는 매우 흥미롭다. 그리고 우리의 정신이 자아에 대해 근본적으로 다른 관점을 가질 수 있으며, 적어도 이론적으로는 특정한 조건에서 자아와 무아 사이를 오갈 수 있다는 점이 경이롭다. 또한 자아 분해는 우울증과 PTSD(외상후 스트레스 장애-옮긴이)와 같은 특정 상태에 상당히 의미 있는 치료 효과가 있을 수 있다. 이후의 장들에서 보게 되겠지만, 우리는 멀리 가지 않아도 일상의 일부 순간에서 자아의 일시적 소멸을 경험할 수 있다. 어떤 활동에 완전히 몰입하거나 극단적인 위협에 직면했을 때 우리는 '나'라는 감각을 잊는다. 그러는 동안에는 DMN의 활동 역시 억제된다.

심리학에서는 자아를 우리의 정체성을 구성하는 개념으로 본다. 여기에는 인지적, 정서적, 사회적 측면을 포함해 우리를 우리답게 만드는 다양한 요소가 포함된다. 또한 자기 인식 self-awareness, 자기 지식 self-knowledge, 자존감 등 여러 하위 자아로 이루어져 있다고 한다. 당연히 자아는 기억에 크게 의존한다. 우리가 누구인지, 무엇을 좋아하고 싫어하는지, 무엇을 두려워하고 바라는지, 세상과 어떤 관계를 맺고 있는지, 나 자신과 타인의 눈에 비친 나의 정체성은 무엇인지를 기억하는 능력에 의존한다.

임상 심리학에서는 자아의 변형에 대한 또 다른 흥미로운 논의가 있다. 위대한 정신분석학자이자 사상가인 도널드 위니컷이 처음 제안한 이론으로, 진정한 자아와 거짓된 자아가 있다고 한다(나중에 에리히 프롬은 이 자아들을 원초적 자아와 사이비 자아라고 했다). 위니컷에 따르면 진정한 자아는 우리가 아기였을 때 세상과 현실을 경험하며 자연스럽고 진정성 있는 반응을 통해 형성된다. 그러나 우리 행동이 기대한 반응을 얻지 못하면, 우리는 어린 시절부터 부모의 기대에 맞추기 위해 행동을 조정하기 시작한다. 이렇게 해서 주변의 기대에 부응하는 기쁨을 주는 거짓 자아가 발달하고, 그 결과 우리는 점점 더 진정성과 자발성을 잃어가며 외부의 기대에 더 순응하는 존재가 된다. 결국 본래의 자신을 잃는다. 위니콧이 말한 진짜 자아와 거짓 자아의 구분은 제임스가 말한 'Me와 I의 구분'과 동일하지는 않지만, 자아라는 개념이 환상이든 아니든 우리 존재감을 형성하는 데 중심적인 역할을 한다는 직관을 강화한다.

인지 철학자들은 자아를 주로 두 가지 유형으로 분류한다. 첫 번째는 서사적 자아다. 시간이 지나도 지속되는 개념적인 개인의 정체성, 즉 우리가 서사적으로 말하는 자아인 'I'와 유사하다. 바로 반추하고 행동하는 주체적 자아다. 두 번째는 최소한의 자아, 즉 경험하는 대상인 'Me'에 가까운 순간적이고 경험하는 객체적인 자아다. 이 두 유형의 자아는 모두 우리의 심리적 행복과 연결되어 있으며, 각각은 다소 다른 뇌 영역과 네트워크에 의해 영향을 받는 것으로 보인다.

자아를 뒷받침하는 뇌에 대한 연구는 점차 더 활발히 진행되고 있다. 그러나 이미 DMN이 자아 감각을 가장 밀접하게 중재하는 피질 네트워크이며, 마음 방황의 내용이 자기 참조적 프로세스를 수반한다는 증거가 충분하다. 이는 실험실에서 다양한 실험적 조작을 통해 입증되었다. 자아 관련 과정과 DMN 사이의 직접적 연결을 테스트한 fMRI 연구를 예로 들어보자.[02] 이 연구에는 세 가지 실험 조건이 있었다. 자기 참조적 상황에서 피험자들은 '운이 좋은' 또는 '회의적인'과 같은 의미가 있는 단어를 관찰하고 해당 단어가 자신을 설명하는지 여부를 판단하게 했다. 이로써 그들은 자신에 대해 생각하게 된다. 두 번째는 비자기 참조 조건으로, 참가자들이 제시된 단어에 들어 있는 모음 개수를 세도록 했다. 제시된 단어들은 두 조건 모두에서 유사하지만, 모음을 세는 것은 자신과 관련된 특성과 비교할 때 훨씬 덜 개인적이고, 자아화도 관련성이 훨씬 덜하다. 세 번째는 '휴식 상태' 조건으로, 참가자에게 아무것도 하지 말고 쉬라고 지시하는 상황이다. 이때 보통 마음 방황이 일어나고 DMN 활동이 나타난다. 연구 결과, 자기 참조 조건과 휴식 상태(마음 방황) 조건 모두에서 유도된 DMN 활성화가 상당히 겹친다는 것이 확인되었다. 반면, 비자기 참조 조건에서는 이런 겹침이 훨씬 적었다. 이러한 연구들은 DMN과 자아 감각 사이의 연결에 대한 우리의 이해가 점점 깊어지고 있음을 뒷받침한다.

더 구체적으로 말하면 DMN은 서사적 자아 또는 자기 참조적 처리와 연관이 있다. 반면 최소 자아minimal self, 즉 직접적으로 경험하는 자아는 또한 다감각 통합과 내부 수용 감각을 담당하는 섬엽insula과 측두두정 접합부 같은 영역에도 관여한다. 이는 다양한 감각으로부터 들어오는 정보를 통합해야 경험이 가능하다는 점에서 타당하다.[03] 또한 아비바 버코비치-오하나가 수행한 연구는 명상을 통해 자아 감각이 약화되면 DMN의 활동 또한 감소한다는 점을 보여준다.[04]

자아의 신경과학을 이해하려면 아직 더 많은 연구가 필요하다. 이 분야는 매우 복잡하지만, 마음 방황과 이 중요한 뇌 기능 사이의 연결은 이제 확고히 자리 잡았다. 우리는 아마도 자기 성찰에 대한 정신의 집착이 얼마나 강박적이고 고통스러운지 익히 알고 있을 것이다. 마음 방황을 어느 정도 제어할 수 있게 되면 삶의 질이 크게 향상될 수 있는 이유도 여기에 있다.

자기 대화

우리는 끊임없이 스스로와 대화한다. 자아는 자기 대화, 내면의 말, 내면 해설 그리고 내적 비평의 근원 같은 정신적 활동의 근본이자 원인이다. 이 내부의 목소리는 때때로 우리를 괴롭히기도 한다. 미시간 대학의 이선 크로스, 영국 더럼 대학의 찰스 퍼니호, 캘리포니아 대학교의 마이클 가자니가와 같은 연구자들의 경험적 연구와 이론적 작업을 통해 확립되었다.[05]

내적 언어를 정신의 한 가지 습관으로 보지만 실은 성향에 더 가깝다. 내적 언어는 크게 내적 대화와 내적 독백(언어적 사고, 은밀한 자기 말하기 등 다양한 명칭이 있다)으로 나눌 수 있다. 내적 독백에서 우리는 스스로에게 이야기한다. 경험을 서술하거나(주로 부정적인 경우가 많다) 앞으로 할 대화를 미리 연습하거나 상상하며 떠올리고, 과거에 있었던 대화를 다시 되짚고 바로잡는다. 놀랍게도, 이렇게 자주 일어나는 현상인데도 내면의 말에 대한 연구는 매우 제한적이다. 기술적인 어려움 때문인데, 누구의 머릿속을 들여다보아 내면의 말을 직접 관찰할 수는 없기 때문이다. 내면의 말은 극히 개인적인 경험이며, 실험 참가자의 자기 보고에만 의존해서는 과학적 연구를 충분히 진행하기 어렵다. 현재 내면의 말 기능에 대한 주요 이론은 두 가지다. 하나는 인지와 행동의 발달과 조절에 내면의 말이 기여한다는 것이고, 다른 하나는 작업 기억과 관련이 있다는 주장이다.[06] 그러나 또 다른 역할은 내면의 말을 통해 추상적인 생각과 감정을 구체적인 언어로 번역하고 다른 사람과 공유할 수 있는 형태로 정리하는 것이다.

우리는 연 없이 연을 날리거나 사랑을 나누는 것처럼 말 없이도 많은 것을 해낼 수 있다. 그러나 인간이 이렇게 언어 중심적인 존재가 된 이유는, 말이 다른 사람에게 생각을 전달하는 주요 수단일 뿐만 아니라 자신과 자신의 삶에 대해 소통하는 주된 방식이기도 하기 때문이다. 의식 속에서 사용하는 언어는 구어spoken language다. 만약 그렇지 않았다면 우리는 스스로의 생각을 어떻게 이해할 수 있었을까? 언어는 의사소통을 위한 도구인 동시에 사고를 위한 도구이기도 하다. 우리가 스스로에게 문법적으로 올바르고, 완전하고, 일관된 문장으로 말을 건다는 사실은, 일종의 겉치레에 불과할 수도 있다. 이 점을 생각하면, 언어를 아직 습득하지 못한 아기나 언어 능력이 없는 동물들도 어떻게 사고할 수 있는지에 대해 이해할 수 있다. 사고는 어느 정도 자리 잡고 있지만, 그 사고를 명확히 전달하는 능력, 즉 언어를 통한 표현 능력은 뒤따라 발달하는 것이다.

우리의 내적 언어는 큰 소리로 생각하는 것과 같다. 모든 단어는 생각이지만 모든 생각이 단어로 표현되는 것은 아니다. 생각에는 시각적 이미지, 음악, 신체 감각, 감정, 이름 붙일 수 없는 다양한 느낌들도 포함된다. 우리가 자신에게 말을 거는 것은 발달, 기억, 정신 건강, 인지, 행동, 시뮬레이션, 계획 수립을 돕는 여러 기능을 수행하지만, 동시에 우리는 자신의 생각, 욕망, 행동의 동기를 스스로에게 설명하고 조작하는 수단으로 내면의 말을 사용하기도 한다. 또한 내면의 말은 잠재의식에서 올라오는 정보를 의식이 이해할 수 있는 언어로 번역하는 효율적인 도구이기도 하다. 과학자들이 엄밀한 실험을 통해 잠재의식 세계를 탐구하려 해왔지만(쉬운 연구 방향이 아니기에 아직 연구는 부족하다), 우리는 여전히 잠재의식 안에서 어떤 언어가 사용되는지 알지 못한다. 그러나 어떤 생각이 충분히 성숙하여 의식의 경계를 넘어 드러나게 될 때, 즉 정신분석 중에 통찰이 떠오르거나 갑작스런 깨달음을 얻을 때, 그 생각은 우리가 이해할 수 있는 명확한 언어로 표현되어야 한다. 그렇지 않으면 "이유는 모르겠지만 이 사람은 도저히 못 참겠어"라든가 "이 거래는 문제가 있는 것 같아. 난 빠지겠어" 같은 애매한 감정 표현만 남게 된다. 대부분의 사고 과정은 여전히 무의식 속에 머물고, 접근이 어려워서 내부적으로조차 완전히 표현되지 못한다. "5시쯤 달리기를 하러 갈 거야"라고 명확히 말하는 것은, 방금 만든 계획을 의식적으로 인식하는 과정이다. 이 계획은 의식적으로 세운 것일 수도 잠재적으로 결정된 것일 수도 있지만, 명확한 말로 표현되기 전까지는 그 계획이 내 안에 있다는 사실조차 완전히 인식되지 않는다. 따라서 내면의 말은 의식의 언어라고도 볼 수 있다.

내적 대화dialogue는 내적 독백이 제공하는 기능에 추가적인 기능 외에 추가적인 역할을 수행한다. 내적 대화는 스스로와 체스를 두는 것과 비슷하다. 누구를 속이거나 놀라게 할 일은 없고, 모든 것이 예측 가능하다. 그렇지만 이 과정은 포착하기 어려운 자기 자신을 다루는 주요 방법이다. 즉 Me와 I 사이의 대화, 즉 내가 내면의 비판자를 달래려 하는 과정, 옳고 그름, 선과 악에 대해 스스로 논쟁하는 과정, 그리고 영원히 이어지는 인정받고자 하는 갈망을 풀어내는 대화다.

I: 우리, 그녀에게 이제 우리 사이가 안 된다고 말해야 해.

Me: 맞아, 하지만 그러면 다시는 그녀를 볼 수 없을 거야. 난 그녀와 함께 있으면 너무 좋은데.

I: 그래도 그녀에게 희망 고문을 하는 건 공정하지 않아.

Me: 조금만 더. 그녀도 어른이잖아. 필요하면 떠날 수 있어.

I: 아니야, 이건 상대를 배려하는 게 아니야. 정말 이기적이구나. 게다가 이렇게 잘못된 관계를 이어가는 동안 진짜 인연을 만날 기회도 놓치게 돼.

Me: 알았어, 하지만 휴가가 끝날 때까지 기다리자.

I: 좋아. 하지만 이 상황을 알면서도 과연 휴가를 제대로 즐길 수 있을까? 그리고 그 뒤엔 미루지 않고 행동할 수 있을까?

Me: 물론이지!

I: 네가 전에 "이번에는 절대 미루지 않겠다"라고 약속했을 때도 했던 말 아니야?

Me: 아, 미루는 편이 창의성을 키우는 데 좋다고 생각했던 거 기억나?

I: 또 딴소리하네. 난 이제 못하겠어. 휴가 잘 보내, 이 실패자야.

Me: 너도 같이 가야 하잖아, 대장. 그러니까 조용히 좀 해주고 나 좀 몰입하게 놔둬.

우리는 마치 다른 사람과 협상하듯이 내면의 또 다른 자아와 도덕적이고 실질적인 문제들을 협상한다. 내적 대화의 두 입장은 십 대 딸과 아버지 사이의 대화처럼 볼 수 있다. 십 대는 경험하고 몰입하며 대체로 현재를 즐기려 하지만, 또 다른 자아는 어른처럼 판단하고 반성하는 역할을 한다. 이 구분이 명확하거나 고정된 것은 아니지만, 머릿속 두 목소리의 전형적인 역할과 성향을 살펴볼 때는 꽤 유용한 비유가 된다.

자아에 대한 다양한 논의는 두 가지 목적을 가진다. 첫째, 자아는 기본 모드 네트워크와 마음 방황을 차지하는 핵심적인 내용 중 하나로 제시되었다. 다음 두 장에서는 이와 비슷한 다른 핵심 주제들을 다룰 것이다. 우리가 자아를 연구하고 생각하는 두 번째 목적은 우리가 어떤 관점을 취하느냐에 따라 마음과 경험이 극적으로 달라질 수 있다는 점을 깨닫기 위해서다. 하나의 경험을 대할 때 우리가 취하는 관점은 대체로 두 가지다. 경험 속에 몰입하는 것과 바깥에서 관찰하는 것. 각 관점은 완전히 다른 성질의 경험을 만들어낸다. 이 몰입과 관찰의 구분은 앞서 살펴본 다양한 자아 이론, 특히 윌리엄 제임스의 Me와 I 구분과도 잘 맞아떨어진다.

5장. 잠재적 위험이 다가오는 방식

정신적으로 방황할 때, 그리고 DMN이 활성화될 때 우리 정신을 차지하는 두 번째 주요 과정은 바로 타인을 이해하려는 과정이다. 즉, 타인의 의도, 성향, 심리 상태를 파악하려는 것이다. 돌이켜 보면 이처럼 복잡하고 무거운 피질 기계가 타인을 이해하는 데 집중하고 있다는 사실은 전혀 놀랍지 않다. 다른 사람이 무엇을 생각하고 느끼는지를 제대로 읽어내는 일은 극도로 까다롭고 복잡하다. 그러나 우리 생존은 이 능력에 크게 의존한다. 단순히 타인이 위협이 될 가능성을 미리 감지하기 위해서만이 아니다. 타인과 효과적으로 협력하기 위해서도 꼭 필요한 능력이다. 그래서 우리의 마음은 이 작업에 진화적으로 매우 깊이 관여하게 되었다. 실제로 몇몇 진화론자들은, 타인과의 사회적 상호작용을 위해 요구되는 높은 계산 능력이 인간이 이토록 큰 뇌를 발전시키게 된 주요 이유라고 주장하기도 한다.[01]

타인 그리고 자신과의 소통

 의사소통은 모든 상호작용에 매우 중요하다. 실제로 인간 사이의 많은 논쟁은 오해에서 비롯된다. 과학적 사실이라기보다는 경험적 통찰이지만 많은 사람이 공감하리라고 확신한다. 의도하는 바를 설명하는 일은 생각처럼 쉽지 않다. 우리는 주관적으로 상대방이 우리를 이해하고 있다고 믿는다. 특히 솔직한 의도로 말하고 있을 때는 내 마음이 분명히 전달되고 있을 거라 확신한다. 그러나 정보 전달을 방해하는 수많은 요소가 존재한다.

 철학자 루트비히 비트겐슈타인은 인간의 의사소통과 명확성의 필요성에 관해 연구했다. 그는 무언가를 설명하는 문제를, 자신의 머릿속에 있는 이미지를 다른 사람의 머릿속으로 가장 정확하게 옮겨야 하는 과제로 보았다. 우리의 사고는 상당 부분 시각적이기 때문에, 이 비유는 그리 과장이 아니다. 다른 행성에서 온 친구에게 아이스크림을 좋아한다고 말한다고 가정해보자. 우선 사랑에 대한 설명은 제쳐두고 아이스크림 자체에 집중해보자. 어떻게 묘사할까? 차갑고, 유제품이고, 달콤하고, 알록달록하고, 둥근 원뿔 모양에 얹은 고체와 액체의 물질? 그 친구는 아이스크림의 맛과 느낌은 고사하더라도 아이스크림이 무엇인지 이해할 수 있을까? 거의 불가능하다. 우리 일상에서는 이렇게 극단적인 차이를 자주 겪지는 않지만, 보통 대화하는 사람들끼리는 어느 정도 비슷한 환경과 경험을 공유하기 때문에 괜찮을 뿐이다. 그렇다고 해도 오해가 발생할 가능성은 여전히 크다. "그래, 맞아"라고 말하거나 더 나은 방법으로 "그냥 잊어버려"라고 말할 때를 생각해보자. 상황에 따라 진심일 수도, 비꼬는 것일 수도 있다(이 표현의 수많은 뉘앙스를 알고 싶다면 영화 〈도니 브래스코Donnie Brasco〉를 참고하면 된다). 풍자에서 진의를 감지하려면 매우 정교한 의미론적, 사회적 기술이 필요하다. 그래서 어린 아이들은 보통 이를 제대로 인식하지 못하고, 최신 AI 개인 비서들조차 이에 대해 제대로 반응하지 못한다. 개인용 단말 응용 소프트웨어인 시리Siri나 인공지능 비서인 알렉사Alexa에 빈정거리는 말을 테스트하고 결과를 확인해보라. 또 다른 일상적인 예를 들어보자. 당신이 회사에 개를 데려가도 되냐고 상사에게 요청했을 때, 상사는 머릿속에 거대하고, 무섭고, 더럽고, 시끄럽고, 지나치게 활발한 불테리어를 떠올릴 수 있다. 그러나 당신이 말한 개는 사실 축 처진, 졸린 하얀 털뭉치일 수도 있다. 각기 다른 마음속 이미지가 어떻게 인간 사이의 오해를 낳을 수 있는지 쉽게 알 수 있다.

우리는 적어도 지속적으로는, 명확한 소통을 방해하는 수많은 장애물을 의식하지 못한다. 일상적인 대화 속에서 우리는 상대방이 무슨 말을 할지 어느 정도 예상하며 듣는다. 친구가 말을 끝내기도 전에 그 끝을 짐작하는 경우가 많다. 물론 종종 틀리기도 하지만, 우리는 우리의 기대에 집착하는 경향이 있다. 게다가 현실에 대한 우리의 개인적인 인식은 여러 면에서 왜곡되어 있기 때문에, 두 사람 사이의 의사소통에서 서로를 이해하려는 노력은 서로 다른 방식으로 왜곡되는 두 개의 개별적인 현실이나 다름없다. 그리고 우리는 무엇보다 단어, 개념, 생각, 감정 등을 자신의 입장에서 이해하는 경향이 있다. 그래서 누군가의 세계관이 나와 비슷하다고 상상한다. 누군가가 자기 음료의 맛이 리치 맛 밀크쉐이크라고 말했다고 치자. 리치라는 열매를 싫어해서 맛이 없다는 뜻으로 말했는데, 듣는 사람은 반대로 리치를 좋아해서 그 음료를 좋아한다고 생각할 수 있다. 관점 수용perspective taking, 즉 타인의 입장을 상상하는 능력, 곧 마음 이론Theory of Mind이 부족해서 생긴 무해한 오해의 한 예에 불과하다. 우리는 다른 사람의 정신 속에서 무슨 일이 벌어지는지 상상하는 능력이 부족하다. 그런데도 그 능력에 대한 자신감은 커서 실제 능력과 자신감 사이의 간극이 무척 크다. 이러한 불균형은 인간 간의 소통을 본질적으로 위험한 일로 만든다.

그러나 아마도 자신뿐 아니라 다른 사람들과의 의사소통에서 가장 큰 장애물은 누구도 자기 생각과 감정의 근원에 이를 수 없다는 점이다. 더구나 앞에서 상세히 설명한 것처럼, 우리는 그러한 근원에 대해 거의 의식하지 못한다. 지금까지 밝혀진 바에 따르면, 우리의 생각, 감정, 선택, 행동 중 상당 부분이 의식 바깥에서 결정된다는 사실은 매우 흥미롭고, 동시에 경계심을 불러일으킨다. 잠재의식에는 여러 기능과 이점이 있다. ('잠재의식'이라는 용어 자체는 매우 논쟁적이다. 널리 합의된 정의가 없을 뿐 아니라, 아예 존재 자체를 부정하는 과학자들도 많다. 여기서는 프로이트의 주요 주장들을 피하고, 단순히 우리가 접근할 수 없는 정신 과정에 초점을 맞출 것이므로 이 논란은 크게 중요하지 않다.) 잠재의식의 흥미로운 이점 중 하나는 인지적 기능과 감정적 기능에 있다. 인지적 기능에는 '배양'과 같은 과정이 포함된다. 잠재의식이 문제에 대해 다양한 해법을 계속해서 시도하고, 가장 좋은 해결책을 찾아냈을 때만 의식에 결과를 알리는 과정이다. 실제로 마음 방황과 DMN은 **창의적 배양**creative incubation과 연결되어 있다.[02] 이 연결이 발생할 때 의식적인 자아는 이것을 타오르는 통찰력, 직감, 예감, 또는 깨달음의 순간으로 경험한다. 그런 느낌이다. 이러한 이면의 과정은 지루할 수도 있다. 예를 들어 어떤 사람의 이름이 기억나지 않을 때, 잠재의식이 계속해서 이름을 찾아내려 시도한다. 이때 잠재의식은 의식이 쓸데없이 사소한 세부 사항에 발목 잡히지 않도록 해주고, 더 흥미로운 정신적 활동에 집중할 수 있도록 해준다. 잠재의식의 또 다른 잠재적 이점은, 아직 준비가 되지 않은 압도적인 감정이나 개인적인 '문제issue'로부터 우리를 보호하는 기능이다. 그러나 이 부분에 대해서는 신경과학 연구가 아직 많이 이루어지지 않았다.

사실 우리는 대부분 잠재의식에 따라 움직인다. 우리가 많은 영역에서 삶을 스스로 통제한다는 감각은 착각이다. 잠재의식이 결정을 내리고, 의식은 인식(그리고 창의력)을 이용하여 우리가 하는 행위의 이유에 대한 변명, 즉 최선의 추측을 만들어낸다. 마이크 가자니가Mike Gazzaniga와 조지프 르두Joseph LeDoux는 이것을 **통역기**the interpreter라고 하고, 이 기능이 좌뇌에 있다고 말한다. 우리가 자신의 마음을 통제하고 있다는 느낌을 갖기 위해, 생각과 행동 하나하나에 대해 이유를 지어내는 우리의 본능을 보면 우스우면서도 경이롭다. 어떤 정신적 움직임도 개인적 소유감과 행위 주체성 없이 방치하지 않으려는 것이다. 세상의 모든 것에 이름을 붙이려는 욕구를 떠올리게도 하는 이 집요함은, 결국 세상 속에서 의미와 확실성을 찾으려는 절박한 욕구와 맞닿아 있다. 결국, 잠재의식이 우리를 이끌고 의식은 그 과정을 설명하려 애쓴다.

잠재의식이 모든 것을 우리 대신 결정한다는 뜻은 아니다. 의식적 자아는 여전히 우리의 이성적, 행동적, 숙고적 삶의 많은 부분을 담당하고 있다. 그리고 단순히 선택을 만드는 것을 넘어서, 의식은 잠재의식으로부터 올라오는 생각과 결정을 어느 정도 받아들일 것인지 조절하는 집행자 역할을 한다. 우리가 올바른 억제력을 발휘할 수 있을 때, 의식은 일종의 문지기 역할을 수행하는 것이다. 플라톤은 두 마리의 말이 끄는 마차에 관해 이야기했는데, 하나는 고귀한 말(의식)이고 하나는 짐승 같은 말(잠재의식)이다. 우리는 어떤 욕구나 충동이 일어나면 그 욕구와 충동에 따라 행동하는 동물은 아니지만, 여전히 이유를 알지 못한 채 많은 충동과 욕구에 따라 움직인다. 그 결과, 우리는 생각만큼 자신을 통제하지 못한다.

겉보기에는 완전히 의식적이고 이성적인 선택조차 그 안에는 크든 작든 잠재적 요소가 작용한다. 잠재의식이기 때문에 우리는 그것을 자각할 수 없다.

나는 미국에서 여러 해 거주한 뒤(1994년에 이스라엘에서 미국으로 건너가 당시 여자친구였던 마리아와 함께 박사 과정을 시작했다), 기회가 되면 이스라엘로 다시 돌아가겠다고 생각하고 있었다. 그 가능성을 알아보려고 이스라엘을 방문했던 어느 날, 환승 비행기를 기다리며 노트북을 열어 이주에 대한 장단점을 정리하기로 했다. 미국에서 제안받은 여러 직책들과 비교해 경력은 물론 가족, 학교, 안전, 재정 등 생각할 수 있는 모든 기준을 목록으로 작성했다. 결과적으로 이스라엘은 내가 만든 그 목록에서 결코 우선순위에 들지 못했다. 그런데 노트북을 닫으며 나는 스스로에게 이렇게 말했다. "좋아, 이스라엘로 이사하자." 그 순간 나는 명확한 데이터나 분석 결과와 정반대의 결정을 내렸고, 결국 의식적 사고가 최종 결정에 미친 영향은 거의 없었다.

수년에 걸쳐 잠재의식이 얼마나 매혹적인지를 입증한 많은 훌륭한 연구 결과들이 있었는데도 우리는 잠재의식에 대해 잘 알지 못한다. 그러나 상대적으로 볼 때, 우리는 의식과 무의식(또는 잠재의식) 사이의 인지적, 지각적 차이에 대해서는 상당히 많은 것을 알고 있다. (나는 '무의식'과 '잠재의식'을 같은 의미로 사용하고 있지만, 이 둘이 동등한 개념인지 또는 다른 개념을 가리키는지에 대해서는 합의가 없다.) 우리는 의식이 연속적으로 또는 순차적으로 작동하는 반면, 무의식은 정보를 처리하는 방법 측면에서 수평적이라는 것을 알고 있다. 또한 의식은 처리 용량이 제한되어 있어, 인지 과제 수행 능력이 다루어야 할 요소의 수나 정신적 부하의 크기에 따라 제한받는 반면, 잠재의식은 이러한 용량 제한에 덜 영향을 받는다.

우리를 움직이는 많은 것에 접근할 수 없다는 사실은, 우리가 자신과 제대로 연결되기 어렵고, 자신을 타인에게 설명하기 어렵고, 타인을 이해하기 어려운 이유이기도 하다. 우리는 존재의 근원에 대해 거의 알지 못한다. 자연에는 분명 그렇게 우리를 설계한 나름의 이유가 있었을 것이다. 그러나 그 결과는 오해로 가득한 삶이 되었다.

어쩌면 답은 설명하려 애쓰는 것이 아니라, 잠재의식이 제 역할을 하도록 내버려두는 것일지도 모른다. 굳이 이야기를 꾸며내려는 충동 없이 말이다. 명상은 우리가 생각하고 행동하는 것에 대해 주체성에 집착하지 않는 상태에 도달할 수 있게 하는 한 가지 방법이다. 소음을 잠재우는 것은 곧 설명하려는 의식적 시도를 멈추는 것을 의미한다. 도널드 위니컷은 잠재의식을 믿지 않는 사람들은 일기를 쓴다고 말한 적이 있다. 나는 적어도 내 잠재의식을 신뢰한다.

얼마 전 나는 1년 전 명상 수련회에서 만났던 올리비아와 점심을 먹었다. 그때 우리는 아주 잠깐 이야기만 나눴다. (어디까지나 침묵 수련회였으니까….) 그 이후로는 그녀가 두 번쯤 커피를 마시자고 문자를 보낸 것이 전부였고, 나는 이유는 모르지만 지금까지 답장을 하지 않고 있었다. 이렇게 거의 모르는 두 사람이 한 시간 정도 만나 식사를 하고 대화를 나눴을 뿐인데, 우리는 오랜 친구처럼 가깝게 느꼈다. 어떻게 이런 일이 가능할까? 오랫동안 알고 지낸 사람들과도 이런 친밀함을 느끼지 못하는 경우가 많은데 말이다. 한 가지 답은, 우리 각자의 성향이 인식에 영향을 미치고 그 인식이 결국 소통 방식까지 좌우한다는 것이다. 삶의 대부분은 우리 뇌 안에서 일어난다. 우리가 서로 적이 될 수도 있고, 오랜 친구처럼 느낄 수도 있다. 오직 내면에 무엇이 있느냐에 따라 달라진다. 그리고 언급했듯이 우리의 정신과 다른 사람의 정신 속에서 실제로 무슨 일이 일어나고 있는지를 파악하는 능력은 매우 제한적이다. 다른 사람의 정신에 대해 생각하는 것을 마음 이론이라고 하는 이유다. 진짜로 아는 게 아니라 추측하기 때문이다. 그러나 우리는 늘 타인의 마음을 상상하려 한다. 타인의 마음에 담긴 내용이 그 사람의 행동을 결정하고, 그 행동을 예측하는 일은 우리에게 지극히 중요한 생존 전략이기 때문이다.

DMN의 마음 이론

멘탈라이징mentalizing이라고도 하는 ToM은 타인의 의도, 감정, 신념을 끊임없이 추론하려는 시도로, 마음 방황과 DMN의 두 번째 핵심 내용으로 제안되었다. ToM과 DMN을 연결 짓는 연구는 비교적 최근에 본격적으로 시작되었지만, 지금은 활발히 진행되고 있다. 이를 대표하는 연구 하나를 살펴보자.[03] 이 연구의 목표는, 참가자들이 명시적으로 ToM 과업에 참여할 때 측정된 fMRI 활동과, 휴식 상태(즉, 마음 방황 중)에서 DMN이 보이는 fMRI 활동 간에 잠재적인 중첩이 있는지를 조사하는 것이었다. 만약 중첩이 있다면, 마음이 방황하는 동안 DMN이 ToM 작업을 수행하고 있다는 것을 뜻한다. 연구진은 실제로 그 이상을 수행했다. 그들은 DMN이 정말로 ToM과 자기 참조 및 미래 전망(다음 장에서 더 상세히 다룰 것이다)을 중재하는 네트워크인지 여부를 더 폭넓게 검토하고자 했다. 당시에 마음 방황의 핵심 내용이 언급되긴 했지만 이 가설은 완전히 입증되지 않은 상태였다. 피험자는 식당의 테이블에 둘러앉은 가족과 같은 일상적인 장면의 사진을 보고 세 가지 조건 중 하나를 수행하도록 요청받았다. '자아' 상태에서는 "가족과 외출했던 때를 생각해보세요"와 같은 지침을 받아 그 장면을 자신과 연관시키도록 했다. 이 지시를 통해 피험자는 개인적, 자전적 기억을 참고하여 경험을 되살릴 수 있다. '예상' 상태에서는 "가족과 함께 외출할 시간을 상상해보세요"라는 지시에 응하여 미래 상황을 상상하게 된다. 세 번째 조건인 ToM에서는 "사진 속 아버지가 무엇을 생각하고 느끼고 있는지 상상해보세요"라는 지침을 받아 명확히 타인의 마음을 추론하는 활동을 하게 했다. 비교를 위한 대조 조건으로는 의미 없는 뒤섞인 그림을 보여주고, 참가자들에게 단순히 키보드를 누르게 했다. 세 가지 실험 조건(자아, 예상, ToM) 모두 대조 조건보다 훨씬 더 강하게 DMN을 활성화했고 이 세 조건의 활성화 패턴이 상당 부분 겹쳤다. 이 연구는 단순히 DMN이 ToM 과정에 관여한다는 것뿐만 아니라,

자기 참조, 미래 전망, 타인 추론이라는 마음 방황의 주요 정신 과정들을 모두 아우르는 중심 네트워크가 DMN임을 보여주었다.

DMN가 마음 이론(ToM) 과정의 유일한 주체는 아니다. 이 과정에는 편도체와 같은 다른 뇌 부위들도 관여한다. 편도체는 종종 지나치게 단순화되어 감정의 중심지라고도 하지만, 실제로는 훨씬 더 복잡한 역할을 한다. 뇌의 다른 부분들, 예를 들면 섬엽은 상황 인식, 신체적 과정, 감정은 물론 인지적, 심지어 운동 기능까지 아우르는 다양한 기능과 관련된다.

신경과학에 관한 전체 이야기는 아직 밝혀지지 않았지만, ToM 능력에 대해 지금까지 알게 된 것들은 DMN에 관한 다른 연구들과 나 자신의 연구 사이의 연결 고리를 이해하는 데 도움이 되었다. 내가 계속해서 사람들을 자기장 속에 집어넣고(fMRI를 촬영하고) 연구를 이어가면서 깨달은 것은, 사람들이 시각적 연상을 할 때 과거 경험을 바탕으로 일종의 예측을 수행하고 있다는 점이었다. 우리는 단순히 시각적 입력을 수동적으로 받아들이는 것이 아니라 기억 속에서 다양한 단서를 끌어와 우리가 보고 있는 것의 의미를 구성한다. 그리고 이러한 연상적 작용이 바로 DMN에서 집중적으로 일어나고 있었다.

좀 더 일반적으로 말하면 앞에서 설명했듯이 연상은 우아하면서도 간결하다. 그러나 뇌가 기억 인코딩과 검색 그리고 앞으로 일어날 일을 예측하는 데 도움을 주는 아주 강력한 도구다. 우리는 새로운 정보를 습득하면 이미 과거에 저장했거나 어떤 방식으로든 관련된 항목에 연결함(연관 지음)으로써 기억 속에 저장한다. 커피 얼룩의 모양이 코끼리를 연상시키기 때문에 그렇게 연결해 기억하거나, 숫자 배열을 패턴이나 유사성을 찾아 암기하는 식이다. 또한 우리는 연관성에 기반해 사물을 부호화한다. 의자는 탁자와, 포크는 나이프와, 빨간 신호등은 '멈춤', 화가 난 사람이 다가오면 '피하기'라는 신호와 연결된다. 뇌는 이러한 통계적 규칙과 같은 동시 발생을 감지한다. 함께 발생하는 것들은 서로 관련이 있는 경향이 있기 때문이다. 연상을 사용하여 인코딩하면 해당 정보를 더욱 쉽게 인출할 수 있다. 우리의 기억은 거대한 연결망과 같아서 모든 것이 다른 모든 것들과 연결되어 있으며, 마치 또 다른 연결망인 인터넷처럼 어느 정도 분리되어 있다. 그러나 연상은 기억 부호화와 인출을 넘어, 우리가 기존 지식을 활용해 미래를 준비하도록 돕는 매개체이기도 하다. 기차 소리를 들으면 기차 건널목을 예상하고, 바 건너편 여성이 미소를 지으면 다가가야 할지 고민하게 된다(단, 영화 〈스윙어스Swingers〉의 결말을 보면 그 기대가 깨질 수도 있다). 미술관에 갈 계획을 세울 때는, 무엇을 입어야 할지, 돈을 챙겨야 한다는 것, 방문이 대략 몇 시간 정도 걸릴 것이라는 것을 자연스럽게 예상한다. 우리의 일상적인 모든 행동 단계는 기억 기반 예측에 의해 이루어진다. DMN에서의 연상은 DMN과 마음 방황에서 일어나는 예측을 의미한다.

연상에 의해서가 아니라면 어떻게 우리의 정신이 거대한 기억의 망에서 다른 노드로 나아갈 수 있을까? 그래서 나는 다른 연구진이 ToM 기술 또한 일종의 예측이며, 기억력에 의존한다는 사실을 이해하게 된 점이 매우 흥미로웠다. 그러나 외부 세계에서 일어날 일을 연상을 통해 예측하는 능력과 달리, 다른 사람의 내면을 예측하는 일은 그만큼 정확하지 않다. 다른 사람들에 대한 ToM 해석을 확신하는 경향이 있으나 사실 그 해석은 대부분 시뮬레이션에 불과하다. 다른 사람이 무엇을 생각하고 느끼고 있을지, 그리고 따라서 어떤 행동을 할지를 상상해낸 시나리오일 뿐, 객관적인 관찰에 기반한 것은 아니다. 그리고 그 상상은 우리의 과거 경험에 의해

심하게 편향된다. 우리는 "저 여자가 머리를 쓸어 넘기고 약간 곁눈질을 한 것은 나에게 끌리기 때문이야"라거나 "저 사람은 아버지가 늘 그랬듯이 내 말을 건성으로 듣고 나를 무시했다"라고 생각한다. 물론, 우리가 어떤 사람을 더 잘 알수록 그러한 연상과 예측은 더 신뢰할 수 있게 된다. 나는 내 배우자나 아이들의 얼굴 표정을 보면 그 의미를 꽤 정확하게 파악할 수 있고, 내가 무슨 말을 하려 할 때 그들이 어떻게 반응할지도 높은 확률로 예측할 수 있다. 그러나 이 지식을 다른 사람들에게 투영할 때는 우리가 원하는 만큼 신뢰할 수준은 아니다.

우리는 대부분 다른 사람의 의도를 임의로 해석하면서 자신이 얼마나 많은 정보를 놓치고 있는지 깨닫지 못한다. 신경과학자라도 크게 다르지 않다. 몇 달 전에 미국을 방문하면서 매사추세츠주의 케임브리지에 잠시 들르기로 했다. 첫번째 만남은 오랜 친구인 대니얼 길버트, 조너선 스쿨러와의 저녁 식사 자리였다. 두 사람 모두 마음 방황에 관한 책을 썼고 뛰어난 심리학자이기도 하다. 식사 도중 대니얼은 다음 주에 워싱턴 DC에서 열리는 심리과학협회에서 권위 있는 윌리엄 제임스 상을 받게 되었다고 말했다. 그리고 시상식이 끝난 뒤, 자신의 가장 친한 친구 세 명이 함께 축하 술자리를 가지기로 했다고 덧붙였다. 나는 그가 이 말을 하면서, 내가 그 술자리에 끼고 싶은지를 떠보는 것처럼 느꼈다. 나는 같이 가고 싶다고 말했고 그는 물론 대환영이라고 대답했다. 모든 게 잘 풀린 것 같았다. 하지만 잠깐, 아닐지도 몰라….

다음 며칠 동안 나는 괴로워하며 고민했다. 내가 대니얼의 의도를 잘못 읽은 건 아닐까? 그가 정말로 내가 함께 오기를 바랐던 걸까, 아니면 단순히 예의상 그런 말을 한 걸까? 내가 그들의 절친 모임에 끼어든 것은 아닐까? 그렇다고 갑자기 못 가겠다고 하면 그를 기분 상하게 하는 것 아닐까? 결국 나는 부담을 주고 싶지 않다는 생각에, 안타깝지만 참석할 수 없게 되었다는 메시지를 보냈다. 대니얼은 평소처럼 따뜻한 답장을 보냈지만 나는 여전히 내가 상황을 제대로 읽었는지 확신할 수 없었다. 만약 정말로 그가 무슨 생각을 했는지 알고 싶다면 결국 솔직하게 직접 물어야만 할 것이다. 이것은 누구에게나 적용할 수 있는 좋은 교훈이다. 상대방을 제대로 이해하는 것이 중요한 상황이라면, 추측에 의존하지 말고 직접 확인할 것. 우리의 Tom 추측은 종종 빗나가며, 때로는 완전히 어긋나기도 하기 때문이다.

우리의 ToM 해석은 순수한 관찰이 아니라 우리가 구상하는 시나리오다. 그리고 뇌가 이러한 활동을 기본적으로 수행한다는 사실은, 친구가 말을 끝내기도 전에 우리가 미리 결말을 예상하려 드는 습관에서도 드러난다. 그러나 이렇게 예상하면서도 우리는 자주 틀린다. 게다가 이런 추측을 멈추는 것도 쉽지 않다. 이 충동을 재미있게 보여주는 연구가 있다. 옆자리에 앉아 있는 사람이 휴대전화로 통화하는 경우, 두 사람이 직접 대화하는 경우보다 주의력과 이후 기억에 더 큰 방해가 된다는 연구 결과다.[04] 휴대전화 통화에서는 대화의 한쪽만 들리기 때문에, 우리는 본능적으로 상대방이 무슨 말을 하고 있을지 상상하며 머릿속을 채워 넣으려 한다.

　타인에 대해 정신적 시나리오를 빠르게 구성하려는 경향이 낳는 가장 해로운 결과 중 하나는, 첫인상을 지나치게 빠르게 형성하고, 그 초기 판단에 과도한 확신을 가지게 된다는 점이다. 첫인상은 엄밀히 말해 마음 이론이라기보다는 성격 이론에 더 가깝지만, 우리가 타인을 해석하는 방식을 이끈다는 점에서 ToM과 같은 범주에 속한다고 할 수 있다. 나는 DMN의 예측 기능에 대해 연구를 이어가면서 ToM 작용을 탐구하기 시작했고, 타인에 대한 첫인상이 불과 0.039초

만에 형성될 수 있다는 사실을 발견했다.[05] 또한 프린스턴 대학교의 알렉스 토도로프(Alex Todorov) 연구팀은, 낯선 주의 주지사 후보자들 사진만 보고 내린 판단이 실제 선거 결과를 상당히 정확하게 예측했다는 사실을 보여주었다.[06] 겉으로 보면 첫인상이 놀랍도록 정확한 것처럼 보이지만, 더 나은 해석은, 선거 유권자들 역시 후보자에 대한 대량의 광고나 뉴스 보도에도 불구하고 처음에 받은 순간적인 인상에 크게 의존해 투표 결정을 내렸다는 것이다.

지금까지 우리는 마음 방황 중 떠오르는 두 가지 핵심 내용인 자신의 자아와 타인의 자아에 대해 살펴보았다. 물론 DMN 안에서는 이 외에도 다양한 정보와 과정들이 작동하는 것으로 제안되고 있다. 그러나 이제부터는 이 모든 것을 근본적으로 떠받치는 핵심에 대해 살펴보려 한다.

6장. 미래의 기억: 상상된 경험에서 배우기

DMN이 자아, ToM 등과 관련해 어떤 역할을 하는지에 대한 연구 결과들이 등장하기 시작했을 때 나는 매우 흥미를 느꼈다. 처음에 내가 DMN이 하는 일을 평가하려 했던 연구 방향이 이들과는 상당히 달랐기 때문이다. 결국 시각적 연상 처리에 관한 나의 초기 연구들이 DMN의 예측 성향에 관한 나만의 발견으로 이어지게 되었다. 어떤 부분이 그 과정에 관여하는지 알아내기 위해 사람들을 내 실험에 동원하고 그들에게 물체를 인식하도록 요청하는 작업부터 시작했다. 초기 발견의 핵심은 사람들이 상황에 따라 사물을 다르게 인식한다는 점이다. 첫 번째 연구에서 우리는 여러 신문 중 〈데일리 메일Daily Mail〉과 〈옵서버Observer〉에 만화를 개재한 호드슨이라는 예술가가 창안한 멋진 캐릭터를 차용했다.[01]

[그림 1]에서 볼 수 있듯이 우리는 제공된 정보가 매우 제한적이어도 빠르게 결손된 요소를 보완하고 그림을 인식할

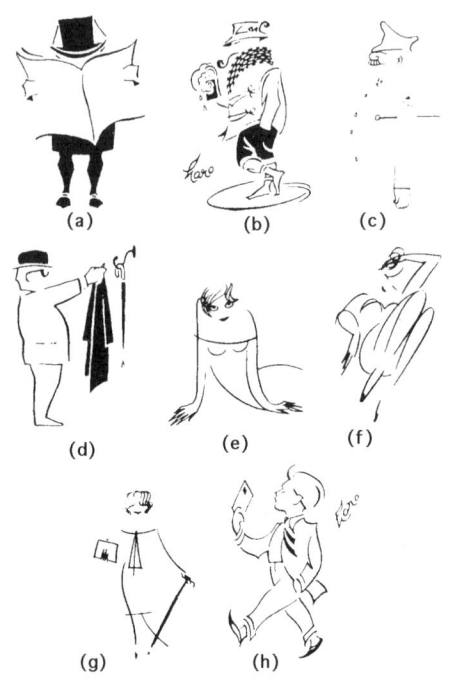

[그림 1] (a) 고위 성직자 (b) 술집을 자주 드나드는 사교적인 유형 (c) 자기 과시형
(d) 사업가 (e) 바닥에 있는 여자 (f) 기대어 있는 여자 (g) 걸어가는 여자 (h) 직장인

수 있다. 실험에서 우리는 개별 개체를 잘라내고 원래의 설정이나 비정형 설정 또는 단독으로 나타날 수 있도록 표시했다. 주변 사물의 정체성과 상대적 위치를 포함한 맥락은 참가자들이 본래는 모호했던 개별 물체를 어떻게 예측하고 인식하는지를 직접적으로 결정했다. 예를 들어 (b)에서 흡연 파이프는 단독으로 제시되었을 때는 파이프로 인식되지 않았다. 그

러나 그 옆에 원래 위치에 맞춰 남자의 모자를 배치하면, 순식간에 파이프로 인식되었다. (c)에서의 단추와 (g)의 여성용 지갑도 마찬가지다. 의미 없는 픽셀 모음처럼 보였던 것들이 단순히 연관 있는 사물을 옆에 두는 것만으로 즉각 의미를 갖게 되었다. 우리의 환경에서 사물을 해석하는 방식은 해석하려고 하는 사물의 특징뿐만 아니라 그것이 나타나는 환경에 따라서도 달라진다. 연상은 예측을 낳고, 이 둘이 함께 작용해 우리가 세상을 이해하도록 돕는다.

마음 방황의 연상적 예측

연구를 진행하면서 우리는 시각화할 때 연상적으로 생각한다는 것을 알게 되었다. 이 과정을 통해 대규모의 피질 영역, 즉 서로 연결된 광범위한 뇌 영역 네트워크를 동원하고 있다는 사실을 발견했다. 그리고 이 네트워크를 DMN과 비교했을 때 놀라울 정도로 겹치는 부분이 많았다.[02]

처음에는 상당히 곤혹스러웠다. 당시 DMN에 관한 주요 연구들은 대부분, 자아 감각과 ToM에 관한 내용이 중심이었기 때문이다. 도대체 어떻게 DMN이 연상을 만들고 연상적으로 사고하는 데에도 관여한다는 것을 설명할 수 있을까?

이 난제에 대해 고민하면서 나는 자신에 대해 생각하는 것도, 타인에 대해 생각하는 것도, 결국은 반복된 경험을 통해 기억 속에 연결된 정보 조각들 사이의 연상에 크게 의존한다는 사실을 깨달았다. 예를 들어, 주어진 순간에 자신이 어떤 사람인지를 생각할 때, 우리는 종종 비슷한 상황에서 과거에 했던 말이나 행동을 떠올려 그 순간의 자신을 이해하려 한다.

우리의 마음은 연결을 만들어가면서 이리저리 방황한다. 이 생각의 흐름을 친구들이 식당에서 저녁 식사를 하며 나누는 대화의 전개에 비유할 수 있다. 존은 약속 장소로 가는 길에 마주친 끔찍한 교통 체증에 대해 언급할 수도 있지만, 새 차의 음향 시스템이 매우 훌륭해서 볼륨을 높이고 좋은 음악 감상을 즐길 기회가 생겼기 때문에 교통 체증에 전혀 개의치 않을 수 있다. 이때 큰 음악 소리라는 주제는 알렉산드라에게로 넘어가, 알렉산드라의 아버지가 십 대일 때 침대 위에서 그레이트풀 데드(1960년대 미국 샌프란시스코 지역의 히피 문화를 주도한 록그룹-옮긴이)의 노래를 반항적으로 크게 듣다가 난청을 앓았던 기억을 떠올릴 수 있다. 그러자 제스는 분위기를 가볍게 하려고 식당 디저트 메뉴에 체리 가르시아라는 아이스크림도 있었으면 좋겠다고 농담한다. 그러자 아담은 새로운 다이어트를 하고 있지만 디저트로 아이스크림을 먹고 싶다며 사실 저지방 다이어트가 건강에 좋지 않다고 할 수도 있다. 존은 여기에 덧붙여, 건강에 관한 미디어 보도가 얼마나 엉터리인지 이야기하기 시작한다. 그러다 음식이 서빙되는 순간 모두 잠시 조용해지고, 곧 새로운 연상의 실마리를 따라 대화가 다시 이어진다.

  연상은 정신적 표류를 할 수 있는 이동 수단이다. 마음 방황이 진화의 선별적 특성인지, 아니면 계속 이동하며 연상적 정신을 갖는 부작용인 '버그'인지에 대해 논쟁이 있을 수 있다. 그러나 어느 쪽이든 연상이 일으키는 마음 방황은 복합적인 축복이라 할 수 있다. 연상을 만드는 능력은 우리가 세상을 이해하고 살아가는 데 매우 필수적이지만, 그만큼 현재 순간에 온전히 머무는 것을 방해하기도 한다. 연상은 마치 중력처럼 작용한다. 하나의 생각에 머물기 어렵게 만들고, 아주 자연스럽게 다음 연상으로 점프하도록 유혹한다. 사실, 우리의 자동적인 방황 경향을 잠시라도 멈추려면 의식적으로 억제력을 작동해야 한다. 그러나 이는 늘 가능한 것도 아니고 에너지를 많이 소모할 뿐만 아니라, 기분에도 부정적인 영향을 미칠 수 있다.

우리의 정신은 확실히 연관성을 포착하기를 좋아한다. 나는 그 이유를 분석하다가, 연상이 순간순간 다가오는 상황을 예측하는 데 엄청난 도움이 되기 때문이라는 사실을 깨달았다. 물론 어떤 예측은 본질적으로 잘못된 시도다. 주식 시장이 언제 폭락할지나 어느 팀이 큰 경기를 이길지를 예측하려는 것은 애초에 무리일 수 있다. 또, 앞서 ToM 예측처럼, 타인의 내면을 추론하려는 시도도 깊은 오류를 내포할 수 있다. 그러나 일상에서 하는 수많은 예측은 꽤 정확할 뿐만 아니라 생존과 기능에 필수적이다. 특히, 경험을 통해 구축된 연상을 바탕으로 즉각적이고 관련성 있는 미래를 예측할 때는 그렇다. 초콜릿을 폭식했을 때 몸이 어떻게 반응할지에 대해 우리는 상당히 정확하게 예측할 수 있다.

우리가 살면서 하는 일의 대부분은 이와 같은 경험 위주의 예측을 기반으로 한다. 실제로 인간의 기능 중 상당 부분이 경험에 의존한다. 지루할 만큼 이 일상적인 가정의 시나리오를 마음속으로 끊임없이 만들어낸다. 눈이 가볍게 내리더라도 정장 구두를 신으면 아마 미끄러질 거야. 고양이가 식탁 위로 뛰어오르면 꽃병을 넘어뜨릴지도 몰라. 이런 사고 과정들이 지루하고 평범하게 느껴지는 이유는 너무 자주, 자동적으로, 그리고 대부분 무의식적으로 이런 예측을 수행하기 때문이다.

나와 다른 연구자들이 마음 방황이 어떻게 예측과 연결되는지를 계속 연구하는 과정에서 특히 흥미로웠던 발견은 마음 방황의 상당 부분이 특정한 종류의 예측, 즉 시뮬레이션 구성에 집중되어 있다는 사실이었다. DMN은 마치 짧은 영화를 시각화하듯 하나의 시나리오에 몰두하게 된다. 이러한 시뮬레이션은 종종 꽤 길고 복잡하게 이어진다. 이 시뮬레이션 된 생각은 히브리어 속어로 '우리를 집어삼키는 영화'라고 표현할 수 있는데, 이러한 사고 역시 영화와 마찬가지로 극적인 양상을 띨 수 있다. 우리 자신에 관한 생각과 ToM 추측에 관한 생각에 몰두하는 상황과 마찬가지로, 이러한 시나리오는 삶의 도전을 준비하는 데는 큰 가치가 있을 수 있다. 한편 지나치게 소모적일 수도 있다. 어떤 시뮬레이션은 놀라울 만큼 정교하고 복잡하게 전개되기도 한다.

최근에 막내 닐리와 독일에 갔다가 돌아오는 길에 공항 원형 컨베이어 옆에 서서 수화물을 기다리고 있었다. 호기심 많은 닐리는 쏟아지는 짐을 보기 위해 바로 이동 벨트로 걸어갔다. 갑자기 내 머릿속은 닐리의 드레스가 벨트에 끼어서 질질 끌려가고 주위에 서 있는 모든 사람이 소리를 지르는 장면을 시뮬레이션하기 시작했다. 그리고 나는 컨베이어를 멈추게 하는 빨간 비상 버튼을 생각하고 정신없이 주위를 둘러봤지만 보이지 않자, 딸을 구하겠다는 일념으로 움직이는 벨트에 뛰어올라 아이의 드레스를 잡아당긴다. 그 순간 우리 가방이 나타났다는 닐리의 외침에 나는 현재로 돌아온다. 운 좋게도 나의 이 아찔한 시나리오는 발생하지 않았지만, 만약 그런 상황이 발생해도 나는 준비가 되어 있었을 것이다.

물론 시뮬레이션이 항상 재난 상황을 상상하는 것은 아니지만, 특히 그런 장면을 상상하는 데 뛰어난 것 같다. 이런 극단적 상상은 왜 인간이 순간을 즐기는 기계 장치보다 다가올 상황에 대비하는 시스템을 진화적으로 우선 개발했는지를 보여준다. 그러나 그 부작용은 우리가 현재에 머무는 시간이 부족하기 때문에, 새롭고 흥미로운 경험들, 창의적인 아이디어로 이어질 수 있는 순간들을 놓치게 된다는 것이다.

연관된 요소를 통한 정신적 시뮬레이션

능동적인 뇌가 생성한 예측은 복잡한 시뮬레이션의 기초일 뿐만 아니라 우리가 내리는 결정의 근거가 된다. 독일의 철학자 칼 포퍼는 우리가 우리를 대신해서 가설들을 죽게 내버려 둔다고 말한 것으로 유명하다. 기초에 대한 연관성에 의존하는 예측과 시뮬레이션(정신의 예행 연습)은 우리가 의사 결정 '트리tree'에서 각 대안의 가능한 결과를 평가하고 가장 원하는 결과를 산출할 것으로 예상되는 행동을 선택하는 데 도움을 준다. 그냥 머물러야 할지, 아니면 지금 가야 할지 아니면 심지어 점심으로 무엇을 먹을지에 대한 선택은 각 대안적 결정과 함께 뒤따를 여러 미래의 내적 시뮬레이션에 '실행하기'와 관련이 있다. 대안적 결정의 예로 결혼 여부(찰스 다윈이 결혼에 관한 장단점을 리스트로 정리했던 것처럼), 신혼여행으로 남미 또는 동남아로 갈지, 치즈 케이크를 먹을지 초콜릿 케이크를 먹을지 등을 들 수 있다. 각각의 결정은 적어도 두 개의 선택권이 있는 갈리이다. 의식적으로든 무의식으로든, 우리는 예측된 결과와 대안적인 경험들이 펼쳐질 방법에 빠른 시뮬레이션을 실행한다. 기억과 과거의 경험을 통해 실행할 수 있으며 원하는 무언가를 선택한다. 만약 우리가 꽃을 들고 집에 오는 경우, 길거리에서 주웠지만 마음에 드는 고물을 가지고 오는 경우에 배우자의 반응을 예상할 수 있다. 만약 초콜릿 바를 먹기로 결정하면 입, 머리 그리고 위에서 느끼는 감각을 예측할 수 있다. 또한 우리는 자발적인 여행이 수반할 재미와 비교하여 소비되는 시간과 돈을 상상할 수 있다. 모든 결정은 기본적으로 예상되는 보상(또는 처벌) 결과에 따라 결정된다. 그리고 우리는 보상을 원한다. 보상은 우리의 행동을 주도한다.

내 둘째 딸 나디아는 타고난 인지신경과학자 같다. 일곱 살 때부터 나에게 실험 아이디어와 창의적인 제안을 해왔다. 어려운 결정을 내릴 때 쓸 수 있는 훌륭한 알고리즘을 생각해 냈다. 나디아가 하는 방법은 이렇다. 두 가지 선택지 중 하나를 두고 동전을 던진 다음, 그 결과에 대한 자신의 즉각적인 반응을 세심하게 관찰하는 것이다. 그리고 동전이 가리킨 선택지에 대해 느낀 감정에 따라 진짜 결정을 내린다. 이 방법은 언뜻 보기에 사소해 보일 수 있지만 막상 시도해보면 놀랍다. 서로 비슷해 보였던 두 선택지 중 하나가 '이겼을 때' 느껴지는 안도감이나 실망감이 얼마나 강렬한지 알게 된다. 나 역시 지금은 이 방법을 사용한다. 이것은 심지어 특정한 미래에 대한 최선의 예측조차도 실제로 결정이 내려지기 전까지는 완전히 유효하지는 않다는 점을 말해준다. 우리가 시뮬레이션으로 갈 수 있는 곳은 이 지점까지다.

모든 결정이 오랜 시뮬레이션과 숙고를 거친 결과는 아니다. 어떤 결정은 충동적이고 즉흥적이며, 행동하기 전에 별다른 시뮬레이션 과정을 거치지 않는 것처럼 보이기도 한다. 아이들은 이 점을 잘 보여주는 훌륭한 예다. 아이들은 아직 시뮬레이션을 구축할 만큼 충분한 경험이 없고, 그러한 시뮬레이션을 수행할 수 있는 발달된 전전두엽 피질도 갖추지 못했다. 발달이 덜 된 전전두엽 피질 덕분에 아이들은 억제력도 부족하고, 행동의 잠재적 결과를 이해하는 능력도 부족해 사전 숙고를 거의 하지 않는다. 어느 날 아들 나오르와 함께 자전거를 타고 흙길을 가다가 작은 언덕에 이르렀고, 우리는 반대편에 무엇이 있는지 확인하기 위해 멈춰 섰다. 나오르는 실망했고 좌절한 듯 소리쳤다. "왜, 아빠? 바로 뛰어야 재밌잖아?" 나는 그에게, 언덕(또는 비유적으로 인생의 언덕) 반대편에 무엇이 기다리고 있는지 먼저 확인해서 예상치 못한 위험을 줄이고, 보다 많은 정보를 가진 상태에서 우리의 선택지를 신중히 따져보려고 했다고 설명했다. 나오르는 내가 재미없다고 생각했지만, 나는 단지 내 오랜 경험을 통해 배운 것들을 적용하고 있었을 뿐이다.

충동적인 결정을 넘어 시뮬레이션이 선행되지 않는 또 다른 유형은 보다 자동적인 결정이다. 우리는 더울 때 장거리 달리기를 하고 나면 곧바로 시원한 음료가 마시고 싶어진다는 것을 안다. 물이든 사과주스든 상관없다. 명백한 필요에 의해 발생하는 이런 경우는 별도의 시뮬레이션이나 의식적인 결정 과정조차 필요하지 않다. 특정한 상태와 행동 사이의 연관이 오랜 경험을 통해 철저히 학습되어 있기 때문이다. 덕분에 뇌는 매번 새로 시뮬레이션을 돌리지 않고도 즉각적으로 반응할 수 있다. 충분히 학습된 행동을 자동화함으로써 인지적 자원을 절약하는 영리한 메커니즘이 뇌의 작동 방식 중 하나다.

대부분의 결정에서는 기억과 과거 경험을 활용해 예측과 시뮬레이션을 구축한다. 한 번도 가본 적 없는 도시의 도서관을 상상하거나, 딸기잼과 후추가 섞인 맛을 상상해야 한다면, 우리는 과거의 경험을 불러오고 변형하여 꽤 그럴듯한 예측을 만들 수 있다. 우리는 과거에 기대어 미래를 가늠한다. 이 점을 강조하기 위해, 죽음 이후의 삶이나 외계인의 모습을 상상해보라. 그런 상상은 실제 경험에 기반할 수 없기 때문에 완전히 허구적이고 막연하며 환상적으로 느껴진다. 반면 핑크색 타이츠를 입고 두 그루 야자수 사이에 매달린

해먹 위에서 책을 읽는 사자를 상상하는 데는 아무런 어려움이 없다.

우리는 피, 땀, 눈물로 얻어낸 경험을 미래를 위해 기억 속에 저장할 뿐만 아니라 시뮬레이션하고 상상한 경험도 기억처럼 저장한다. 시뮬레이션은 실제 경험과 비슷하지만 단지 상상일 뿐이며 실제 경험처럼 몸에 상처를 남기지 않는다. 우리의 뇌가 지닌 강력한 특징은, 이렇게 풍부하고 정교하며 정보를 담은 시뮬레이션조차 결국 기억에 저장될 수 있고 나중에 실제 경험 기반 기억처럼 행동의 스크립트로 불러올 수 있다는 점이다. 저녁에 집으로 돌아가는 길에 저녁 식사를 계획한다고 해보자. 아침에 냉장고를 마지막으로 봤을 때의 이미지를 기억에서 불러오고, 그 재료들과 자신이 아는 레시피, 그리고 먹고 싶은 욕구를 일깨우는 몸의 신호를 생각한다. 이 조합을 머릿속으로 굴리며 결국 전체 식사를 계획한다. 이 시뮬레이션의 최종 결과, 즉 계획은 기억 속에 저장된다. 집에 도착했을 때는 거의 자동으로 따를 수 있는 스크립트가 준비되어 있는 셈이다. 스크립트는 훨씬 덜 지루하지만 여전히 유용한 시나리오일 수도 있다. 인도의 이국적인 도로 위, 로컬 버스에 앉아 있다. 운전사는 빠르고 외부인이 보기

엔 난폭해 보이며 도로는 굽이진다. 그러면서 버스가 전복될 경우를 상상하게 된다. 몸이 어떤 충격을 받을지, 머리와 어깨가 어디에 부딪힐지, 왼쪽으로 굴러갈지 오른쪽으로 굴러갈지에 따라 어떻게 부상을 최소화할지를 생각한다. 다른 승객들, 그들을 도울 방법, 머리 위에 있는 느슨한 짐으로부터 자신을 어떻게 보호할지도 떠올린다. 이런 많은 시뮬레이션과 마찬가지로 실제로 이런 일이 일어날 가능성은 희박할 수 있다. 그러나 실제로 그런 일이 일어난다면 당신은 준비된 승객이 되어 있을 것이다.

얼마나 오랫동안 이 주제에 대해 연구하고 생각해왔든 간에, 실제로 일어나지 않은 경험으로부터 배우고 생각과 상상만으로도 학습할 수 있다는 사실에 나는 늘 놀라곤 한다.

이런 시뮬레이션은 상상한 경험에 연결된 감정과 느낌까지 불러일으킬 수 있다. 때로는 지나치게 확실하게 작동하기도 한다. 수년 동안 참석해 온 연례 과학 회의는 플로리다의 멋진 서쪽 해안을 따라 여러 마을에서 열린다. 일 년 전이라고 기억하는데, 보스턴에서 탬파까지 비행하고 있었다. 매년 그렇듯 머릿속으로 착륙했을 때 펼쳐질 상황을 상상하기 시작했다. 짐을 찾고, 렌터카 사무실에 가고, 빨간색 컨버터블 머스탱(과학자는 미쳐버린다)을 찾고, 몇 시간 동안 운전하고, 호텔에서 체크인하고, 짐을 풀고, 옷을 트레이닝복으로 갈아입는다. 그리고 한 시간 동안 아름다운 해변을 달리고, 돌아와서 샤워하고, 호텔 아래층에 있는 멋진 레스토랑에 가고, 맥주를 곁들여 식사하고, 방으로 돌아와 내일의 과학 프로그램을 확인하고, 영화를 보고, 잠이 든다. 완벽한 시간처럼 보이지만 세부적인 시뮬레이션이 끝나고 나서야 내 머릿속에 떠오른 것들이다. 마치 이미 전부를 해본 듯한 느낌이 들어서 실행에 별 의미가 없었다. 그래서 결국 침대에서 그냥 쉬기로 했다. 시뮬레이션의 현실감은 왜 우리가 종종 기대가 클수록 실망도 큰지를 설명해준다. 대부분의 즐거움을 이미 상상 속에서 미리 소진해버린 것이다. 반대로 기대가 낮을수록 실제 경험이 더 새롭고 풍성하게 느껴질 수 있다. 내가 불교를 통해 배운 것은, 때로는 아예 기대를 가지지 않는 것이 가장 좋은 방법이라는 것이다.

생생한 시뮬레이션은 미루는 일을 방지하고 하기 싫어하는 일들을 행동으로 옮기게 하는 놀라운 무기가 될 수도 있다. 시뮬레이션은 상황을 더 생생하게 경험할 수 있게 한다. 나는 시뮬레이션을 통해 사물을 더 그럴듯하게 보이게 만드는 이 과정을 **정신적 타액 분비**mental salivation라고 한다. 예를 들어, 달리기하러 나갈 기운이 없어서 침대에 누워 있다. 그러고 나서 다음 활동을 상상하기 시작한다. 나는 트레이닝복을 입고, 러닝화를 묶고, 휴대전화를 팔에 차고, 집 열쇠를 뒷주머니에 넣고 나서 문밖으로 나오는 상황을 떠올리기 시작한다. 달리는 경로와 그 과정에서 보고 무엇을 느낄지 상상한다. 나와 실제로 달리는 것 사이에 완충 장치나 장애물이 없는 전체 경험이 갑자기 더욱 임박하게 보인다. 이 과정은 정신적 활동과 신체적 행동 사이의 중요한 연결 고리를 시사한다. 실제로 시험을 준비하는 과정을 우리의 마음속으로 시뮬레이션하면 공부와 수행 능력이 향상되며,[03] 정신적 연습은 초보 외과 의사들이 스트레스를 관리하는 데 도움을 준다.[04] 이에 관한 몇 가지 예를 들어본다.

인식과 행동에 관한 연구에 큰 영향력을 발휘한 용어는 심리학자 J. J. 깁슨이 만든 **행동유도성**affordance으로, 눈앞에 있는 대상이 특정 행동을 얼마나 쉽게 이끌어낼 수 있도록 제공하는지를 의미한다. 이 원칙은 상호작용을 위한 설계의 안내자가 될 수 있으며, 인식과 행동에 관한 연구뿐만 아니라 건축, 광고, 제품 설계 등에도 적용될 수 있다. 이 원리를 빗대어 보면, 시뮬레이션을 더 세밀하게 그릴수록 그 행동이 더 쉽게 느껴진다. 세부 사항을 구상했기 때문에 달리기가 훨씬 더 쉬워 보인다. 시뮬레이션은 단지 다가올 행동의 실행 가능성을 높일 뿐만 아니라 우리에게 일어날 상황과 관련된 느낌과 보상을 상기시킨다. 예를 들어 제품 디자인은 사용자가 스스로 그 제품을 쓰는 모습을 쉽게 떠올릴 수 있도록 만들어야 한다. 제품이 어떤 행동을 자연스럽게 유도하는지가 명확히 드러나야 한다. 사실 우리의 몸 전체도 이런 식으로 작동한다. 레몬 조각이나 초콜릿 바를 한 입 베어물기 직전, 우리의 혀는 예상되는 군침으로 반응해 맛을 더 쉽게 경험하고, 씹고 삼키는 과정을 수월하게 만든다.[05] 시뮬레이션은 다가올 경험을 준비하고 받아들이는 데 도움을 준다.

정리해보면, 기억은 저장된 연상을 통해 예측을 생성하는 수단으로 사용된다. 예측은 우리가 환경과의 상호작용을 능동적으로 준비하고 최적화하는 데 도움을 주며, 동시에 정신적 시뮬레이션의 기본 재료가 된다. 그러나 뇌의 기본 네트워크인 DMN과 이에 상응하는 방황하는 정신은 미래에만 영향을 미치지 않는다. 정신적인 시간 여행을 위한 훌륭한 장치이자 다양한 사고 콘텐츠를 위한 플랫폼이다.

정신적 시간 여행

반복시Palinopsia는 자극이 사라진 후에도 시각적 이미지가 오래 지속되는 특이한 신경 장애다. 예를 들면 이 장애가 있는 사람이 잠시 개를 응시하고 나서 읽고 있던 책으로 눈을 돌리면 계속 글 위에 개가 겹쳐 보인다. 이 현상은 시각 피질에 대한 병변, 간질 발작, 신경과민성, 과흥분성 등 여러 원인에서 나타날 수 있다. 환경에 대한 환상이나 내부에서 생겨난 환각을 포함할 수 있고 다양한 증상이 동반될 수 있지만, 결과적으로는 똑같이 심신을 쇠약하게 만든다. 반복시는 흔하지는 않지만(최근에 나디아가 TV쇼 〈울프〉에서 한 등장인물이 언급하는 이 말을 듣고 호기심을 갖게 되었다) 순수한 지각)의 소중함과, 정신적 혼란이 얼마나 치명적인 영향을 미칠 수 있는지를 다시금 깨닫게 한다.

이제 반복시 환자처럼 세계를 두 개의 이미지가 아니라 상관없는 세 개의 이미지가 층을 이뤄 서로 위에 겹쳐 보인다고 상상해보자. 이를테면 슬라이드나 네거티브 영상 그리고 해변, 회의실, 클로즈업된 얼굴이 서로 겹쳐 있는 것처럼 보인다. 얼굴에 초점을 맞추고 싶어 하지만 다른 두 이미지가 계속 주의를 산만하게 하고 그 얼굴의 특성과 세부 사항에서 멀어지게 한다. 이것이 우리가 복잡하고 중첩적인 혼란 속에서 삶의 대부분을 보내는 방식이다. 어느 순간에도 생각의 내용은 마치 야누스의 얼굴처럼, 그러나 세 가지 측면, 즉 현재(바로 눈앞에 있음), 과거(무작위 회상 또는 어떤 면에서 현재와 관련되거나 관련 없는 기억), 미래(계획, 결과에 대한 영향 또는 단순히 걱정)로 구성된다. 초콜릿 바를 살 때 동시에 어떤 기억을 작동시키는지 생각해보자. 초콜릿 바를 입 안에 넣고, 1분 전에 샀을 때 계산원과 나눈 대화 그리고 초콜릿은 먹은 대가로 해야 할 운동에 대해 생각할 것이다. 쾌락, 죄책감, 이미지, 단어, 과거, 현재, 미래가 한꺼번에 섞인다. 이토록 많은 경쟁과 병행 요구 속에서, 어떻게 온전히 현재에 몰입할 수 있을까? 어떻게 삶 자체에 몰입할 수 있을까??

  시간 여행을 위한 정신의 놀라운 능력은 강력하고 유용할 수 있다. 우리는 시간 속에서 방랑하고 주제를 넘나드는 우리의 성향을 인식함으로써 최선의 이익을 위해 이 능력을 활용하려고 노력해야 한다. 물론 계획(미래)할 수 있어야 하거나 실수(과거)를 통해 배울 수 있어야 하지만 현재를 만끽하는 데 방해가 되기를 원치 않는다. 그래서 정신적 시간 여행은 선물인 동시에 저주다. 준비하고 추억하도록 도와주지만 현재를 빼앗기도 한다.

최근 나는 현재의 힘을 강력히 강조해온 유명하고 성공적이며 흥미로운 인물이 등장하는 한 대형 행사 녹화를 우연히 보게 되었다. 그는 과거에 대해 거의 생각하지 않는다고 말하면서 시작했으나 나는 동의하지 않는다. 우리는 정신적 시간 여행을 의식하지 않을 수도 있고 현재에 대해 의식적으로 더 많이 생각하도록 훈련할 수도 있다. 그러나 과거의 경험에 비추어 다음 단계가 무엇인지 도출하지 않고는 길을 건너는 일조차 할 수 없다. 자연은 우리가 축적된 경험에 의지하여 삶이라는 파도를 타도록 결정했다. 항상 지금 이 순간만 존재한다면, 기억 속에 저장되어 위에서 아래로 계속 흘러드는 평생의 경험을 활용할 수 없다.

'자유의 대가는 영원한 경계다'는 내가 좋아하는 인용구로, 토머스 제퍼슨(1826)과 존 필포트 커런(1808)이 남긴 명언이다. 탐구하는 것은 내가 생각할 수 있는 자유에 가깝지만, 실제로는 배우고 흥미 있는 모험을 할 뿐만 아니라 항상 경계하고 기억에 기대지 않기를 요구한다. 그러나 지속적인 경계 상태에 머무르는 것은 에너지 소모가 크고 위험하기 때문에, 자연이 우리를 지금과 같은 방식으로 설계한 것은 충분히 이해할 수 있다. 물론 때때로 은유적이거나 실제로 번지 점프를 하듯 과감히 탐험할 수는 있다. 하지만 그 상태만으로 인생을 살아갈 수는 없다.

정신적 시간 여행에 대해, 시인 알베르토 카에이루(페르난두 페소아)는 이렇게 썼다.

> 현재를 살라고, 너는 말하지.
> 오직 현재에만 살아야 한다고.
>
> 그러나 나는 현재가 아니라 현실을 원한다.
> 나는 존재하는 것들을 원한다. 그것들을 측정하는 시간이 아니라.
>
> 현재는 무엇인가?
> 과거와 미래에 관련된 것이다.
> 존재하는 다른 것들 때문에 존재한다.
> 나는 오직 현실, 현재가 없는 것들을 원한다.

> 나는 내 계획에 시간을 포함시키고 싶지 않다.
>
> 나는 사물을 현재와 연관 지어 생각하고 싶지 않다.
>
> 사물을 그 자체로 생각하고 싶다.

나는 몇 번의 위파사나 피정에 참여하면서 외국에서 우리를 가르치러 온 경험 많은 강사들이 어떻게 미래에 대해 생각하지 않고 여행 준비를 하는지가 궁금했다. 이들은 달력에 표시하는 일 외에도 최고의 여행 일정을 정하고, 다른 계획과의 조율, 공항을 오가는 교통편 찾기, 가져갈 물건 챙기기, 여유 시간을 낼 수 있도록 마무리해야 할 일 그리고 준비 방법에 대해 생각해야 한다. 기억(과거) 기반의 시뮬레이션(미래)과 관련된 지연 및 연결 누락과 같은 잠재적인 사고에 대비하는 것이다. 분명히 우리는 항상 현재에 머물러 있을 수는 없다. 그랬다면 인류가 달에 도달하는 일과 같은 위대한 업적을 이루지 못했으리라. 뇌는 계획을 세우고 준비하도록 고안되었기 때문에, 이러한 경향과 싸우는 것은 어려울 뿐만 아니라 항상 바람직하지는 않다. 그리고 우리가 계획을 세우는 것과 완전히 싸울 수 있다 하더라도(예를 들어 우리는 다른 사람들이 우리의 모든 필요가 충족되고 전혀 걱정할 것도 없는 동굴에서 살았다), 우리가 모르는 사이에 많은 계획이 진행되고 있을 것이다. 물컵을 잡기 위해 손을 뻗는 것조차 미래를 미리 최적화하는 '운동 계획motor plan'의 실행을 수반한다. 팔을 얼마나 멀리, 얼마나 빨리, 그리고 어느 정도의 근력으로 뻗을까? 손가락을 얼마나 벌리고, 압력 때문에 깨지거나 손에서 떨어지지 않도록 얼마나 강하게 유리를 잡을까? 우리 중 일부는 DMN에서 모든 것을 수행하지 않고 더 많은 전용 두뇌 영역을 모집하는 계획으로 항상 분주하다. 비결은 뇌를 특정한 상황과 특정한 실용성에만 국한하는 것이다. 그런 의미에서 마음 챙김 명상은 미래에 절대적으로 필요한 시간을 최소화할 수 있도록 돕고 그 과정에서 진행되고 있는 계획을 유념(인식)하도록 해준다.

마음 방황, 몽상, 공상(심리치료 문맥에서 토마스 오그든 등이 사용하는)은 다양한 종류의 내용을 포함한다. 이들 모두의 공통점은, 서로 다른 내용과 과정들이 무언가 유용한 기능을 수행한다는 점과 동시에, 당신이 현재 목표에 집중하고 있지 않으며 완전히 현재에 머물러 있지 않다는 사실을 암시한다는 점이다. 십자말 풀이를 하거나, 스포츠카를 운전하거나, 사랑을 나누는 것처럼 특정하고 요구가 많은 활동에 몰두할 때, 당신의 마음은 그 활동 자체에 집중한다. 각각의 활동을 위해 뇌는 전용 영역, 네트워크, 신경 활동 패턴을 따로 마련해두었다. 이런 순간에는 DMN도 마음 방황 콘텐츠로 덜 채워진다. 그러나 일상적인 대부분의 과업은 우리에게 충분히 쉬워서, 일부 정신적 자원이 남게 된다. 이 남은 자원이 곧 지금 하고 있는 일과 무관한 생각들, 즉 마음 방황에 사용된다.

종합하면 뇌의 기본 네트워크가 다양한 형태의 마음 방황에 관여하는 정도는 이분법적이라기보다, 높은 곳에서 낮은 곳까지의 스펙트럼이다. 이 스펙트럼을 따라 일어날 수 있는 가능성은 다음과 같다. 당신은 극도로 소모적인 일에 관여하고 있어서 백그라운드 계획이 필요한 상황인데도 어떤 마음 방황에도 빠져들 자원이 남아 있지 않다. 그리고 약간 방황하는 기본적인 행동을 위한 자원을 남겨두는 중간 수요의 작업에 참여하고 있다. 또한 샤워하거나 교통 체증 속에 있는 상황처럼 별다른 일을 하지 않는데도 바쁘다. 그래서 기본 네트워크의 전부 또는 적어도 대부분은 작업과 별개로 자동으로 정신적인 방황하는 생각을 하느라 분주하다. 또는 듣거나 보는 것과 같은 일로 바쁘다고 생각되지만, 정신이 표류할 때도 있다. 수업 중에 공상한다는 것은 듣기라는 단 하나의 과제조차 정신적으로 여행하려는 두뇌의 욕구 때문에 가로막혀 있다는 점을 의미한다. 코미디언 스티븐 라이트는 "나는 공상을 하려고 했지만 자꾸 마음이 방황했다"라고 농담 섞인 말을 한 적이 있다. 이 농담이 웃긴 이유는, 우리 모두 공상 중에도 생각이 온갖 곳으로 떠돈다는 사실을 잘 알고 있기 때문이다. 인정하든 안 하든, 우리의 정신은 분주하게 움직인다. 만약 구체적인 목표를 향해 조준하고 있지 않다면, 마음은 공상하거나, 환상을 꾸거나, 반추하거나, 강박적으로 생각하거나, 과거를 회상하거나, 미래를 걱정하고 있을 것이다. 한 가지는 분명하다. 마음은 결코 가만히 있지 않는다.

7장. 새로움의 상실

인간에게는 새로운 무언가에 끌리는 본성이 있다. 광고주들은 이 사실을 오래전부터 알고 있었던 듯하다. 아동 발달 연구자들은 심지어 아기들도 새로운 것을 분명히 선호한다는 사실을 발견했다. 이와 같은 새로움에 대한 초기의 선호는 너무 강력하고 신뢰도가 높아, 언어가 발달하지 않은 아기들의 인지 능력을 연구하는 방법으로도 사용한다. 예를 들어 아기에게 토마토를 보여주고 나서 오이와 함께 다시 토마토를 보여주면 오이를 보는데, 이는 아기가 토마토를 친숙한 것으로 인식했다는 점을 말해준다. 뇌는 인간을 새로움으로 이끈다. 아기들이 종이 클립을 확인하는 데 왜 그렇게 오랜 시간이 걸리는지를 말해주는 부분이다.

새로운 것이 미래에 기여한다

우리는 왜 새로운 것에 끌리는 걸까? 해답은 우리 존재에서 기억의 진정한 역할과 관련이 있다. 우리는 미래를 예측하고, 미래를 위해 최적으로 준비하고, 기억에 의존하는 예측을 생성하고 과거의 경험을 통해 미래에 근접할 수 있기를 바란다. 새로운 것은 우리가 예상하지 못한 것이다. 그래서 새로운 것인지 점검하고 발견한 무언가를 기억의 데이터베이스에 연결하여, 미래에 우리가 다시 마주칠 수 있는 상황에 대비한다. 새로움에 끌리고 모든 새로운 것을 받아들이려는 성향은, 우리가 대비할 수 있는 상황의 폭을 넓히기 위해 필연적으로 필요했던 것이다. 그래서 우리는 새로움을 좋아하든 좋아하지 않든, 새로움에 대한 본능적 끌림을 갖고 있다. 더 나은 대비는 더 높은 생존과 성공의 가능성을 의미하기 때문이다.

일상 속에서 우리는 어떻게 과거 경험을 끌어와 예측을 만들어낼까? 적극적인 뇌proactive brain 이론에 따르면, 우리는 어떤 상황에 처하면 곧바로 과거의 비슷한 상황과의 유사성을 찾으려 한다.[01] 처음으로 부모님께 보스턴이나 샌프란시스코 거리를 보여주었을 때, 내 아버지가 모든 장소를 과거에 본

다른 장소들과 비교하는 것을 보고 크게 놀랐던 기억이 있다. 우리는 처음 만난 사람을 이미 알고 있는 누군가와 비교하려 한다. 새 배우가 무대에 등장하면, 뇌는 즉시 그 배우가 누구를 닮았는지 찾으려 한다. 저명한 시각 과학자 데이비드 마는 시각 시스템의 목적은 무엇이 어디에 있는지를 이해하는 것이라고 말했다.[02] 바로 그때, 새로운 거리를 부모님과 걷다가 나는 깨달았다. 뇌가 마주치는 모든 것에 대해 던지는 첫 번째 질문은 실제로는 "이게 뭐지?"가 아니라 "이게 무엇과 같지?"에 가깝다. 빠른 유사성을 찾아 입력 정보를 기존 기억과 연결하면, 우리는 경험을 통해 축적해온 방대한 지식과 연상 네트워크에 즉시 접근할 수 있다. 처음 보는 의자를 봐도, 다리, 받침 등 충분한 특징을 공유하고 있기 때문에 즉각 '의자'로 인식할 수 있다. 이 연결이 이루어지면, 우리는 그 의자의 기능, 대략적인 무게, 심지어 대략적인 가격까지도 알 수 있다. 모든 것은 단 한 번도 본 적 없는 물체를 보면서도 즉시 매우 많은 것을 이해할 수 있는 능력 덕분이다. 주변 상황을 해석하고 예측하는 능력은 우리의 과거에 달려 있다. 우리가 가진 이 강력한 능력은 너무나 자연스럽게, 너무 자주 사용되기 때문에 그 진가를 종종 과소평가하게 된다.

익숙하지 않고 예상하지 못했던 무언가는 인간에게 위협이 될 수 있다. 그러므로 인간이 진화하면서 새로운 것에 더욱 관심을 가지는 본성을 택했다는 주장에는 충분히 일리가 있다. 실제로 우리의 정신은 기본적으로 새로운 것을 위험하다고 해석한다. 어느 겨울날 보스턴에서 나는 집 뒷마당에 앉아 있었고, 그때 갑자기 오른쪽 엉덩이가 칼이나 바늘에 깊이 찔린 듯한 느낌이 들었다. 순간 공포가 엄습했고 아주 짧은 시간에 주변을 둘러보다가 물 한 방울을 보았다. 정체는 위에서 녹아내리는 고드름이었다. 얼어붙을 정도로 차가운 이 물방울이 내 스웨터와 청바지 사이로 흘러내린 것이다. 예상 없는 해석이 얼마나 극단적일 수 있는지를 보여주는 사례다. 믿기 힘들고 예측 가능하고 지루한 삶을 사는 것처럼 들리지만, 매일 시시각각 우리 감각의 대부분은 어느 정도까지 예상 가능하다. 이는 우리가 과거 경험을 이용해 인지, 반응, 영화의 결말까지 끊임없이 예측하며 살아간다는 사실을 보여주는 강력한 증거다.

  그러나 이 작은 고드름 일화는 또한 우리가 단순히 감각만을 느끼지 못한다는 사실을 보여준다. 나는 그 순간 어떤 감각을 느꼈고, 뇌는 광속으로 그에 대한 설명을 찾으려 했다.

뇌가 감각에 대한 극적인 원인을 택했는지는 별개의 문제다. 만약 우리가 마음 챙김이나 다른 명상 수행에서 권장하듯이 그저 감지만 할 수 있었다면 나는 놀라거나 당황하지 않고 그 감각을 관찰했으리라. 그러나 우리는 그렇게 하지 못한다. 이러한 인식을 예측하지 못했고, 해석 없이 단순히 감지할 수 없었다. 결국, 뇌는 감각에 의미를 덧붙였다.

이전 장에서 언급한 하로 캐릭터 그림을 떠올려보자. 애매한 사물은 주변 맥락 정보가 주어지기 전까지는 여전히 애매한 상태로 남아 있다. 어정쩡한 헤어드라이어는 작업장 환경에서는 드릴처럼 보이고 욕실이나 미용실에서는 헤어드라이어와 비슷해 보인다.[03] '뱅크Bank'라는 단어는 '물'과 같이 강의 맥락과 관련된 단어 뒤에 나타날 때 강둑으로 해석되고, '저축'과 같은 단어 앞에 나타날 때는 저금통으로 해석된다.[04] 그러나 상황 정보가 명확해질 때까지 우리는 고드름 이야기에서처럼 부정적인 해석에 끌린다.[05]

새로운 입력을 기존의 틀에 맞추는 일은 우리 삶에서의 의미와 확실성을 극대화하기 위한 독창적인 메커니즘이다. 그러나 이러한 독창성에는 심각한 이면이 있다. 감각에 의미를 덧붙이고 가능한 빨리 이해에 따라 반응하여 자신을 보호하는 것. 다른 하나는, 해석을 중단하고 단순히 느끼는 것, 그러나 그 경우 잠재적 위협에 자신을 노출시키게 된다. 언제 어느 쪽을 선택할지는 결국 자각과 훈련에 달려 있다.

기억 인식하기

인간은 어릴 때부터 주변의 물리적 세계에 노출되고 경험과 지식을 축적한다. 우리의 세계, 사물, 사람들이 어떻게 반응하는지, 어떻게 반응하는 편이 가장 좋은지, 그리고 좋아하는 것, 원하는 것, 두려워하는 것 등을 기억하며 개인의 도서관을 점차 확장한다. 무엇이 우리의 주의를 끌고, 어떤 경험이 지나간 후에도 기억에 남는지를 보면 그 흔적이 드러난다. 상황, 자극, 이미지, 상황, 대화, 사람, 영화, 식당과 같은 새로운 경험을 접하게 되면 우리는 최적의 방식으로 그 경험을 해석하고 대응할 수 있도록 그 도서관을 배치한다. 기존의 틀이 새로운 경험에 미치는 이러한 영향은 '하향식'으로 발휘된다. 경험에 근거한 예측은 우리가 세상을 빠르고 효율적으로 이해하는 강력한 방법이지만 전부는 아니다. 이 예측은 선입견, 욕망, 편견 또한 높은 수준의 피질 영역에서 흘러나온다. 그렇지 않았다면 우리 주변의 삶에 대해 진실하고 정확히 이해될 수 있었던 무언가를 지배한다. 이마누엘 칸트의 철학에서는, 세상의 사물을 인식하는 방식과 그가 '사물 자체'라고 일컫는 것 사이에는 차이가 있다. 우리가 주목하는 대상의 물리적 진실, 즉 사물 자체가 있고, 그 사물이 우리에게 어떻게 나타나는지가 따로 존재한다. 사물 자체는 관찰된 대상이나 현상의 실제 속성과 관련이 있다. 예를 들면 빨간색인가? 곡면인가? 크기가 큰가? 멀리 있나? 등 누가 관찰하든 관찰 여부와 관계가 없다. 칸트가 말했듯이 "우리는 감각적 대상을 단순한 현상으로서 올바르게 고려하고, 이로써 그것들이 물자체에 근거하고 있음을 인정한다. 그러나 우리는 이 물자체를 있는 그대로 알지 못하며, 단지 우리의 감각이 이 알 수 없는 무언가에 의해 어떻게 영향을 받는지만을 안다."[06]

사물은 그 자체가 진실이지만, 인식은 우리의 개별화된 진실이다. 이것이 우리가 살아가는 방식이자 지금까지 살아온 방식이다. 칸트의 견해는 독일 철학자이자 매혹적인 비관론자인 아르투어 쇼펜하우어의 《의지와 표상으로서의 세계 World as Will and Representation》라는 책에서 흥미로운 방식으로 지지되고 확장되었다. 우리의 마음은 또다시,

주관적인 지각이 매우 확실하다고 믿게 만든다. 많은 비행기에는 기체 수준이나 비행기의 고도와 같은 중요한 각각의 매개변수에 두 개의 독립된 표시기가 있다. 어느 정도 기울고 얼마나 올라가고 내려갔는지 혼란을 겪은 뒤, 조종사는 비행기가 향하는 방향에 대한 자신의 인식이 두 번째 설치한 표시기보다 더 정확하다고 확신할 수 있다. 사물 그 자체가 주관적이고 불안한 지각이 아닌 표시기라는 사실을 분명히 깨닫기 때문이다. 우리는 이미 알고 있는 것에 점점 더 의존하고, 새로운 것을 인식하는 데 점점 덜 의존한다. 더 많이 경험할수록 기억의 렌즈를 통해 매 순간 점점 더 많이 해석하기 시작한다. 조금은 안타깝지만, 일정 나이를 넘으면 새로움은 드물게 되고 대부분의 일상적인 상황은 이미 과거에 다양한 방식으로 경험된 것들이다. 주변 환경에 대한 탐색이 점점 줄어들게 되고 점차 더 친숙해지게 되므로 세밀한 관찰이 필요 없다. "거기 가봤어. 그거 해봤어"와 같은 답이 뻔하므로 주변의 모든 만사에 세심한 주의를 기울이지 않는다. 보고, 듣고, 느끼고 있는 것에 마음을 열고 흡수하려는 우리의 아름다운 경향은 가차없이 사라진다.

우리는 기대를 너무 많이 한 탓에 어떤 대상이 실제로는 없는 데도 있다고 착각하기도 한다. 카니자 삼각형으로 알려진 것에 관한 많은 연구로 확실히 입증되었다. 이 그림에서 사람들은 가운데 흰색 삼각형을 보지만 이는 착시현상이다. 세 개의 팩맨 조형물은 세 개의 각도가 서로 정렬된 인상을 주고 우리 뇌가 나머지를 완성한다. 삼각형을 기대하는 지점에서 삼각형을 보는 것이다. 그래서 심지어 시각 피질의 가장 초기 영역에 있는 뉴런들조차도 가상의 선이 실제인 듯이 반응한다.[07] 점차 인식은 외부 특징들에 대한 실제적인 반응보다 기억으로부터 기대를 재확인하는 과정이 된다.

신경과학은 여기에서 일어나는 일이 전전두엽 피질이 어떤 대상이 될지에 대한 하향식 정보를 제공하고 있다는 점을 밝혀냈다. 이는 시각 피질의 초기 단계에서 뉴런이 단지 필터링 되지 않은 관측 정보를 임시로 보내는 것이 아니라, 어떻게 예측해야 하는지를 말해준다. 독점적으로 필터링 되지 않은 관측 정보를 측두엽 피질로 보내어 결국에는 실체가 밝혀진다. 그렇지 않고 우리의 인식을 이끄는 것이 상향식 정보였다면, 환영인 하얀 삼각형이 없는 세 개의 팩맨을 보았을 것이다. 그러나 우리의 인식은 내부로부터의 하향식 정보와 감각으로부터의 상향식 정보가 혼합되어 있다. 이상적으로 상향식 정보는 우리 환경의 물리적 특성을 제공하고 하향식 과정은 이러한 인식에 의미를 부여한다. 그러나 앞에서 보았듯이 때때로 우리는 사전 지식과 일반화를 너무 과도하게 적용한다.

유연한 정신은 마음을 강하게 만들 수 있다

얼마 전 아침에 조깅을 하다가 우연히 쿠엔틴 타란티노를 만났다. 그는 텔아비브에 있는 공원을 걷고 있었는데, 주변에는 그를 알아보지 못하는 어린 엄마와 아기들, 쓰레기, 까마귀 등 모든 면에서 할리우드 힐스의 환경과는 거리가 멀었다. 점점 더 초현실적인 세상에서 우리는 거의 모든 것을 받아들일 수 있는 듯이 보인다. 타란티노는 내가 제일 좋아하는 감독 중 한 명이다. 그와의 만남이 즐겁긴 했지만 그다지 흥분되지는 않았다. 고작 몇 주 전이지만 이미 집 근처 카페에서 우연히 만나 유치하게 나를 팬이라고 소개한 탓이리라. 예전에 그를 한 번 봤다는 사실만으로도 내 특권의 위대함에 대한 반응을 누그러뜨리기에는 충분했다. 바로 적응하는 정신 때문이다.

적응력이 바람직한 특성일까? 물론 COVID-19 대유행 상황에서 적응력은 우리가 마스크, 사회적 거리두기 그리고 강화된 위생과 관련된 새로운 일상에 빠르게 적응하도록 도움을 주었다. 그러나 환경의 모든 변화에 익숙해지는 것을 정당화하지는 않는다. 우리는 정글에서 하이킹할 때 사자나 뱀의 존재에 적응하기보다는 정신을 바짝 차리고 의심스러운 징후를 경계하기를 원한다. 마찬가지로 아름다운 지중해 해변이 내가 사는 아파트에서 도보로 10분 거리에 있다는 사실에 익숙해지고 싶지 않다. 나는 매일 낙원이 가까이 있다는 현실에 흥분하고 싶어 하기 때문이다.

앞에서 살펴보았듯이 우리 뇌는 새로운 것을 위해 연결되어 있다. 생존하면서 배우고 잘 지낼 수 있도록 낯설면서도 예상치 못한 무언가에 맞춰져 있다. 바로 우리 뇌가 익숙해지는 것에 점점 덜 흥분하는 이유다. 처음으로 망고를 맛보았을 때, 처음으로 핏방울을 보았을 때 그리고 처음으로 롤러코스터를 탔을 때, 새로운 자극은 뉴런으로부터 최대의 반응을 이끌어낸다. 새로움이 사라질 때 더욱 많은 뉴런이 새로운 상황에 반응하고 더 강하게 반응할 것이다. 뉴런의 활성화가 적어지면 쾌락과 새로움 모두에서 급증을 경험하도록 돕는 화학물질인 도파민 같은 신경전달물질의 방출이 감소한다. 그래서 대부분의 상황에서 인간은 익숙함에 만족감이 덜하다.

지진이나 계절성 허리케인의 가능성에 적응하는 데 도움이 되는 메커니즘의 경우, 일단 경험하고 나면 〈펄프 픽션Pulp Fiction〉을 볼 때와 같은 흥분감이 줄어든다. 불행하게도 좋아하는 아이스크림을 자주 먹으면 나중에는 별생각 없이 먹게 되는 일과 같은 이유다. 그러나 좋은 것에 익숙해지는 일은 단순히 아이스크림에만 국한되지는 않는다. 관계성은 친숙함에 대한 권태로 인해 지치고 더는 진전되지 않는다. 삶에서 나쁜 것을 참아내는 능력은 우리의 빠른 적응력 때문이라는 것은 분명해지지만, 적응이라는 이 강력한 재능은 좋은 것들을 훨씬 덜 즐기는 대가를 치르도록 한다. 고통스러운 절충 과정이다.

이뿐만 아니라 부정적인 상황에서도 적응이 항상 최선의 이득인지는 분명하지 않다. 정말 우리는 모든 유형의 나쁜 것에도 익숙해지기를 원하는가? 학대하는 배우자, 자동차 사망 사고, 타인을 억압하는 행위 등 부당한 행위는 용납해서는 안 되고 적응해서도 안 되는 사례들이다. 인종차별을 선동하는 발언으로 국민을 분열시키는 총리, 속임수와 거짓말을 일삼는 대통령, 또는 개인정보를 파는 거대 기술 기업에 대한 뉴스를 처음 들었을 때는 충격적이었지만 이제는 그렇지 않다. 반복되어 무덤덤해지면서 우리의 부모님을 충격에 빠뜨릴 수 있는 관점과 행동에도 익숙해진 듯하다. 그러나 우리는 그저 한숨을 쉬며 페이지를 넘길 뿐이다.

이 진화적 절충을 속여 넘길 수 있을까? 선택에 따라 친숙한 것을 마치 새로운 것처럼 즐기고(모든 키스가 첫 키스처럼 느껴진다면 삶이 어떨지 상상해보라), 피해야 할 때 적응을 거부할 수 있도록 자발적으로 통제할 수 있을까? 이전에 식중독을 일으켰던 음식에 입을 대지 않는 것처럼 처음부터 부패한 지도자, 학대적인 관계, 만성적으로 지체하는 기술자들에 대한 혐오감은 그대로 남아 있어야 한다.

마음의 많은 도전과제와 마찬가지로, 단순히 인식하는 것만으로도 이미 해결의 절반은 이룬 것이다. 극단적인 경우에는, 외부의 힘이 잘못된 기준에 익숙해져버린 우리를 일깨워줄 필요가 있다. 최근의 미투 운동#MeToo이 좋은 사례다. 그러나 대부분의 경우에는, 스스로 다시 생각해보는 것으로 충분하다. 호수가 왜 어느 날은 파랗고 다음 날은 초록색인지, 또는 '엄지손가락 법칙rule of thumb'이라는 말이 어디서 유래했는지(찾아보면 알겠지만, 결코 괜찮다고 할 수 없는 유래다) 묻는 아이의 질문에 당황했던 순간을 떠올려보라. 우리는 가끔 무감각해진 것들을 다시 생각함으로써, 그 호기심 많은 아이가 될 수 있다.

자신의 진정한 가치에 부합하지 않는 정보와 익숙해지지 않음으로써 스스로 정직해지려는 경우를 넘어, 선택적 주의 또는 선택적 적응의 전략을 채택해야 한다. 누군가에게는 자연스럽게 다가오는 부분이다. 돌아가신 할아버지는 대가족이 저녁 식사를 할 때 포크와 같은 식기 도구를 한참 동안 생각하도록 식사를 자주 멈췄다. 포크는 얼마나 위대한 발명품인가, 포크 없이 어떻게 먹을 수 있었겠는가? 수십 년 동안 매일 낮잠을 잔 뒤 커피를 소중히 여긴 열정은 말할 것도 없다. 모든 사람이 일상적이고 친숙한 무언가에 대해 진정으로 오랫동안 감사하는 마음을 가질 정도로 운이 좋지는 않다. 나의 학생들은 내가 호주에 있는 친구에게 이메일을 보내고 몇 분 만에 답장을 받고 깜짝 놀라 사무실로 뛰어가는 모습을 재미있어 한다. 이처럼 감사하는 특성은 유전적이라고 확신한다.

적응에 대해 자주 인식하는 것 외에도 친숙한 환경을 새롭고 신선한 빛으로 계속해서 볼 수 있는 능력을 키울 수 있는 다른 방법이 있다. 명상이 하나의 예지만 기본 원칙은 특정한 실천에 얽매이지 않는 것이다. 우리의 정신은 과거 경험이 정보에 기초해 미래의 행동을 인도할 수 있도록, 끊임없이 기억을 참조한다. 앞에서 살펴본 바와 같이 매우 도움이 되지만 현재 경험을 즐기려고 할 때는 장애가 되는 속성이다. 진화는 현재의 경험을 감상하는 능력보다 생존을 당연히 우선해왔다. 그래서 우리 것을 되찾으려면 약간의 싸움이 불가피하다. 앞에 놓인 꽃을 매번 새롭게 즐기기 위해 기억과 과거 경험에 대해 끊임없이 언급하는 것은, 부자연스럽지만 가능하긴 하다. 오래된 틀에 빠져드는 것을 알아차릴 때마다, 가능하면 기억에서 잠시 벗어나라. 그저 무심코 받아들여온 것들을 재평가하기 위해서라도 말이다.

8장. 정신의 틀과 경계의 한계

우리는 새로운 것을 추구할 때 친숙한 것을 무시하는 경향이 있다. 그래서 꽃, 자동차, 음식 등 우리에게 이미 익숙한 무언가에게 새로운 의미를 담아 이름을 붙인다. 그러나 의미에 대한 우리의 욕구는 친숙함에 이름을 부여하는 일 그 이상이다.

의미 부여에 대한 갈망

감각 차단 탱크 또는 격리 탱크는 피부 온도에 맞춘 소금물로 채워진 어둡고 완전히 조용한 탱크로, 안에 있는 사람은 보이지도 들리지도 않고, 제대로 느끼지도 못한 채 떠 있게 된다. 편안하게 들릴지도 모르지만, 일반적으로 외부의 물리적 세계와 단절된 경험은 너무 부자연스러워서 감각 차단 탱크는 과거에 고문 도구로 사용되었다. 마음 방황은 많은 이점이 있지만 그 자체로는 충분하지 않다. 우리에게는 의미가 있는 외부 세계가 필요하다.

외부 세계에 대한 필요성은 아마 가장 기이하게도 어둠 속에 갇힌 죄수들의 기록뿐만 아니라 트럭 운전사, 비행기 조종사 그리고 강렬한 형태의 명상을 수행하는 사람들의 기록과 관련된 소위 **죄수의 영화관**이라는 현상에 의해 입증될 수 있다(장거리 트럭 운전사와 고급 명상 수련자에게서 비슷한 보고가 나온다는 사실은 뭔가 섬뜩하다). 이들은 때로는 추상적인 형태를 취하지만 더욱 구체적인 형태의 상상된 빛과 색깔도 본다. 일부는 심지어 이 기록들과 신석기 시대의 동굴 벽화 사이에서 유사점을 발견하기도 했다.[01]

일반적으로 널리 알려진 설명은 외부 시뮬레이션 없이 빛을 보는 현상인 **섬광시**phosphenes(그리스어에서 유래된 용어로 대략 '빛의 쇼'로 번역된다)와 관련이 있다. 이 현상은 눈을 비비고 빛을 볼 때처럼 눈에 기계적 압력을 받거나 시각 피질의 자발적 활동 때문에 발생할 수 있다. 관련 증상으로는 시각장애인이 복잡한 시각적 환각을 경험하는 **샤를 보네 증후군** Charles Bonnet syndrome이나 청각장애인이 청각적 환각을 경험하는 **음악귀 증후군**musical ear syndrome 등이 있다. 이러한 현상과 설명 대부분은 개인적인 사례를 기반으로 하므로 늘 과학적이라고 할 수는 없다. 그러나 상상해야 할 때조차 인간에게는 외부 세계에 대한 시스템이 필요하다는 사실을 증명한다.

정신적 삶은 개인적이라고 느껴질 수 있지만, 주변 세계에 의해 형성된다. 그러나 반대의 경우도 있다. 우리의 내부 세계가 외부 세계를 해석하는 방식에 영향을 미친다. 우리는 세상을 현실에서 우리 자신의 '현실'로 해석한다. 거의 필연적으로 들어오는 정보를 해석하고 이해한다고 생각하거나 기억에 있는 기존의 틀인 '상자'에 상황을 끼어 맞춤으로써 삶을 더 잘 통제할 수 있다고 생각한다. 익숙함은 편안하다. 어떤 소리에 이름을 붙이거나, 냄새에 이름을 부여하거나, 감지하는 맛을 분류할 수 없는 것처럼, 우리는 상황을 친숙한 용어로 해석할 수밖에 없다. 이것이 많은 사람이 추상적인 예술과 해석에 저항하는 다른 형태에 대해 혐오감을 느끼게 되는 이유다. 우리가 마주치는 것에 이름과 라벨을 붙일 수 있어야 한다. 큰딸 나디아가 아기였을 때, 내 품에 안겨 미술관에서 폴록(액션페인팅을 처음 시도한 미국의 추상화가-옮긴이)의 작품을 보고 난 뒤 한 말은 "저 아저씨는 청소 좀 해야 해"였다. 재빨리 라벨을 찾은 것이다. 10년 뒤, 나디아는 ADHD(세 아이 모두 나에게서 이 성향을 물려받았다) 검사를 받아야 한다는 권고를 받았다. 처음에는 아이에게 약을 주고 싶지 않았고 나와 똑같이 관리를 해야 한다고 생각해서 검사할 필요가 없다고 말했다. 아이도 약을 원하지 않았고 상자에 넣고 앞으로 더 확실하게 살 수 있는 진단 라벨만을 원했다. 구름을 보고 그 안의 형체와 구름이 취하는 모양에 이름을 붙이지 않을 수 있는지 생각해보라. 뇌는 구름이 건조 공기와 물, 얼음 입자로 이루어졌다는 사실을 알고 있지만, 그런데도 이 방울이 농구공 위에 코끼리 같아 보인다고 말하지 않고는 직성이 풀리지 않는다. 한나 아렌트는 다음과 같이 멋지게 표현했다. "이성이 필요한 까닭은 진리를 추구하기 위해서가 아니라, 의미를 추구하기 위해서다." 우리는 진리보다 의미를 더 원한다.

상자에 물건 넣기

인간은 선천적으로 실명 수준의 심각한 백내장 질환을 갖고 태어날 수 있다. 백내장 제거 수술이 개발된 후, 많은 사람의 삶이 크게 향상되었다. 영감을 얻기 위해 인도의 매사추세츠 공과대학교(MIT) 파완 시나 교수의 인도주의적이고 과학적인 성과를 참고하기를 바란다. 관련 의료와 웰빙 측면 외에도 시각장애인을 정상인으로 전환하는 이 절차는 독특한 플랫폼을 제공하여 몇몇 오랜 철학 문제를 테스트했다. 한 가지는 청각과 촉각을 통해서만 자기 세계를 감지하던 맹인이 갑자기 시력을 갖게 되었을 때 단지 보는 것만으로 구와 정육면체 등의 모양을 구별할 수 있느냐 하는 몰리뉴의 문제다. 이상하게도 대답은 '아니오'인 듯하다. 그러나 여기서 더 흥미롭고 적절한 것은 시술 이후 시간이 지났을 때 새롭게 보게 된 사람들과 그들을 관찰한 사람들의 세계에 시각적 인식이 어떻게 전개되는지에 대한 개별 보고서다. 깊은 좌절과 극도의 경외심(경우에 따라 그리고 개인적 성향에 따라 다름)이 있지만, 이전에 시각에 대한 경험이 없는 사람에게 세상이 어떻게 보이는지에 대한 흥미로운 설명도 있다. 일반적으로 처음 며칠 동안은 물체가 보이지 않는 대신 색 패치가 나타난다. 딸기는 녹색 패턴에 닿은 빨간색 패턴일 뿐이다. 이름, 연관성, 기억도 없다. 그림자조차도 이들에게는 어두운 패치일 뿐이며, 다른 사람들이 일반적으로 그림자에서 도출하는 깊이나 조명 정보를 제공하지 않는다. 그 패치에 이름을 붙이는 법을 배우기 전에는 아기처럼 세상을 본다. 세상을 아래에서 위로 가장자리, 질감, 색깔, 움직임에서 위로 보는 것이다. 그리고 우리처럼 위에서 아래로 내려오는 의미, 연관성 그리고 기대치를 반영하지 않고 있는 그대로 본다.

사실 경험이 많은 명상가라고 할지라도 불교 수행의 단계를 주기적으로 달성하지 못할 수 있다. 여기서는 다가오는 기차나 고양이가 야옹거리는 소리의 이름이나 범주를 알려주지 않는다. 주로 인간의 예지력과 관련된 의문을 연구하는 내 연구실에서 우리는 어느 시점에서 물체처럼 보이지 않는, 무의미한 물체처럼 보이는 시각적 자극을 만들고자 했다. 그러나 이것은 불가능으로 판명되었다. 정신이 사물에 이름을 부여하는 것을 막을 수 없다. 그리고 실제 물체가 아닐 때는 상상 속에서 그것들과 가장 가까운 물체의 이름을 부여한다(언제나 흥미로운 환각 현상이다). 우리는 물리적 자극을 있는 그대로 인식할 수 없다. 망고를 망고가 아닌 대상으로 바라볼 수 없다. 그러나 이는 명상 수련의 궁극적인 목표(또는 적어도 목표 중 하나)다. 앨런 와츠는 15분간의 유도 명상 '정신 깨우기 Awakening the Mind'에서 이렇게 하도록 권한다. 심지어 더 나아가 내적 세계와 외적 세계가 하나가 될 때까지 외부의 소리를 이름 없는 소음으로 취급할 뿐만 아니라 우리의 내적 생각들도 소음으로 생각하라고 말한다. 와츠에 따르면 나는 지금까지 한 연습으로는 이 수준에 가까워졌다고 말할 수 없다. 그런데도 우리는 어떻게 이것이 자아에 대한 논의와 연결되는지, 어떻게 명상이 우리 자신과 외부 세계 사이에 있는 분리를 없애도록 우리를 독려하는지 알 수 있다. 4장에서 자아에 관해 이야기할 때, 자아를 제거하는 것은 이론적으로 틀렸고 아마도 성취하기가 불가능하다고 생각했을 것이다. 이상하게 들릴지 모르지만 라벨링에 저항하는 것은, 이미 우리를 세계와 분리시키는 인위적 경계를 해소한다는 가치 있는 목표를 향한 실질적인 실천 방법을 제공하는 일이다. 와츠는 멋진 표현으로 설명했다. "우리는 인간 사고의 범주가 우주 전체를 질서 있게 유지하고 있다는 망상에 시달리고 있다. 그리고 이 범주들을 온 힘을 다해 붙잡지 않으면 모든 것이 혼돈 속으로 사라질 것이라 두려워한다."[02]

오페르 렐루슈는 내 친구이자 이스라엘 출신의 유명한 프랑스 조각가다. 그는 드로잉 수업 시간에 학생들에게 작업실에 있는 나뭇잎과 줄기가 뒤섞여 있는 화분을 그리라고 주문하자 학생들이 어려워했다면서 그 경위를 말한 적이 있다. 큰 화분이 하나 있는데, 그 안에는 여러 종류의 식물이 있다. 학생들에게 요구한 사항은 전체가 아니라 배열의 중앙에 있는 특정한 가상의 정사각형을 그리라는 것이었다. 화분 안에는 줄기와 잎이 서로 다른 방향으로 무작위로 섞여 있고 서로 일부를 가리면서 결국에는 다른 식물에 서로 연결되어 있다. 우리와 마찬가지로 학생들도 그 사각형 안에 있는 모든 선의 출발지, 목적지 그리고 소속에 대한 사전 지식 때문에 자신의 그림을 분리하는 데 어려움을 겪었다. 그래서 서로 연결되는 완전한 부분의 식물들을 그렸으며, 정해진 틀을 계속 넘을 뿐만 아니라 다른 식물들의 가려지는 부분은 무시했다. 학생들의 그림은 그 사각형의 실제 정보보다는 자신이 염두에 두고 있는 도식에 더 가까웠다. 이것은 헬렌 인트라우브 연구진이 처음으로 기술하고 명명한 심리학 경계 확장이라고 하는 현상과 관련이 있지만, 완전히 설명되지는 않는다. 경계 확장에서 사람들은 그림에 보이지 않는 뚜껑과 다듬어진 울타리 상단이 잘린 울타리에 기대어 있는 쓰레기통들과 같이 표시된 그림을 기억하도록 요청받는다. 기억에서 다시 그리라고 요청받을 때, 사람들은 완성된 물체를 포함하여 그림(이 예에서는 깡통과 울타리)을 완성하는 경향이 있다. 부분적인 대상을 기억하기란 어렵다. 그래서 일부 사람들은 프랑스 영화를 힘들어 하는지도 모른다. 프랑스 영화에서는 주로 등장인물의 삶에 분명한 시작과 끝이 없고, 삶 속에서도 큰일이 일어나지 않는다.

흥미롭게도 우리는 개인의 정체성뿐만 아니라 사물 간 관계를 바라볼 때도 같은 방식을 적용한다. 내가 야엘 아피키와 함께 실험실에서 두 물체의 사진을 동시에 보여주었을 때 피험자들은 어떻게든 물체들을 연결하려고 했다. 의자와 테이블, 개와 뼈다귀, 의사와 간호사같이 분명히 서로 관련이 있는 대상을 보면 계속 연결하려고 한다. 그러나 배와 색소폰, 탱크와 사각형의 말, 또는 스테이플러와 소나무와 같이 직접적인 연관이 없는 대상들을 볼 때, 정신은 이 대상들 사이에서 만족스러운 연관성을 찾고자 분투한다. 그리고 계속 진행하려고 하면 정신의 한 부분이 계속 파고들고, 집착하고, 반추하고 있다는 사실을 알게 된다(항상 의도적인 것은 아니다). 우리는 다음 일에 활용할 정신적 능력이 부족하다는 점도 알게 되는데, 그중 일부는 연관성을 찾기 위해 백그라운드에서 계속되는 노력에 의해 계속 소비되기 때문이다.[03] 우리는 알려진 것과 연결함으로써 일관성과 의미를 찾고, 그럼으로써 우리의 세계관과 환경을 이해한다고 확신한다.

자파에 사는 친구 사샤의 아파트에는 프로젝터와 스테레오가 늘 켜 있다. 그 친구는 언제나 새로운 프로그레시브 음악을 틀고 대형 벽에서 랜덤 유튜브 비디오를 스트리밍한다. 처음에 나는 그토록 수월하게 음악을 조화롭게 만드는 샤샤의 능력이 가히 천재적이라고 생각했다. 어떻게 그렇게 빨리 만들 수 있지? 그제야 나는 그 마법이 내 머리와 그 방 안에 있는 다른 사람들의 머릿속에서도 일어날 수 있다는 사실을 깨달았다. 우리는 자기도 모르게 관계가 있는 듯 보이는 무언가가 있으면 어떻게든 연결하려고 애쓴다고 한다. 그리고 일단 연결되면 경탄하지만("이 러시아 랩이 어떻게 오래된 일본 애니메이션에 딱 맞는 사운드트랙이 될 수 있을까?"), 엄청나게 성공한 유명인인 샤샤의 재능이 아니라 뇌 덕분이라는 사실은 깨닫지 못한다. 삶에서 해결되지 않은 과업, '문제들,' 트라우마, 혼란스러운 인간의 상호작용, 충족되지 않은 욕망 등 더 높은 수준의 현상들도 마찬가지다. 우리는 이것들을 기억과 의미와의 연관성으로 해결해야만 한다. 그렇지 않으면 계속 되돌아와서 우리의 정신적 자원에 부담을 줄 수 있다.

철학자들이 영원한 성찰을 추구하는 경향이 있듯이 불교 신자들은 꽃을 꽃이라고 하지 않고 서랍에 넣지도 않는다. 핵심, 명칭, 결론에 도달하기 위한 갈망을 멈출 수 있다면 얼마나 좋을까. 작년 여름에 아들 나오르와 함께 소렌토로 다이빙

하러 갔던 기억이 난다. 우리는 훌륭한 현지 이탈리아인 가이드와 함께 다이빙 코스에 대한 설명을 들었다. 어느 순간 가이드가 뒤에서 내 다리를 잡고 주의를 환기하며 천천히 하라고 말했다. 그 후 나는 아들이 참을성 있게 암초의 위치를 찾고 있다는 사실을 알았다(아들의 ADHD는 분명히 나보다 더 잘 억제되어 있었다). 반면에 나는 그 다이빙을 수중 수영 대회인 양 받아들였다. 계속 앞으로 나아가고 어디론가 가고 싶었지만 목적지는 없었다. 내 눈앞에는 다이빙만 있을 뿐이었다. 어디로 가려고 한 걸까? 또 다른 교훈이다. 소리에 이름을 지어주거나 확실한 답을 찾는 일과 같은 결론은, 우리가 다음 단계로 나아갈 수 있다고 느끼기 전에 '반드시' 충족되어야 하는 어떤 이해하기 어려운 목표인 결승선을 쫓는 일과 비슷하다. 인생은 달성한 목표를 다음 목표와 연결하고, 그 목표를 그다음 목표와 연결하며 성취를 쌓아간다. 카니발의 여러 게임에서 성공해 최대한 많은 티켓을 모아 나중에 큰 상금으로 교환하는 일과 같다. 마지막에는 정말 큰 상이 있을까?

울타리로 분리된 범주

우리는 범주별로 생각하며 접하는 모든 것을 익숙한 상자에 넣으려고 한다. '일상적'인 것이 무엇인지는 우리가 이미 정해놓은 것에 의해 결정된다. 현실은 우리 뇌의 기존 틀에 적합해야 한다. 그렇지 않으면 그것을 낯설고, 이상하고 비정상적이라고 생각한다(실제로 아이들은 새로운 모든 것을 '이상하다'라고 하는 듯하다). 우리가 조금이나마 열어보는 순간 자의적인 경계에서 벗어나게 되며, 이러한 틀은 시간이 흐르면서 유연해지고 그 결과물을 배우고 성장할 기회가 된다. 그러나 그 시작 부분이 쉽지 않다.

안식일(토요일)에 꽃을 사는 광경은 이스라엘에서 흔하게 볼 수 있는 아름다운 전통이다. 내 친구 야이르(아니면 내가 사랑하는 오렌이었나?)는 어느 금요일에 꽃집 주인에게 좋아하는 두 종류의 꽃을 함께 포장해달라고 했다고 한다. 여주인이 이 꽃들은 서로 어울리지 않다고 말하자 그는 이렇게 말했다. "그냥 묶어서 포장해주세요. 그러면 괜찮을 거예요." 그 후 몇 달 동안, 나는 왜 그 단순한 순간이 나를 그렇게 사로잡았는지 계속 궁금해했다. 이제는 안다. 그 작은 이야기에는 소수만이 가지는 정신적 유연성이 담겨 있었고, 또한 우리가 얼마나 명확함, 경계, 규칙을 깊이 필요로 하는지를 뚜렷하게 보여주었기 때문이다. 그 이후로 나는 내 삶에서 경계를 가지고 노는 법을 배우고 있다. 내가 원하는 것과 기대되는 것 사이에서 선택해야 하는 여러 갈림길마다, 엄격한 구분과 유연한 경계의 장단점을 저울질하며 살아가고 있다.

지난 1년간 나는 중동의 한가운데에서 이글루 같은 둥근 집에서 살았다. 이 집은 나의 또 다른 연구 방향과 관련이 있는데, 사람들이 곡선 윤곽[04]과 둥근 공간[05]을 선호한다는 결과가 있다. 나는 처음 방문하는 친구들과 가족의 반응을 보기를 좋아한다. "와! 정말 둥글다!"라며 어색하게 웃으며 당황과 혼란의 표정을 오랫동안 지은 뒤에야 새로운 공간에 익숙해진다. 무엇이 좋고, 무엇이 나쁘고, 무엇이 옳고, 무엇이 그른지 그리고 무엇이 예쁘고, 무엇이 멋있고, 무엇이 뜨거운지 등 우리의 뇌에 고정된 경험과 관습의 타고난 틀에 반하여 작업하는 일은 쉽지 않다. 우리는 기억 속 틀에 익숙하다. 예측 가능한 것을 더 쉽게 받아들인다. 일탈은 우리를 불안정하게 만든다. 그러나 모든 새로운 시나리오, 새로운 시도, 새로운 노출은 항상 새로운 가능성을 만든다. 열린 마음을 유지하는 것은 기존의 틀과 범주 사이의 경계를 평소보다 더 투과성 있게 유지하는 것을 의미한다. '기묘한queer'이라는 단어는 말 그대로 의심스럽고 수상하다라는 뜻이다. 사회에서 동성애자를 지칭하기 위해 이 말을 사용했다는 사실이 믿기 어렵다. 그러나 이상하다고 인식되는 무언가는 시간이 지나고 자주 노출되면 정상적인 것으로 바뀔 수 있다. 큰 나라에서 30대의 인물을 총리나 대통령으로 선출했다는 소식을 처음 들으면 잘 믿기지 않는다. 30대가 어떻게 국가를 운영할 수 있을까? 그러나 시간이 흐르면서 처음의 충격은 호기심으로 바뀌고 그다음에는 그 사실에 익숙해진다. 두 번째로 또 다른 나라가 서른 살짜리 지도자를 선출하면, 이제 완전히 정상적으로 느껴진다. 우리는 기존의 틀을 업데이트했다. 예전에는 비정상적인 것처럼 보이고 완전히 합리적인 영역 내에 없었던 것도 포함시킬 수 있다. '이상함'은 익숙해지면 '정상'이 된다. 우리는 분류하여 의미를 부여하고, 그럼으로써 무슨 일이 일어나고 있는지 알고 우리가 통제하고 있다는 어떤 주관적인 확신을 한다. 오래된 틀에 새로운 것을 맞춰 넣어야 한다는 압박을 느끼지 않으려면 불확실성을 견딜 수 있어야 한다. 불확실성에 대한 관용은 탐구적인 마음 상태에서 나온다. 이때는 마치 아이들처럼 개방적이고 호기심이 많고 광범위하며 창의적이고 기분이 좋아지며, 경계선에 대해 별로 신경 쓰지 않는다. 경계선, 규칙, 범주는 전두엽 피질에서 나왔지만 그 범주는 아직 성숙되지 않았다. 우리가 이 상태를 모방하려면 우리의 요구에 따라 전전두엽 피질을 차단할 방법을 찾아야 한다.

뇌와 행동의 절충

규칙과 템플릿은 인간 행동의 많은 측면에서 중요하지만, 모든 경우에 그런 것은 아니다. 우리는 언제 그것들이 유익한지, 또 언제 그것들에 매이는 것이 바람직하지 않은지를 스스로에게 끊임없이 상기시켜야 한다. 그리고 어느 정도는, 선택이 우리의 손에 달려 있다는 사실을 인식해야 한다. 그럴 때 각 상황에 가장 적합한 전략을 적용할 수 있다.

규칙을 따라야 할 때와 그렇지 않아야 할 때와 같은 상호 절충은 뇌에서 일반적이며 적응성, 다재다능함과 힘의 발현이다. 관련된 사례는 우리가 배우고 성장하려는 욕구를 충족시키기 위해 새로움과 불확실성에 열려 있는 탐색적 행동과, 이미 알고 기대하는 기존의 '스크립트'에 기초한 친숙하고 사고적이며 행동적인 것을 선호하는 활용적 행동 사이의 절충이다. 이 절충은 우리에게 되풀이되는 주제이자 현재 진행 중인 전투와도 같다. 감각 입력이 경험을 인도하도록 할 것인가, 아니면 이전에 시도한 경험의 기억을 쉽게 사용하도록 이끌릴 것인가? 탐색-활용 연속체에 있는 위치는 일반적으로 마음 상태에 의해 결정되지만, 의지에서 나오는 것은 아니다.

마지막으로 이 책에서 계속 언급되는 절충안이 있다. 이것은 생존을 위한 뇌의 도구인 동시에 삶을 경험하는 데 장애가 되기도 한다. 이전 경험에 대한 하향식 흐름의 이점은 끔찍한 저주로 바뀐다. 끊임없이 과거와 연결하고 미래를 준비한다면 어떻게 현재를 즐길 수 있겠는가? 그러나 뇌는 마음챙김을 위해 진화하지 않았다. 흥미는 살아남은 자만이 누릴 수 있는 특권이다.

물론 정글 한가운데 있다면, 꽃의 무한한 아름다움을 감상하는 능력보다는 생존을 위해 기존 지식을 활용하고 예측을 생성하는 능력을 선택할 것이다. 반대로 안전한 환경에 있다면 상향식 기제를 잠시 꺼두고, 세상을 있는 그대로 받아들이고 싶어질 것이다. 안타깝게도 우리는 그렇게 할 수 없다. 우리는 생존을 위해 프로그램되어 있기 때문이다. 또한 생존이 위협받지 않는 상황에서도 탐색적 행동으로 착취적 행동을 다시 프로그래밍하는 일은 결코 쉽게 일어나지 않는다.

우리의 유연한 작은 창

　당신과 그 새로운 남자가 처음으로 데이트를 하러 레스토랑에 갔다. 식사가 끝나고 계산서를 가져오기 직전 그가 화장실에 가버리고 당신 혼자 계산하게 된다. 그 순간, 당신의 뇌는 그를 '구두쇠'라고 표시해버리고, 그가 이 인식을 바꾸려면 정말 많은 노력을 해야 할 것이다(계속 만난다고 가정할 때). 이후 그가 다음 식사들을 모두 계산한다고 해도 당신의 마음은 쉽게 바뀌지 않을 것이다. 보통 우리는 비슷한 사건들이 쌓이면 평가를 평균 내 업데이트할 것이라고 생각하기 쉽다. 그래서 두 번째 데이트 쯤이면 그에 대한 인식도 달라질 거라 기대한다. 또한, 학습은 점진적인 과정이라서 기억은 선형적으로 업데이트되고, 새롭게 얻는 정보 하나하나가 똑같은 비중으로 반영되어 세상에 대한 내면적 표상이 균형 있게 다듬어질 것이라고 생각하기 쉽다. 그러나 실제로는 전혀 그렇지 않다. 첫인상이 이후의 모든 인상보다 훨씬 더 강력하다.

　이는 흥미로운 역설을 보여준다. 한편으로 우리는 새로운 템플릿이나 관점을 놀라울 정도로 빠르게 만든다. 단 한 번의 사건, 짧은 순간의 경험만으로도 우리는 머릿속에 새로운 템플릿을 형성한다. 그러나 다른 한편으로, 이렇게 순식간에 만들어진 템플릿은 놀라울 정도로 경직되기 쉽다. 우리는 이제 막 만들어낸 템플릿에 집착하고, 그것을 수정하거나 확장하거나, 경계를 유연하고 역동적으로 유지하는 데 매우 소극적이다. 차라리 조금 더 신중히 생각하고 추가 관찰을 기다린 뒤 장기적으로 경직될 관점이나 템플릿을 만드는 편이 더 나았을 것처럼 보인다. 그러나 우리는 그렇게 하지 않는다.

우리는 왜 열린 상태를 유지하지 못하는 걸까? 표현을 단순히 업데이트하면 어떤 단점이 있을까? 안정적인 표현이 필요하기 때문에 고정적이고 유연성이 떨어진다는 해석이 있다. 그러나 이러한 묘사 또한 새로운 정보와 함께 다듬어져야 한다. 마치 어린아이가 태어나서 처음으로 자동차를 보았을 때, 색깔은 파랗고 네 개의 바퀴에 앞 옆으로 창문이 있다고 속으로 생각하는 상황과 같다. 그러나 빨간색 차를 보았을 때는 창문과 네 개의 바퀴가 있지만 다른 색깔일 수 있다는 점을 깨닫는다. 표현이 업데이트된 것이다. 전전두엽 피질로부터의 하향식 지시가 줄어들면서 더욱 융통성 있는 학습이 가능해진다. 이러한 상충되는 요구를 덜 직관적인 전문 용어로 패턴 분리와 패턴 완성이라고 한다.

초기의 유연성에 이어 경직성이 뒤따른다는 역설은 위에

서 언급한 탐색과 활용 사이의 균형과 흡사하다. 탐색 모드에 있다는 것은 모든 안테나가 수신 모드에 있다는 것을 의미하며, 새로운 것과 불확실한 것에 대한 불안함과 초조함은 뒷전으로 밀려난다. 그러나 활용 모드는 기습 공격을 최소화하기 위해 행동을 선택한다는 의미다. 당연히 친숙한 것을 활용하는 과정에서 학습이 대거 발생하지는 않지만 생존에는 더 유리하다. 우리는 대부분 생존하는 포식자와 그 밖에 생명을 위협하는 근원에 대해 너무 많이 걱정할 필요는 없다. 그러나 우리 뇌는 여전히 탐색보다 활용 모드를 훨씬 더 자주 선택한다. 레스토랑에서 데이트를 하던 커플 이야기로 다시 연결해보면, 첫 만남은 탐색 모드에서 이루어진다. 이때 우리는 긍정적이든 부정적이든 상대에게 인상을 받을 준비가 되어 있다. 그러나 이렇게 누군가에게 영향을 줄 수 있는 기회의 창은 놀랄 만큼 짧다. 아주 빠르게 우리는 다시 탐색 모드로 돌아가, 그 짧은 탐색의 순간 동안 새겨진 인상에 기대어 행동한다. 처음에 잠시 창을 열어 새로운 템플릿을 만들고 그 다음에는 안정적이고 경직된 상태로 유지한다.

  탐색과 인상의 통로를 오래 열어두지 못하는 것은, 우리가 들리는 소리나 보이는 얼룩에 이름을 붙이지 않고는 견디지 못하는 것과 관련되어 있다. 첫인상은 우리가 의미 있는 라벨링 없이, 즉 불확실성 속에서 얼마나 오래 버틸 수 있는지를 보여주는 시간의 창이다. 탐색 모드로 돌아가는 것은 확실성에 대한 우리의 욕구를 충족시키기 위한 것이고, 의미에 대한 절박한 갈망과도 깊이 연결되어 있다. 단순히 우연이 아니다. 확실성이 필요하기 때문에 의미를 필요로 한다. 겉으로는 호기심이 의미를 찾게 만드는 듯 보이지만, 사실 호기심은 단지 의미에 도달하기 위한 추진력일 뿐이며, 의미란 결국 확실성에 도달하기 위해 필요한 정보인 것이다.

호기심 → 의미 → 확실성

9장. 사고의 폭, 창의성 그리고 기분

창의적이 된다는 것은 호기심이 따르기 마련이고, 이 둘은 우리 마음이 어떻게 방황하는지와 깊이 연결되어 있다. 덜 직관적일 수 있는 사실은, 얼마나 창의적인지가 기분에 영향을 미치고 반대로 기분도 창의성에 영향을 미친다는 점이다. 나는 연상적인 마음 방황과 창의성의 관계를 공부하던 중 연구 분야와 동떨어진 결과를 우연히 발견하게 되었다. 이 발견은 결국 사고의 폭이 기분을 끌어올리는 것과 연결된다는 깨달음으로 이어졌다. 어느 날 나는 가끔 읽던 일반심리학 저널을 훑어보다가 우울증에 걸린 사람들은 상황을 파악하는 일을 힘들어한다는 기사를 봤다. 상황이 어떻게 표현되고 활성화되며, 정신에 의해 활용되는지 연구를 많이 했기 때문에 흥미가 생겼다. 주위에 무엇이 있는지를 보는 능력이 기분과 어떤 관계가 있을까? 나는 우울증의 원인부터 시작해, 뇌 기능이 어떻게 연관성을 설명할 수 있는지 연구하기로 결심했다.

이 분야에 처음 발을 들였을 때, 나는 같은 주제를 끊임없이 맴도는 집요한 사고 패턴인 반추가 우울증과 강하게 연결되어 있다는 사실에 충격을 받았다. 이미 오랫동안 확립된 사실이었지만 나에게는 신선한 발견이었다. 특히 내 관심을 끈 것은, 반추가 지극히 좁고 제한적인 형태의 마음 방황이라는 점이었다. 반추는 주로 과거의 부정적인 사건과 자신에 대한 집착으로 이루어진다. 예를 들어, 반추는 어젯밤 친구와의 저녁 식사 자리에서 내가 했던 불쾌한 발언을 떠올리며 시작될 수 있다. 그 말로 친구의 감정을 상하게 했다는 사실에 사로잡히고, 친구가 틀림없이 나에게 화가 났을 거라고 생각하고, 함께 있던 다른 사람들도 나를 재수 없게 여겼을 것이라고 생각하며, 그 생각을 끊임없이 되풀이하게 된다.

사실 반추는 처음에는 특별히 부정적이지 않은 사건에 대해 숙고하다가 결국에는 부정적으로 느끼게 만드는 악순환의 고리다. 반추가 기분을 우울하게 만들 수 있는 또 다른 방식은 가능한 어떤 무서운 미래의 일에 집착하는 것이다. 이 경우는 우울증이 아닌 불안으로 이어진다. 예컨대 백곰을 생각하지 않으려고 하면 더 많이 생각나는 것처럼, 반추와 억눌린 생각을 없애려고 하면 그 존재가 더욱 부각된다.

반추적 마음 방황이 지닌 좁은 범위를 관찰하면서 나는 하나의 아이디어를 떠올렸다. 만약 넓고 연상적인 마음 방황이 반대되는 영향을 미쳐서 우리를 더 기분 좋고 행복하게 만든다면 어떻게 될까?

생각에 대한 기분

실제로 정말 기분이 좋아지는 느낌은 자주 일어나지 않는다. 그러나 기분이 좋아지기를 바라는 것은 탐닉이 아니다. 기분은 행복의 모든 측면, 즉 모든 생각과 모든 행동에 영향을 미치기 때문이다. 실제로 기분의 도달 범위는 심리적 기복을 훨씬 뛰어넘는다. 그 영향은 우울증과 불안에서부터 심혈관 질환, 심리적 회복력, 인지 능력, 노화 그리고 수명에 이르기까지 다양하다. 그렇지만 기분의 기저에 깔린 메커니즘에 대해 우리는 제한적으로만 이해하고 있을 뿐이다. 이러한 이해의 부족은 삶에서 기분의 주된 역할과 연결되어 있으며, 왜 그렇게 많은 사람이 기분을 조절하기 위해 마약과 술과 같은 원치 않는 습관에 의지하는지를 말해준다.

심각한 우울증과 같은 임상 사례에서 기분에 대한 문제는 화학물질이나 심리요법 그리고 극단적인 경우에는 뇌에 전기 자극을 가함으로써 치료된다. 그래도 대부분 큰 문제 없이 살아간다. 롤러코스터에 있는 그대로 기분을 받아들이기 때문이다. 우리가 느끼는 기분은 그냥 우리에게 가해지는 일이라고 믿으며 살아간다. 그러나 기분을 정말 통제할 수 없을까? 통제할 수 없다는 잘못된 믿음은 일반적으로 기분이 특정 사건으로 거슬러 올라갈 수 없다는 사실에서 비롯된다. 특정한 기분의 원천은 감정과 달리 항상 정확히 규정할 수 없기 때문에 다소 신비로운 느낌을 준다. 그러나 새로운 지식은 기분을 최적화할 수 있는 잠재적인 방법과 함께 기분에 대한 보다 더 현실적인 인식을 제공한다.

기분 연구 분야에서 하나의 획기적인 아이디어는 우리가 어떻게 생각하느냐가 우리가 어떻게 느끼는지를 좌우할 수 있다는 사실이다. 사고의 내용이 긍정적이든, 중립적이든, 부정적이든 상관없이, 사고 패턴 자체가 우리의 기분에 직접적인 영향을 미칠 수 있다. 물론 그 반대 방향의 영향, 즉 기분이 사고방식에 영향을 준다는 것은 오래전부터 잘 알려져 있었다. 기분이 좋은 사람들은 더 창의적이고, '아하!' 하고 깨달음을 요하는 문제 해결에도 더 능하며 기억 속의 독특한 정보에 더 쉽게 접근할 수 있다. 예를 들어, 사람들에게 "교통수단을 하나 말해보세요"라고 하면 대부분은 '자동차'라고 대답한다. 그러나 긍정적인 기분을 가진 사람은 같은 질문에 '엘리베이터'나 '낙타' 등의 더 독창적인 응답이 나올 가능성이 크다. 사실 우울한 카피라이터들과 함께하는 창의적인 광고 브레인스토밍 세션을 상상하기란 쉽지 않다. 그러나 웰빙에 더 중요한 것은 반대 방향, 즉 사고방식을 변화시켜 기분을 개선시킬 수 있는 가능성이다.

정신이 연상적이라는 것은 쉽게 인식할 수 있다. 정신은 일반적으로 일관성 있고 신속한 방식으로 다른 것으로 이어진다. 딸기는 비틀즈를 연상시키고, 존 레논, 암살, 대통령, 케네디, 선거 등으로 이어질 수 있다. 내 연구소에서 제시한 가설은 기분과 사고 패턴이 얼마나 연관되어 있는지에 직접적으로 영향을 받는다는 것이다. 폭넓고 제한받지 않는 사고는 기분을 향상시키는 반면, 좁은 사고 패턴은 기분을 좋지 않게 한다는 가설을 시험하고 뒷받침하는 데 사용된 몇 가지 방법에 대해 살펴보고자 한다. 사실 반추는 임상 우울증뿐만 아니라 불안, 중독, 외상 후 스트레스 장애 등과 같은 기분과 관련된 다른 정신 질환의 특징이다.

〈생각의 단위 The Units of Thought〉라는 제목의 논문에서 철학자들이 뇌는 연상 기계라고 주장해온 것처럼, 뇌가 예측 기관이라는 주장을 고수한다는 것을 보여주었다.[01] 뇌는 능동적이고 지속적으로 예측을 만들고 다음 일을 예측한다. 이 예측의 기초는 연관성에 있다. 예를 들어 비치 체어를 보면 즉시 비치 파라솔을 예측할 가능성이 큰데, 이 둘이 서로 연관되어 뇌에서 동시에 활성화되기 때문이다. 이러한 예측이 항상 구체적이지는 않다. 우리는 겁에 질린 얼굴을 보면 곧바로 놀라움을 금치 못한다. 그 영역에서 위협의 근원을 예상하기 때문이다.

적극적이고 폭넓게 연관되지 않는 정신에는 어떤 일이 생겨날까? 이 정신은 예측을 만들어내지 못하므로 미래의 결과, 최적의 계획 그리고 다른 사람의 의도를 예측할 수 없다. 이처럼 지속적인 불확실성의 상태에서 사는 것은 불안감을 낳고 시간이 지남에 따라 우울증을 초래할 가능성도 크다. 과거나 미래에 대한 걱정이 없더라도 광범위하게 연관되지 않다는 것은 생각에 '갇힌' 상태인 반추를 의미한다. 실제로 DMN에서도 의미하는 연상적 활성화를 매개하는 피질 네트워크 내의 구조, 기능과 통신 패턴은 기분 장애에서 심각하게 손상된다.

우리는 에이란 하렐, 로버트 테니슨, 마우리지오 파바와 함께 건강한 사람과 우울증 환자 모두를 대상으로 연상과 기분 사이의 연관성을 연구했다.[02] (여담이지만 이와 같은 연구를 수행할 때는 어려움이 있다. 더 명확한 결과물을 위해 약물을 복용하지 않은 우울증 환자를 모집해야 하기 때문이다. 그렇지 않으면 실험 결과가 약물에 의해 좋지 않은 영향을 받을 수 있으며, 우울증 수준이 다양한 치료 성공 정도에 의해 조절될 수 있다는 사실에 의해서도 오염될 수 있다. 그러나 적합한 대상을 찾아도 우리의 더 큰 책임은 이들이 치료를 받도록 유도하는 일이다. 그런데도 여러 가지 이유로 약을 복용하지 않는 우울한 사람들이 있는데, 이들이 우리 실험에 참여한 환자들이다. 이는 우리가 일반인 모집단 무작위로 대상자를 모집할 때도 공식적으로 선별하고 진단을 제대로 받아본 적조차 없어서 자신도 알지 못하는, 임상적으로 우울한 사람들을 충분히 찾아낸다는 사실을 드러낸다.) fMRI 실험에서 모든 피험자는 뇌가 MRI로 스캔되는 동안 룰렛 휠이나 건설 헬멧과 같이 강한 문맥적 연관성을 활성화하는 것으로 알려진 물체의 사진을 보았고 이때 뇌가 MRI로 스캔되었다. 예측한 대로 건강한 사람은 우울한 사람보다 피질의 연합 네트워크를 더 많이 활성화했는데, 우울증이 있는 사람들이 덜 연관적이라는 개념을 뒷받침한다.

  또한 반추의 정도가 연속체임을 감안해 피험자별로 반추 정도를 측정하여 이들 뇌의 변화와 비교할 수 있도록 했다. 연구 결과에 눈을 돌리기 전에, 반추적 사고가 그렇게 쇠약하게 만드는 사고 현상임을 감안할 때 반추적 사고가 정확히 어떻게 측정되는지에 대해 확장할 가치가 있다. 표준 설문지 중 하나는 고인이 된 선구자 수전 놀런-훅세마와 동료들이 개발한 반추적 응답 척도라고 한다.[03]

  다음은 전체 내용이다.

반추 척도

사람들은 우울할 때 다양한 생각을 하고 행동한다. 아래 항목을 각각 읽고 기분이 안 좋거나 슬프고 우울할 때 해당하는 항목에 체크한다. 해야 한다고 생각하는 것이 아니라 일반적으로 하는 것에 표시한다.

1 거의 없음 | 2 가끔 | 3 자주 | 4 거의 항상

1. 내가 얼마나 외로운지 생각한다.

2. '이 일에서 벗어나지 않으면 내 일을 할 수 없을 것'이라고 생각한다.

3. 피로감과 통증에 대해 생각한다.

4. 집중하는 일이 얼마나 어려운지 생각한다.

5. '내가 이걸 받을 자격이 있나?'라고 생각한다.

6. 얼마나 수동적이고 의욕이 없는지 생각한다.

7. 우울한 이유를 알기 위해 최근에 일어난 사건들을 분석한다.

8. 더는 아무런 감정도 느끼지 않는 것 같다고 생각한다.

9. '나는 왜 갈 수 없을까?'라고 생각한다.

10. '나는 항상 왜 이런 식으로 반응할까?'라고 생각한다.

11. 혼자 떨어져서 내가 왜 그렇게 느끼는지 생각한다.

12. 내가 생각하고 있는 것을 적고 분석한다.

13. 최근 상황에 대해 생각하면서 더 좋았으면 하고 바란다.

14. '계속 이렇게 느끼면 집중이 안 될 거야'라고 생각한다.

15. '왜 나에게는 다른 사람들에게 없는 문제가 있지?'라고 생각한다.

16. '왜 나는 일을 더 잘 처리할 수 없을까?'라고 생각한다.

17. 내가 얼마나 슬픈지 생각해본다.

18. 나의 모든 단점, 실패, 잘못, 실수에 대해 생각한다.

19. 어떻게 아무것도 할 수 없다고 느끼는지에 대해 생각한다.

20. 내가 우울한 이유를 알기 위해 내 성격을 분석한다.

21. 내 감정에 대해 생각하기 위해 혼자 어딘가로 간다.

22. 내가 자신에게 얼마나 화가 났는지 생각한다.

개인의 반추 점수는 위의 모든 질문에 대한 응답 숫자의 합계다.

분석에서 기억과 기분 모두에 핵심인 뇌 복합체인 해마의 신경세포 양이 반추 정도와 직접적인 상관관계가 있다는 것을 보여주었다. 해마의 하위 영역 내에서, 반추 경향의 개별 수준에 따라 구조적 양이 증가하거나 감소하는 것을 발견했다. 회백질은 신경세포체 이외에 수지상 돌기와 축삭, 시냅스, 신경아교세포, 모세혈관 등으로 구성되어, 양의 변화가 둘 이상의 성분 변화를 수반할 수 있다는 점에 주목할 가치가 있다. 간단히 말해서 생각하는 방식은 기분뿐만 아니라 뇌 구조에도 영향을 미친다. 우울증이 해마의 용적을 감소시키며 선택적 세로토닌 재흡수 억제제(프로작Prozac과 같은 SSRI), 심리요법, 유산소 운동, 명상 등 기분장애에 대한 다양한 치료법이 해마의 용적을 회복시키도록 돕는다는 사실은 이미 알려져 있었다. 그러나 이 책에서는 반추 성향이 신경세포 용적의 정도와 관련이 있다는 사실을 보여줌으로써, 생각과 느낌 사이의 연결성을 확고히 하고자 한다.

수십 년 동안 우울증은 신경화학적 불균형의 문제로 여겨져 왔다. 그러나 우리의 접근은 우울증이 사고 불균형 문제이기도 하다는 것을 보여준다. 피질에는 영향이 위로 이어지는 연쇄적인 영향력이 있다. 약물 치료는 주로 세로토닌 같은 신경전달물질의 수치를 조절하는 것을 목표로 하고, 이 수치 변화는 다시 기분과 사고방식까지 영향을 미친다. 반면, 인지 신경과학자로서 우리의 접근은 최상위 수준인 사고 자체를 직접 다루는 것이다. 반추를 풀어주는 것을 통해 기분을 개선하고, 이를 통해 신경전달물질의 수치까지 아래로 영향을 퍼뜨릴 수 있기를 기대한다. 여러 지점에서 개입할 수 있는 양방향 연쇄 구조를 이해하고 활용하면, 기분 장애의 전반적인 증상 완화에 기여할 수 있을 것이다.

우리의 기억은 서로 연결된 표현의 거대한 망으로 구성되어 있으며 여러 단계가 있다(의자 → 테이블 → 나무 → 숲 → 하이킹 → 휴가 → 휴식 → 피냐콜라다('파인애플이 무성한 언덕'이라는 의미의 칵테일-옮긴이)). 이는 기억 인코딩과 검색을 위한 효율적인 프레임워크를 만들지만, 우리는 뇌가 의자를 볼 때마다 피냐콜라다의 피질 표현을 활성화하는 상태를 원하지 않을 것이다. 하나의 정신적 표상이 활성화될 때, 그와 연관된 다른 표상들도 함께 활성화되어야 우리는 앞으로 어떤 일이 일어날지 예측할 수 있다. 그러나 이 과정에서, 구체적 상황에 관련된 연관성만을 활성화하고 그 이상으로 확장되지 않도록 조절하는 것이 중요하다. 동시에 활성화되는 표상의 정도를 억제하기 위해 뇌는 브레이크처럼 억제력을 행사한다. 정상적인 억제 수준에서는 정신에 계속 충분히 연상적일 수 있는 정신적 공간이 제공된다. 그러나 부정적인 기분과 우울증에서는 과도한 억제가 존재하며, 결과적으로 연관성 활성화의 범위가 심각하게 제한된다. 다시 말하면 과도한 억제는 순환적인 사고와 쇠약하게 만드는 반추에서 벗어나는 능력을 감소시킨다. 반면에 낮은 억제는 조현병에서처럼 불필요한 연상이 활성화되기 때문에 환각을 유발할 수 있다. 억제는 적절한 수준으로 이루어져야 한다.

정신적 활성화의 폭과 기분 사이의 이 연결은 직관에 반하는 몇 가지 가능성을 시사한다. 예를 들어 ADHD가 있는 사람이 생각하는 패턴은 생각과 주의가 널리 퍼져 있다(내 말을 믿어라. 나는 모를 수가 없다). 억제하는 능력이 감소되어 있어서(충동적인 행동뿐 아니라 창의성도 주로 ADHD와 관련이 있다) 반추와 정반대로 보일 수 있다. 정신의 범위와 기분 사이에 우리가 확립한 연관성은 ADHD가 더 나은 기분을 수반하리라는 것을 암시하며, 실제로 ADHD에서 기분이 고양되었다는 증거가 있다. 불행히도 이 기분의 이점은 주로 좌절과 짜증과 같은 집중력 감소에 대한 부정적인 반응으로 인해 상쇄되어 안정적이지 않기 때문에, 궁극적으로 ADHD가 종종 기분 변화를 동반한다. 이뿐만 아니라 ADHD 정신을 집중시키기 위해 고안된 약물은 주로 집중력을 향상할 뿐만 아니라 기분도 악화한다.

폭넓은 생각에 대한 보상으로서의 긍정적인 기분은 우리가 탐색하고, 배우고, 창의적이 될 수 있도록 격려하는 자연의 방법일 수 있다. 익숙한 것을 활용하기보다는 새로운 것을 길게 멀리 내다보라. 더 나은 생각을 하려면 덜 생각해야 한다고 나는 믿는다. 그러나 만약 생각한다면 더 폭넓게 생각하고 좋은 기분을 느껴라.

창의성과 폭넓은 마음 방황

편협하고 반추적인 사고의 또 다른 불행한 결과는 창의성이 억압된다는 것이다. 이에 관한 연구는 연상적 사고에 관한 내 연구와 교차한다. 새로운 연상을 만드는 것은 창의력의 핵심 요소 중 하나다. 생각이 미리 정해질수록 혁신적인 연결도 창의적인 아이디어도 줄어든다. 우리는 그 반대도 성립한다는 것을 발견했다. 즉, 마음 방황이 창의성을 향상시킬 수 있다. 단, 그 마음 방황이 열려 있고 폭넓게 연상하는 방식일 때에 한해서다.

마음 방황과 창의성 사이의 연관성에 관한 연구에서 우리는 사람들이 자유 연상 과제에 참여하는 동안 길거나 짧은 일련의 숫자열을 기억하도록 요청함으로써 인지 능력, 즉 정신 방황 능력에 차등적으로 부담을 주었다.[04] 실험 내내 6839503이라는 문자열을 기억해야 하는 과제와 47개를 기억해야 하는 과제를 비교하고, 주어진 각 단어에 대해 빠르게 연상되는 것을 응답하도록 했다. 더욱 사실성을 부여하기 위해 응답에 할당된 시간을 매우 짧게 설정했다. '신발'이나 '어머니' 또는 '감자'라는 단어를 듣고 가장 먼저 떠오르는 무언가를 0.5초만에 말한다고 상상해보라. 다소 어렵긴 하지만, 당신과 주변 사람들에게 즐거움을 제공해주리라 생각한다. 그리고 놀랄 것이다. 문자열이 길수록 '인지 부하'가 높아졌으며, 이는 응답의 독창성에 직접적인 영향을 미치는 것으로 나타났다. 낮은 부하(짧은 문자열)의 피험자는 더 창의적이고 더 많은 원격 연결을 제공했고, 높은 부하(긴 문자열)의 피험자는 가장 일상적인 응답을 제공했다. 아주 간단한 용어로 표현할 수 있다. 예를 들어 '흰색'이라는 단어는 긴 문자열을 염두에 두어야 했던 피험자에 의해 '검은색'이라는 매우 일반적인 연상을 일으키고, 두 자리 문자열만 기억해야 했던 피험자에게는 더 독창적인 '요구르트'라는 응답으로 나타났다. 실제 상황에서 어떻게 적용될지 쉽게 알 수 있다. 실제로 스트레스 요인은 정신에 부담을 주고 창조적인 자아가 될 능력을 앗아간다.

단순하지만 강력한 '사고 표집thought sampling'을 통해서도 마음 방황과 창의성 사이의 연관성을 더욱 광범위하게 입증할 수 있었다. 또한 창의성이 높아지면 인간의 사고는 광범위하게 연관된다는 점을 발견했다. 미국 국립과학원 회보에 발표된 보완 연구에서 두개골을 통해 전전두엽 피질에 외부 전기 자극(경두개 직류 자극 또는 tDCS)을 가해 마음 방황의 수준을 높였다. 우리는 마음 방황이 증가함에 따라 인지 능력도 향상되었다는 점을 발견했다.[05] 우리가 외부의 전기 자극을 통해 마음 방황에 영향을 끼친 것은, 연구의 또 다른 새롭고 놀라운 측면이다.

창조를 위한 호기심 욕구

우리는 극도로 놀라운 일조차도 당연하게 여긴다. 며칠 전 갑자기 그런 생각이 들었다. 나는 소파에 누워 노트북으로 지금까지 제작된 거의 모든 영화를 볼 수 있고, 출간된 책은 모두 읽을 수 있고, 녹음된 어떤 노래도 들을 수 있다. 이스라엘 남부의 디모나에서 어린 시절을 보낸 나는 핑크 플로이드의 음반 〈더 월The Wall〉이 발매되었을 때 거의 6개월 동안 기다려야 했다. 할리우드의 새 영화를 이스라엘에서 보려면 세 달이 걸렸고, 그 뒤 이 마을의 유일한 영화로 2주 동안 상영되었다. 그러나 순식간에 이제 세상은 내 소파 위에 있다. 그렇다면 이 모든 즐거움을 만끽하면서 평생을 보내면 어떨까?

냉장고에 먹을 음식이 잔뜩 있고 머리 위에 지붕이 있다고 가정할 때, 현대 세계가 제공하는 끝없는 쾌락 속에 그저 빠져 살지 않는 이유는 바로 행동하고 창조하려는 본능적 욕구 때문이다. 우리는 물론 호기심 많은 존재이며, 생각할 수 있는 모든 영역에서 지식을 갈구한다. 그러나 그만큼 그 지식을 활용해 무언가를 창조하려는 충동 또한 강하다. 우리는, 비록 가능하더라도, 환상, 감각적인 시, 감동적인 선율 속으로 영영 사라지는 길을 선택하지 않는다. 대신 무언가를 '하는 것'을 선택한다. 그런 만큼 이 지식을 활용하여 뭔가를 창조해야 한다고 생각한다.

창의성이 하늘을 나는 택시를 발명하는 것만을 의미하지는 않는다. 우리가 자주 하는 일의 대부분, 즉 음식을 만드는 것에서부터 물이 새는 샤워기를 고치는 것, 편지를 쓰는 것부터 정원 가꾸기에 이르기까지 어느 정도의 창의적 행위나 생산을 포함한다. 생각하는 것조차도 창조 행위다. 새로운 아이디어, 새로운 발명품 그리고 정신이 방황하면서 생성하는 새로운 계획 모두 정신의 산물이다. 실천적인 유대인은 창조에 대해 제약이 있는 안식일을 지킨다. 이 신성한 날에는 뭔가를 새롭게 칠하거나 쓰거나 짓거나 만들지 않는다. 신앙심이 깊은 친구들을 곤란하게 만들고 싶을 때, 나는 이들에게 식탁에 둘러앉아 있으라고 말한다. 식탁에 앉아 있는 자체만으로도 이들의 정신은 계속해서 새로운 지식을 만들어내기 때문이다. 정신이 끊임없이 관여하는 모든 정신적 시뮬레이션은 피질 내부에 새로운 연결고리를 만들어낸다. 기억 속에 남아 있는 상상 속 경험들은 순전히 창조적인 행위의 산물이다.

인간은 존재하는 수많은 영역에서 계속 움직이고 앞으로 나아가야 하는 존재인 듯하다. 우리는 오랫동안 가만히 있지 못하고 오랫동안 하나의 주제에 집중할 수 없으며, 심지어 눈도 쉬지 않고 움직인다(우리 눈은 한 곳에 고정되어 있다고 생각하더라도 이른바 미세환속운동을 한다). 마찬가지로 정신은 멈추지 않고 생각, 사물, 행동과 같은 새롭고 유용한 것들을 점점 더 많이 만들어냄으로써 거의 강박적으로 앞으로 나아가려고 한다. 창조는 행복에 있어 필수인 움직임이다.

창의적·연상적 사고를 통한 기분 개선

사고 범위가 기분에 영향을 미칠 수 있다는 주장은 당시에는 도발적이었다. 우울증을 뇌 속에서 일어나는 화학적 상관관계로 설명하는 경향이 지배적이었기 때문이다. 그러나 기분 관련 문헌을 더 깊이 연구하면서 나는 흥미로운 점을 발견했다. 코넬 대학교의 수석 연구원 앨리스 아이젠의 연구진은 우리가 이미 제안한 연결의 다른 방향을 보여주었다. 그들은 더 나은 기분이 폭넓은 사고와 상관관계가 있음을 입증했다. 이 결과에 고무된 나는 아이젠의 설명을 열심히 보았다.

과학적 노력의 멋진 결과물이었다. 부스러기와 자기 상상력을 바탕으로 장황한 가설을 세우고 문헌에 눈을 돌리면, 간혹 올바른 길을 가는 데 필요한 퍼즐의 완벽한 조각을 발견하게 된다. 이제 내가 해야 할 일은 그 반대도 효과가 있는지 그리고 생각을 확장하면 기분이 좋아지는지를 실험하는 일이었다. 이 아이디어는 광범위하게 연상적으로 사고하는 방식이 좁고 부정적인 주제에 머무르지 않도록 사고 과정을 '산만하게 함'으로써 반추하는 것을 방지하고, 살아가는 데 필요한 광범위한 정신적 운동을 제공한다는 것이다. 나는 즉시 연구를 진행하기 시작했다. 이 연구에서 사람들이 광범위하게 연상적인 마음 상태를 갖도록 돕고 그들의 기분에 미치는 영향을 평가했다. 아니나 다를까, 피험자들은 더 행복하다고 느꼈다.[06]

우리는 사람들을 어떻게 그런 사고 방식으로 이끌었을까? 아주 단순하게 들릴지 모르지만, 폭넓게 전개되는 단어들의 연상 리스트를 읽게 하는 것만으로 가능했다. 오렌지-주스-캄파리(이탈리아를 대표하는 붉은색 술-옮긴이)-이탈리아-바캉스-스키-눈-추위와 같이 점진적인 방식으로 연상으로 확장된 목록을 본 사람은 저녁 식사-접시-나이프-스푼-식탁-식탁보-냅킨과 같이 훨씬 더 협소하게 진행하거나, 젖소-신문-딸기-연필-시계-비행기-도넛과 같이 서로 직접적인 연관성이 없는 단어의 연결을 읽는 것에 비해 기분이 크게 개선되었다. 나는 이 연결된 단어 읽기가 매우 유익하다는 사실을 알고 있다. 다음은 폭넓은 연상 리스트와 좁은 연상 리스트의 몇 가지 추가 예시다.

폭넓은 연상

1. 털실-스웨터-겨울-눈-얼음-스케이트-스피드-경주-자동차-호른-밴드-드럼

2. 개-뼈-닭고기-수탉-농장-젖소-우유-쿠키-초콜릿-케이크-생일-양초

3. 벌레-사과-오렌지-주스-커피-차-우유-쿠키-굽기-오븐-전자레인지-팝콘

4. 실-바늘-주사-간호사-의사-약물-알코올-맥주-와인-치즈-쥐-덫

5. 늑대-달-별-망원경-현미경-플라스크-위스키-스코틀랜드-양-젖소-헛간-농부

6. 와인-병-콜라-루트비어-아이스크림-체리-파이-사과-씨앗-식물-잎-갈퀴

7. 고래-돌고래-참치-초밥-쌀-종이-연필-타자기-원고-책-안경-눈

좁은 연상

1. 방사-뜨개질-실-바느질-양모-끈-코바늘 뜨개질-짜다-바늘-감다-스웨터-공

2. 개-고양이-강아지-동물-친구-집-음식-비스킷-애완동물-목걸이-뼈-동물보호소

3. 벌레-땅-낚시-흔들기-꿈틀거리기-기어가기-흙-토양-새-질척한-사과-미끼-구멍

4. 실-바늘-바느질하기-끈-천-옷-로프-골무-재봉-기계-핀-감기-방사

5. 늑대-동물-개-갱-여우-이빨-곰-달-울부짖음-위험-숲-고양이

6. 와인-맥주-빨강색-지하 저장고-치즈-포도-만찬-잔-술고래-흰색-알코올-병

7. 고래-물고기-큰-동물지방-바다-포유류-상어-돌고래-넓은-저장-물-살인자

실험실에서 사람들의 기분을 개선할 수 있는 또 다른 간단한 방법은, 피험자들이 텍스트를 아주 빠르게 읽도록 하는 것이다.[07] 이 연구에서는 한 문장에서 글자당 200밀리 초에서 시작하여 한 글자당 40밀리 초까지 점차 줄여 제시했는데, 그 결과 기분이 현저하게 좋아졌다. 흥미롭게도 읽기 속도가 기분에 미친다는 이 결과는 텍스트에 포함된 내용의 긍정성, 부정성 여부와 관계가 없었다. 심지어 기분을 우울하게 만들도록 고안된 텍스트도 빨리 읽으면 기분을 좋게 했다. 빨리 읽으면 기분이 고양되는 것으로 알려진 조증과 같은 상태가 유발되었다. 실제로 빠르게 읽은 뒤 피험자들은 주관적인 힘의 느낌, 창의성, 에너지 증가의 감각, 과장된 자존감과 같은 조증의 다른 특징들도 나타냈다.

위에 보고된 기분 개선은 모두 건강한 사람에게서 나타났다. 현재 우리는 우울증 진단을 받은 사람들을 대상으로 이러한 인지 방법을 시도하고 있다. 물론 우울증은 다양한 양상과 정도를 지니고 있으며, 각기 다른 치료법에 대한 반응 패턴도 다르다. 그러나 증상이 강한 반추적 사고에 의해 지배되는 경우라면, 연상적 사고를 넓히는 인지 훈련이 피질 인프라를 재구축하는 데 도움이 되어, 건강한 연상적 사고 스타일을 회복할 수 있게 할 것이라고 우리는 추측한다. 간단히 말해, 반추는 뇌의 구조적 손실을 초래하고, 그 반대인 폭넓은 사고를 연습하는 것은 잃어버린 뇌 용적을 회복하는 데 도움이 되며, 기분 또한 향상시킬 수 있다.

최근 몇십 년 동안 신경과학 연구에서 가장 흥미로운 발견 중 하나는 성체 뇌신경생성adult neurogenesis이다. 다시 말하면 나이가 들어도 새로운 신경세포가 성장한다는 것이다.[08] 이 발견은 낙관론의 물결을 일으켰다. 우리는 계속 성장한다. 노화에 따라 세포가 소멸되고 감소하는 반면 새로운 뇌세포는 평생 계속 태어날 수 있다. 수많은 위대한 발견과 마찬가지로 세부 사항은 아직 불분명하고 이를 둘러싼 논쟁이 적지는 않지만, 이 발견은 여전히 획기적이다. 신경발생은 뇌의 두 영역으로 제한된다. 한 영역은 후신경구로, 우리가 다루는 내용과 관련이 없고 아직 많이 연구되지 않았다. 다른 영역은 특히 치석회라고 하는 해마 내의 하위 영역이다. 우울증은 해마의 부피를 감소시키는데, 해마가 신경발생 능력을 손상시키기 때문이다. 긍정적인 측면에서 신경발생의 증가는 우울증과 불안 증상을 완화하는 데 도움을 준다.[09] 게다가 성공적인 약리학(약물치료)과 심리치료 그리고 달리기는 신경발생을 증가시키는 것으로 나타났다.[10] 마지막으로, 해마 신경발생을 차단하면 항우울제의 효과가 감소한다. 이러한 신생 신경세포가 어떻게 기존의 신경 회로에 통합되고 동화되는지, 그리고 정확히 어떻게 우울증 증상을 완화시키는지는 아직 분명하지는 않지만, 일반화와 더 폭넓은 사고가 요구된다. 해마는 기분과 기억의 중심이기 때문에 성체 신경발생 우울증뿐만 아니라 치매와 알츠하이머병에도 희망적이다.[11] 우리는 우리의 접근 방식이 동일한 메커니즘을 이용하여 우울증이 있는 개인들이 광범위한 연관성을 위한 능력을 새롭게 함으로써 적절한 신경발생을 회복하도록 돕는다고 확신한다. 이때 폭넓은 연상적 유형인 마음 방황은 우리가 상상한 경험에서 배우도록 도울 뿐만 아니라 기분 개선에 도움을 주고 뇌도 변화시킬 수 있다.

대부분에게 좋은 소식은, 연상적 사고 상태에 들어가는 것은 사실 우리가 허락만 한다면 자연스럽게 일어난다는 것이다. 누구나 몽상을 통해 이 고양된 마음 방황을 어느 정도 경험한다. 사실 몽상의 경험이 즐겁다는 것은 경험의 본질적 의미를 규정하는 부분이다. 1680년대부터 몽상에 대한 가장 초기의 정의는 '깨어 있을 때 빠져드는 몽상이며, 즐겁고 예지적인 환상'이다.[12] 여기서도 몽상을 시간 낭비라고 생각하는 경향이 있지만, 정신은 몽상할 만한 이유가 충분하다. 때때로 몽상에 참여하도록 하는 이유가 더 많고 어쩌면 매일 또는 매주 일상의 일부로 만들어도 좋다. 사실 우리는 의도적인 방황과 다른 활동을 결합할 수 있다. 나는 달리기를 하거나 슈퍼마켓에 가기 전에, 특히 정신을 가득 메우고 있는 방금 지불한 청구서나 성가신 이메일 내용을 지우는 것을 좋아한다. 올더스 헉슬리 책의 일부와 같은 흥미로운 읽을거리로 대체함으로써 지운다. 아니면 쓰고 있는 논문에 대한 창의적인 사고를 자극하고 싶다면 그중 일부를 읽을 것이다. 그러면 달리기할 때 내 마음 방황은 방금 읽은 것을 곰곰이 생각하는 경향으로 나타날 것이다. 바로 '배양'이라는 인지 과정을 의도적으로 유도하는 방법이다. 또한 우리 모두에게 내재했던 아이디어가 불쑥 튀어나오는 듯한 깨달음의 순간을 이끌어낸다. 그렇긴 하지만 마음 방황의 흐름에는 그 자체의 정신이 있다고 생각하는 편이 맞을 것이다. 저 거친 방황의 정의에 따르면 우리는 마음 방황의 방향을 좌우할 수 없다. 만약 방황을 예측할 수 없고 통제할 수 없다면, 삶의 사건들에 대한 창조적인 해결책을 만드는 데 그다지 유익하지 않을 듯하다. 그러나 추후 작업 기억을 발전시키고 싶은 내용으로 보충한다면 정신적으로 방황하면서도 원하는 측으로부터 도움을 받을 수 있을 것이다.

폭넓은 연상적 마음 방황, 창의성, 기분 사이의 연결고리를 이해하게 된 것은, 나에게 있어 기본적인 사고에 대해 배운 모든 것을 탐색적 사고와 활용적 사고라는 새로운 전체적 이해로 통합하는 데 있어 핵심이었다. 그 여정은 내가 침묵 속으로 뛰어들었던 경험을 통해 이루어졌다.

10장. 명상, 기본 두뇌 그리고 경험의 질

나는 열다섯 번째 생일을 맞아 마음 챙김 훈련을 해보기로 결심했었다. 명상을 해본 적이 없고 관련 책을 읽은 적도 거의 없던 터라 명상에 아주 회의적인 편이었다. 그러나 기억력, 주의력, 창의력 향상에서 스트레스 감소에 이르기까지 긍정적인 효과에 대한 최근 신경과학의 연구 결과에는 흥미가 있었다.

사실 8주간의 마음 챙김 과정만으로도 해마와 전두엽 피질을 포함한 여러 뇌 구조에서 회백질 용량이 현저히 증가할 수 있다.[01] 얼마 전에 이스라엘로 돌아왔을 때 반가운 소식을 들었다. 신경과학자인 오랜 친구가 일주일 동안 위파사나 명상 수련에 참석하고 있다는 것이었다(위파사나는 '통찰' 또는 히브리어로 '토바나'라고 하는데, 이 말은 수련 과정을 운영하는 조직의 명칭이기도 하다). 여기서는 모든 전자가가의 전원을 끄고 일주일 내내 완전한 침묵을 지켜야 한다. 침묵을 엄격하게 지킬 수 있을지 의심스러웠지만 휴대폰 소리, 이메일 알림 소리 그리고 화면을 응시하는 것에서 잠시 벗어난다는 상황이 무척 매력적이었다. 그래서 나는 한 키부츠에서 60명의 이스라엘인들과 함께 내면의 평화를 찾아 나치를 탈출한 건축가들이 설계한 유서 깊은 바우하우스 건물 안에 앉아, 인근 아랍 마을에서 들려오는 이맘의 기도에 가려진 짙은 푸른 눈의 영국인 지도자의 부드러운 목소리를 듣고 있었다. 삶에는 이렇게 놀라운 우연이 찾아오는가 보다.

익숙하지 않은 시간에 기상하고 취침하기(오전 5시와 오후 9시 30분), 채식하기, 이층 침대에서 잠자기 그리고 복도 끝 욕실과 화장실, 털 많은 낯선 세 사람과 같은 방 사용하기 등 이보다 더 좋을 수 있을까! 우리는 한 시간 동안 조용히 앉아 있고, 조용히 서 있고, 조용히(극도로 느리게) 걷고, 조용히 누워 있는 시간을 견뎠다.

처음에는 마뜩지 않았다. 그러나 일주일간의 침묵 속에서 뇌과학자로서 몇 년 동안 해온 것보다 더 많은 생각을 했으며, 특히 내 생각에 대해 더 많은 것을 배웠다. 강사가 우리의 생각을 "관찰하라"라고 했을 때 나는 아주 터무니없다고 생각했다. 그러나 시도하고 나서 금방 내 생각을 보는 법을 배웠다. 함께 행동하고 관점을 바꾸는 것만으로도 충분했다.

그러나 일단 생각에 빠지면 우리가 심각한 곤경에 처해 있다는 사실을 곧바로 알게 된다. 생각들은 서로 경쟁하고 끼어들고 매달리고 괴롭히면서 점점 커진다. 따라서 다음에 배울 것은 이 생각들이 우리의 정신적·감정적 작업 공간의 영구적인 거주자가 아닌 방문객으로 변화하도록 돕는 기술이다. 처음에는 그런 생각들을 그냥 내버려두려는 시도가 불가능하다고 생각했다. 역효과가 있었던 듯하다. 생각들이 마치 지옥에서 나온 속담 속 박쥐처럼 내 머릿속을 빙빙 돌거나, 생각에 빠져 불안해졌다. 고맙게도 같이 참여한 친구가 밤길을 걷는 동안은 침묵하지 않는 데 동의했기 때문에 나는 그 경험에 관해 물어볼 수 있었다. 죄책감을 느끼지는 않았다. 나는 배우러 왔고 그 친구는 이상한 관행에 대해 많이 알고 있었다. 내 생각을 방어하려는 시도가 얼마나 불쾌한지에 대해 불평을 늘어놓았을 때, 그 친구는 내게 라벨링에 대해 이야기했다. 참으로 놀라운 계시가 아닌가!

생각 조작하기

생각은 행복에 직접적인 영향을 미칠 수 있다. 특히 우리를 힘들게 만드는 생각은 정말 파괴적일 수 있으며, 어떤 경우에는 고작해야 그 생각이 멈추기만 바랄 뿐이다. 극단적인 경우에는 절망적인 행동으로 이어지기까지 한다. 자해를 예로 들어보자. 외상 후, 우울증, 불안감과 같은 정서 장애와 많은 다른 정신 장애로 고통받는 사람들은 침투적 사고로 인해 자해에 의존할 수 있다. 괴로운 생각으로 인한 정신적 고통보다 칼로 자기 팔을 베는 육체적 고통을 선호한다는 것은 가늠하기가 힘들다.

심리치료와 명상의 실천에 대한 경험이 결합된 인지 심리학 연구는 바람만으로는 생각을 없앨 수 없다는 진실을 아주 분명하게 말해준다. 사실 의도적으로 특정 생각을 멈추려고 한다면 희한하게도 정반대의 결과는 얻는다. 우리는 같은 주제에 대해 강박적으로 생각한다. 표도르 도스토옙스키는 《여름 인상에 관한 겨울 노트Winter Notes on Summer Impressions》에서 "이 과제를 수행해보세요. 북극곰은 생각하지 마세요, 그러면 이 빌어먹을 북극곰이 매 순간 떠오를 겁니다"라고 말했다. 이 직관은 나중에 '역설적 과정'이라고 하는 현상과 함께 고(故) 댄 웨그너가 개척한 아름다운 연구에 의해 뒷받침되었다. 생각을 멈추려는 시도는 실험실 환경에 맡겨진 대단하고 실험적인 연구뿐만 아니라 모든 일상에 필요하다. 프로이트를 비롯한 여러 학자가 기술했듯이, 생각과 감정이 억제받지 않고 각종 트라우마에 관한 생각을 피하고 너무 걱정하지 않음으로써 통제력을 유지하려는 시도에 이르기까지, 생각하지 않는 일은 끊임없는 도전이다. 특정한 무언가를 생각하지 않는 능력이 없다면 비행기에 탑승하거나, 고기를 먹거나(나는 먹지 않지만), 용서할 수도 없을 것이다.

여기서 다시, 침묵 수련은 내가 미처 몰랐던 것들을 가르쳐주었다. 바로 생각을 사라지게 하는 두 가지 효과적인 방법이다. 첫 번째는 심리치료에서처럼 생각을 인정하고 정면으로 마주하는 일이다. 두 번째는 생각을 인정하고 그 생각에 라벨링을 하거나 명칭을 부여하는 것인데, 보통 생각을 정신의 '상자'에 넣어 무심결에 나타나지 않게 한다.('라벨링'이라는 용어는 앞서 언급한 우리 주변의 친숙한 사물을 분류하고 명칭을 부여하는 방법이다. 우리는 여러 세부 내용을 놓치는 경우가 많은데 여기서 설명한 사고 라벨링과 혼동하지 않기를 바란다.)

나는 이처럼 새로운 것을 알게 되면서 실험에 직접 참여하기 시작했다. 인식과 라벨링은 어떻게 작동할까? 당신은 당신의 정신을 사로잡는 특정한 생각을 조사하고 몇 가지 차원으로 분류한다. 생각이 이끌어내는 정신을 가득 메운 감정의 측면에서 그 생각은 긍정적인가, 부정적인가, 아니면 중립적인가? 과거, 현재 또는 미래에 관한 생각인가? 당신에 관한 것인가 아니면 다른 사람에 관한 생각인가? 아니면 둘 다에 관한 것인가? 그래서 당신이 지난주에 중요한 누군가로부터 받은 칭찬에 대해 생각하면 이 생각은 긍정, 과거, 자신으로 라벨링 될 것이다. 만약 동물에 대한 태도가 확실하지 않은 사람에게 입양한 강아지에 대해 걱정한다면 이 생각은 부정적인 생각, 미래, 다른 생각이라고 라벨링 될 것이다. 이 훈련에 참여하면 라벨링을 끝내는 순간 생각들은 사라지기 시작한다. 어느 순간 나는 '휙' 하고 이메일이 전송되는 소리를 듣는 것과 이 훈련을 연결하기 시작했다. 그리고 통제력을 느끼게 되었다. 그래서 만약 걱정이 정신 속에 떠오른다면? 그 사실을 인정하고 라벨링을 하고 새롭게 떠오르는 생각들로 넘어가면 된다.

이 간단한 접근 방식을 통해 이미 바쁘고 치열하게 경쟁하는 정신이 아닌, 일종의 내적 침묵에 충분히 도달할 수 있었다. 힘들고 지쳤을 때, 직장에서 이루고 싶은 것이나 아이들의 재정적 미래에 대해 생각하기 위해 애쓰며 억지로 생각하려고 했지만, 수다스러운 듯한 새로운 생각은 나타나지 않았다. 그리고 신기하고 때로는 놀랍지만 대체로 즐거운 일이 생기기 시작한다. 이 과정의 결과는 적어도 내게 행운이었다고 할 수 있었고 소름 끼칠 정도로 정신은 비어 있었다. 내부에서는 아무 일도 일어나지 않지만 동시에 낯설면서도 멋진 경험이 보장된다. (그 무서운 순간, 나는 마음이 텅 비게 되면 수련회 이후에 다시 일할 수 없을까 봐 걱정하기 시작했다….) 그리고 이 내면의 침묵과 함께 놀랍고 새로운 감각들이 증폭된 결의와 함께 찾아왔다. 팔에 있는 작은 털의 움직임과 얼굴에 한 줄기 비치는 햇빛을 부드러운 바람과 함께 생생하게 느꼈고, 입술 양 갈래의 일상적인 터치가 거의 선정적으로 느껴졌다. 공허한 정신이 주는 감각적인 시와 같았다.

  그러나 이와 같이 마법 같은 경험은 극히 드물다. 나는 그 이따금 찾아오는 상태를 반가운 부작용으로 받아들였다. 명상 수행이 생각과 경험에 어떤 영향을 미치는지 터득하기 위해 실제로 그곳에 있었다. 그래서 수행을 동반할 수도 있고 그렇지 않을 수도 있는, 어떤 강렬한 육체적 감각과 상관없이 공허에 가까운 상태에 도달하는 일은 내게 충분히 매력적이었다.

호기심에 사로잡힌 나의 다음 과정은 이미 라벨링하고 망각 속으로 보낸 생각을 전경으로 다시 불러들이는 시도였다. 그러나 흥미롭게도 나는 그렇게 할 수 없었다. 마치 봉인되어 있거나, 잠겨 있거나 증발된 것 같았다(또는 단순히 내 기억 속에 깊숙이 저장되어 있었다). 잠시 멈추고 곰곰이 생각해보자. 아무리 노력해도 지워지지 않은 불평 섞인 생각, 걱정, 집착 또는 두려움은 단지 라벨링만으로도 완전히 사라질 뿐만 아니라, 심지어 우리가 원해도 되돌릴 수 없다. (물론 트라우마로 인한 침투적 기억이나 지속적인 반추와 같은 일부 생각은 사고 라벨링보다 더 강력한 것이 필요하다.) 이 계시는 매우 강력하고 참신하게 느껴졌고, 정신, 느낌, 경험에 대해 더 잘 이해할 수 있는 문을 내게 열어주었다.

기억하는 것을 노트에 메모하기로 결심한 순간, 매우 불편하게 기억해야 할 무언가가 의식적 정신(더 정확하게는 작동 기억)에서 어떻게 사라지는지를 알아차릴 수도 있다. 일단 글로 써놓으면 더는 집착하지 않게 된다. 전경 정신 처리 과정을 작은 노트에 이미 위임한 셈이다. 이는 라벨이 붙은 사고가 사라질 때 일어나는 현상과 유사하다.

우리는 어떤 생각이나 감정을 라벨링 상태에서는 덜 고통스럽게(또는 덜 즐겁게) 느낀다. 라벨을 붙이는 순간, 그것은 하나의 캡슐처럼 다루기 쉬워지기 때문이다. 단어는 복잡한 생각과 개념을 다루는 방식을 단순화한다. 예를 들어, 내가 누군가에 대해 몸이 불안정하고, 말을 제대로 하지 못하며, 냄새가 나고, 전반적인 행동이 부적절하다고 묘사한다면, 당신은 걱정이 되고, 그를 어떻게 다루어야 할지 몰라 당황할 것이다. 그러나 내가 단 한 단어로 '술 취한 사람'이라고만 말하면, 상황은 한순간에 명확하고 다루기 쉬워진다. 의사가 여러 증상을 듣고 최종적으로 하나의 진단명을 내려줄 때와 비슷하다. 우리는 생각이나 개념을 설명하고자 라벨을 붙인다.

그렇다면 너무 추상적이어서 라벨을 붙일 수 없는 감정은 어떻게 되는가? 우리는 긍정/부정, 자기/타인, 과거/현재/미래와 같은 범주적 차원을 사용해 강제로라도 모든 것을 라벨링 한다. 이는 모호한 것을 다루기 쉽게 만들기 위한 하나의 속임수다.

나의 '문제'에 대해 말하는 것이 왜 문제가 덜 되는지에 대한 또 다른 예를 들어본다. 어떤 문제를 크게 소리 내어 인정하는 일과 같이, 관련된 생각을 단순히 말하는 행위만으로도 감정이 크게 개선될 수 있다. 어느 시점에서 구체적이고 확실하게 이야기하기만 하면 나는 벽과도 대화할 수 있고, 그럼으로써 충분히 좋아질 것이라고 믿기 시작했다. 실제로 나중에 고통받는 사람들이 자신을 괴롭히는 생각을 글로 쓰면, 비록 그 글을 누구에게도 보여주지 않고 찢어버리더라도 일반적으로 괴로움이 완화된다는 사실을 알게 되었다. 이와 같은 '글쓰기 요법writing therapy'은 심지어 트라우마의 영향을 줄이는 데 도움이 된다는 주장도 제기되었다. 분명하고 구체적으로, 자신에게 인정하는 것만으로도 충분해 보인다.[02]

마리언 밀너는 《자기만의 인생A Life of One's Own》에서 이와 유사한 개인적 계시에 대해 강조했는데, 자기 생각을 인정하는 것만으로도 덜 힘들어진다고 말한다. 마리언이 콘월에 있을 때의 일이다. 어느 여름날 잔디밭에 앉아 있었는데, 안개가 자욱해서 마치 11월처럼 느껴졌다고 한다. 마리언은 걱정하던 일을 글로 옮기려고 했다. 그 걱정거리는 이전에 매력을 느꼈던 남자와의 만남이었고 그 관계가 명확하지 않았다. 그래서 우울증과 다른 기분 장애의 맥락에서 소위 반추를 계속 반복했다는 점을 깨달았다. 그러나 의도적으로 스스로에게 그 이야기를 하고 걱정시키면서 관련된 반추의 강박이 줄어들었다. 생각을 수용하는 것, 즉 고백하고 인정하고 받아들이는 것은 생각에 이름을 붙여 라벨링 하는 작업과도 같고, 생각을 사라지게 한다.

흥미롭게도 정신적인 사건이나 걱정뿐만 아니라 신체 감각에도 같은 원리가 적용된다. 팔 위에 파리가 앉았다고 느껴질 때(명상을 하고 가만히 있을 때 파리가 더 자주 내려앉으려고 하는 것 같다), 처음에 우리 반응은 적극적으로 파리를 없애버릴 것처럼 겁을 줘 쫓아버리려고 시도한다. 너무 혼란스럽고 거슬리며 비효율적인 방법이다. 무엇이든 그냥 그대로 받아들여라. 생각이나 가려움 따위는 놔두어라. 파리를 밀어내려고 하지 말고 그냥 인정하라. 그러면 제자리를 찾는 것처럼 보일 것이다. 어쨌든 용납하라. 생각을 인정하고 사물을 받아들이는 것에 관한 이야기는 내가 보기에 견디기 힘들 정도로 추상적이고 근거가 없는 듯했다. 그러나 효과가 있었고, 뇌과학자이자 한 명의 인간인 나를 매료시켰다. 생각을 인정하는 것은 우리 생각을 라벨링 하는 데 도움이 되며, 그렇게 함으로써 생각의 첫 단계에서 벗어나 생각에서 벗어나고 생각을 더 쉽게 흘려보낼 수 있게 된다.

명시적 표현을 통한 안도감이라는 개념은 특히 심리치료의 맥락에서 카타르시스 개념을 연상시킨다. (과학적으로 다소 논쟁의 여지가 있는) 최면 방법이나 자유로운 연상법을 통해 환자는 내면의 생각을 큰 소리로 표현하도록 권장된다. 이 방법을 통해 환자가 제대로 처리하지 못한 과거의 특정 사건과 관련된 감정과 기억을 설명할 수 있다. 이러한 심리치료와 관련된 완화의 대부분은 카타르시스, 즉 '정화'에 의한 결과다. 공유가 안도감을 가져다줄 수 있는 이유에 대한 설명은 폐쇄감에서 모호성의 감소에 이르기까지 다양하다. 그러나 이것들은 아직 공식적으로 입증된 과학적인 설명이 아니다. 현재 흥미로운 점은, 불안감을 주는 생각이 불확실하거나 왜곡된 기억의 결과일 가능성에 대해 생각해보는 것이다. 이것은 특히 트라우마 상황에서 두드러진다.

침투적 사고 및 기억, 악몽, 우울증 등으로 고통받는 사람들은 원래의 기억을 적절하게 재구성하여 트라우마의 세부 내용을 다시 찾도록 권장하는 방법을 통해 안도감을 찾을 수 있다. 마치 트라우마를 초래하는 사건이 일어났을 때 제대로 통합되지 않았기 때문에 잊히지 않는 기억의 원천이 되는 것과 같다. 아마도 고조된 각성과 강렬한 감정 때문에 그리고 일부 세부 사항에는 선택적으로 주의를 기울이고, 다른 세부 사항에는 주의를 기울이지 않거나 특정 측면을 적극적으로 억제할 수 있기 때문이다. (기억에 대해 잘 알려지지 않은 사실은 우리가 먼저 새로운 기억을 통합해 안정적인 방식으로 저장된 상태를 유지한다는 것이다. 그러나 이 기억을 소환할 때마다 자발적이든 아니든 그 기억은 새로운 상황 정보에 의해 재구성된다. 그런 다음 업데이트된 형태로 재통합된다. 이는 풍부한 학습뿐만 아니라 원래 통합의 왜곡을 수정하는 데 유용하다.) 환자에게 기억의 가장 불안한 측면인 '핫스팟hot spots'에 초점을 맞추면서 트라우마를 초래하는 사건과 세부 내용을 상기하도록 요구하는 노출 요법에서 가능할 수 있다. 또는 억제를 해제하는 약물과 관련된 치료에서 트라우마 환자들이 트라우마 원인을 더욱 동질적인 방법으로 쉽게 찾을 수 있다.

불길한 생각은 트라우마에만 있지 않다. 실제로는 일상에서 우리에게 매우 친숙하다. 의식적이든 아니든 우리는 항상 무언가에 대해 걱정한다. 이러한 우려를 누군가, 즉 친구 또는 치료사와 공유하거나 불안한 생각을 인정하거나 라벨링하는 것은, 앞서 설명한 트라우마에서의 노출 치료와 유사한 효과가 있다. 정직하게 공유하기 위해 또는 라벨링 하기 위해 모든 측면을 활성화하고 이 측면을 균등하게 고려해야만 한다. 유쾌함, 중립성 또는 불쾌함, 과거, 현재 또는 미래, 자아 또는 다른 것, 내향적 또는 외향적, 언어적 또는 시각적 등 우리는 생각과 감정을 라벨링 한다. 이로써 느낌과 생각을 분리하게 되면 느낌이 더 명확해지고 생각의 지배가 약해진다. 공유하거나 라벨링 하면 사물을 제대로 된 시각으로 볼 수 있으며 증거, 생각 그리고 그와 관련된 강렬한 감정들이 사라진다. 불안한 생각은 끊임없이 정신을 침범하여 깔끔하게 기억에 저장되기 때문에 내면의 주의를 환기시켜도 소용이 없다. 정신분석학에서도 주장하는 바와 같이 지워지지 않고 계속 떠오르는 기억은, 잠재의식에 대한 적절한 고려와 더욱 균형 잡힌 재통합이 필요하다는 것을 알려주는 신호일 수 있다. 그렇게 된다면 침투적 기억은 그 기억에 대한 느낌과 상관없이 적응할 만한 가치가 있다.

은밀한 생각

우리는 누구나 비밀을 지키지 못하는 사람을 알고 있다. 내가 아는 로니티 고모는 비밀 여부에 상관없이 들은 이야기를 남들에게 말한다. 남들과 다른 점은 고모가 비밀을 누설하기 전에 먼저 "그런데 이건 비밀이야"라고 속삭인다는 점이다. 프로이트의 결론처럼 인간은 누구나 비밀을 지키지 못한다.

인간은 비밀을 유지하지 못하는 무능함 때문에 비밀에 대해 계속해서 명시적으로 말하지 않을 수 없다고 많은 사람이 믿는다. 그래서 뇌와 몸이 우리를 대신해 비밀을 표현할 다른 방법을 찾도록 하는 것이다. 심지어 우리가 어떤 물건을 만지작거리는 것이 신체가 세상에 비밀을 말하는 방식일 수도 있다. 1980년대 일본 영화 〈마루사의 여자A Taxing Lady〉에서 일본 국세청 세무조사관 두 명이 탈세의 달인을 인터뷰하러 간다. 방송국 스튜디오에 들어가기 전 선임 조사관은 금고가 어디 있는지 물어보겠다고 보조 조사관에게 말하는데, 이 보조원의 역할은 질문을 받는 즉시 탈세범의 눈을 주의 깊게 관찰하고 어디를 쳐다보는지 확인하는 일이다. 용의자는 금고가 없다고 답하기 전에 그 금고가 있는 곳으로 재빨리 시선을 옮길 것이기 때문에 보조원은 자세히 살펴야 한다. 상황은 예측한 대로 진행된다. 물론 이것은 영화일 뿐 과학은 아니다. 그리고 실제로 정말로 원했던 소프트웨어 디스크의 위치를 숨긴 비서에게 내가 직접 이 속임수를 여러 번 시도하긴 했지만, 영화처럼 되지 않았다. 그러나 과학은 진실을 말하는 신체, 특히 손에 대해 이러한 개념을 과학적 증거로 뒷받침한다.[03]

비밀에 대해서는 이미 많은 논의가 있었지만, 사람이 받는 정신적·육체적 피해에 대해서는 충분히 다뤄지지 않았다. 비밀을 지키려면 지속적인 노력이 필요하다는 점을 우리는 이미 어느 정도 알고 있다. 죄책감과 다른 사회적 불편함을 넘어 어떤 사람은 단순히 정신·감정적 저장에 대한 부담이 있다고 한다. 비밀을 유지하는 것, 특히 책임이 따르는 경우에는 정신 장애(우울증)뿐만 아니라 온갖 신체 질병(감기에서 만성 질환까지)까지 유발한다는 보고도 있다. 내가 아는 어떤 노부인은 한때 암에 걸린 적이 있지만 성격이 활달하고 낙천적이다. 그 노부인은 자신의 암이 미래에 남편이 된 남자와의 불륜을 당시 남편에게 숨긴 결과라고 확신한다고 내게 말했다. 비밀이나 죄책감이 건강에 크게 악영향을 끼칠 수 있다는 과학적 보고서와 일치하는 개인적이고 비공식적인 또 하나의 보고다.[04] 물론 어떤 비밀은 알려질 때 더 많은 해가 될 수 있다는 점에서 이를 단정할 수는 없다.

의도적으로 숨기기로 작정한 자발적인 비밀이 있는가 하면, 생각하고 싶지 않은 불편한 것들에 대한 억압이 있다. 그리고 다른 사람에게 숨기려는 비밀과 자신에게 숨기고 싶은 비밀이 있다. 이 비밀들은 모두 우리를 어느 정도 고통스럽게 만든다. 모두 같은 이유에서 정신 능력에 부담이 되는데, 뇌의 억제와 관련이 있기 때문이다. 말(또는 행동)을 삼가는 것은 수동적이 아닌 능동적인 활동으로, 신진대사와 정신 에너지를 필요로 한다. 이 활동이 장기간 지속되면 지각이나 감정, 내부와 외부 환경을 완전히 처리하는 능력이 고갈된다.

비밀 유지로 인해 나타날 수 있는 부정적인 영향은 아주 흥미롭지만, 우리가 다루는 주제와는 별로 관련이 없다. 더 많은 관심을 끄는 것은 개방성과 공유라는 이점이다. 로니티 고모가 가장 잘 알겠지만, 비밀을 공유하면 고통이 완화되고 편안해지는 효과가 있다. 그러나 말하지 않고 숨길 때는 억제로 인한 값비싼 대가를 치르게 된다. 반면에 창의적 발상과 같은 더욱 가치 있는 활동을 위해 자유롭고 소중한 정신적 자원을 말하고 표현할 수 있다. 실제로 억제를 줄이면 기분이 좋아질 수 있다. 억제가 감소되면 즐거움 분자인 엔도르핀이 분비되기 때문이다. 그리고 정신적 능력을 자유롭게 하면 더욱 창의적이 되는데, 기분이 좋아지는 것과 연관이 있다. 그렇긴 하지만 사회를 살아가면서 꼭 억제해야 하는 경우가 있다. 예를 들면 식당에서 매력적인 사람을 제멋대로 만지면 안 되고, 사실 이런 말 자체가 말이 안 된다. 금물이다.

이제 명상에서 생각을 어떻게 통제하는지, 명상이 나눔과 어떻게 유사한지 그리고 다른 사람들과 내면의 생각을 나눌 때 어떻게 같은 이익을 기대할 수 있는지 사이에 연결고리가 있다는 것을 알 수 있다. 명상에서 나눔은 진정으로 나 자신과 함께하는 것으로, 외부의 청취자가 필요하지 않다.

명상은 길 잃은 생각에서 빠져나와 정신을 정화하라고 가르침으로써 삶의 세밀한 부분까지 잘 인식할 수 있도록 돕는다. 그렇게 우리는 현재의 순간, 풍경과 소리, 산들바람이 불러일으키는 감각, 신선한 딸기의 맛을 더 예리하게 관찰할 수 있다.

명상으로 마음 챙김 하기: 신경과학자의 관점

방석 위에 앉아 자기 생각을 관찰하고 계속해서 아주 세심하게 호흡에 집중한다. 이것이 어떻게 마음 챙김으로 이어질까? 과학자이자 의사의 입장에서 볼 때, 마음 챙김의 삶을 촉진하는 명상의 힘을 설명해주는 세 가지 요소가 있다고 생각한다. 첫 번째는 **주의력 분산**diffused attention이다. 즉 편견과 특권적인 할당 없이 모든 위치와 주변의 모든 항목에 동일한 가중치를 부여하고 상황에 관심을 기울일 수 있는 능력이다.

프로이트가 정신분석학자들에게 새로운 관찰에 대한 개방성을 유지하기 위한 수단으로 채택하기를 권장한, '고르게 주의 기울이기evenly hovering attention'이라고 한 것과 유사하다. 우리 모두 그렇게 해야 한다. 일반적으로 주의는 정반대의 의미다. 매우 구체적이고 전형적으로 좁은 위치나 특징에 초점을 맞추고, 이 주의의 '스포트라이트' 밖에 있는 모든 것을 무시하거나 심지어 억제하기까지 한다. 그러나 이미 검증된 많은 사람들은 우리가 명상을 실천하면 모든 상황이 똑같이 중요하고 잠재적인 관심 대상으로 받아들일 수 있다고 주장한다. 어디에 주의를 기울여야 하는지에 대한 하향식 지침이 없을 때, 주의는 어디로도 향하지 않으면서 어디로든 향한다.

명상이 마음 챙김을 유발하기 위해 뇌에 행하는 두 번째 요인은 기대를 끊는 것이다. 우리 뇌의 기본 상태는 어떤 일이 일어나기를 기대한다. 어떤 일을 기대하고, 좋은 것이든 나쁜 것이든 예상하고, 미래에 무언가를 원하고 우리의 예상과 비교해 사물을 판단한다. 계속되는 호흡을 지켜보는 것은 지금 우리를 여기에 있도록 만드는 거짓 생각이다. 그리고 지금 여기에 있음으로써 우리는 미래에 대한 생각에서 단절된다. 그것이 바로 기대다. 아무것도 기대하지 않을 때 우리는 앞으로 닥칠 모든 상황에 열려 있게 된다.

현재 경험의 질을 위해 명상을 효과적으로 만드는 세 번째 요인은 생각, 욕망, 두려움에 대한 집착을 줄이는 것이다. 생각의 폭과 그 흐름을 제한하는 주된 요인은 억제다. 억제는 속도, 범위 그리고 거리와 같이 생각의 범위, 연상적 활성화 그리고 전체적으로 정신 운동의 진행을 제한하는 힘이다. 그래서 많이 억제된 사람일수록 기분 장애를 겪을 가능성이 더 크다. 반면에 덜 억제된 사람은 단순하게 말하면 더 창의적으로 된다. 명상에서는 어떤 생각에 매달리는 경향이 있는지 아니면 생각이 흐르도록 내버려두는지로 해석된다. 억제가 적으면 정체도 적고 진행도 원활하다.

마음 챙김에 필요한 이 세 가지 요소를 결합하는 주된 기계적 연결고리가 있다. 이는 하향식 프로세스에 많은 영향을 미치며 상향식 프로세스에 얼마나 많은 가중치가 부여되는지와 비교된다. 마지막 장에서 상세히 설명하겠지만, 우리의 마음 상태를 결정하는 것은 상향식 신호와 비교하여 상대적으로 하향식 신호를 얼마나 강조하는가, 즉 우리의 전반적인 상태가 감각에 비해 기억에서 얼마나 많은 정보를 통합하는가다. 이 비율은 기분, 사고의 연계 폭 그리고 주의와 인식

범위를 결정한다. 위 세 항목은 모두 하향식 프로세스에 의해 형성된다. 주의 유도는 하향식으로 결정되고, 분산된 주의는 하향식 주의 유도가 없다는 것을 의미한다. 모든 것이 동일하고 스포트라이트가 없다. 또한 두 번째인 신호인 기대 끄기는 하향식 신호, 즉 일반적으로 기억에서 기대와 지식을 전송하여 입력과 비교하는 신호를 끄는 것을 의미한다. 마지막으로 억제 역시 근원이 하향식이며 우울증의 주된 관심사이자 반추의 원인이다. 생각을 내려놓는 것은 다음과 같이 하향식 명령과 직접적으로 관련이 있다. 하향식 감소 → 억제 감소 → 집착 감소 → 진행 증가.

요약하면 하향식 영향은 많은 상황에서 결정적으로 도움이 되지만, 현재 상황에서 하향식 프로세스는 정신과 사고 상태에 대해 세 가지 유형의 부정적인 영향을 미칠 수 있다. 다시 말하면 주의 집중 제약, 기억 기반 기대의 감소 그리고 억제 범위에 제약이 가해진다. 그러나 이 세 가지는 모두 명상에 의해 조절이 가능하다.

세 가지 요소 모두 동일한 하향식 메커니즘이 아니다. 주의 유도, 예측 신호, 억제는 모두 뇌의 하향식 힘이지만 해부학적 기원이 다르며, 중첩되지만 동일하지는 않은 다양한 신경

전달 물질이 관여하고 영향을 미치는 기간도 각각 다르다. 그러나 공통점은 우리가 어떻게 세상을 경험하는가에 대한 내부적인 하향식 통제의 형태를 나타낸다는 것이다. 즉 제한된 범위에서 부분적으로 예상하게 되든지, 제약을 덜 받으면서 전체적으로 백지상태가 되든지 둘 중 하나다.

당연히 요가 수행자가 하향식 영향을 줄이기 위해 앉아서 전전두엽 피질을 명확하게 겨냥한다는 의미가 아니다. 대부분의 사람들은 전전두엽 피질이 어디에 있는지조차 모르며, 설령 안다고 해도 피질 활성화를 의식적으로 통제할 수 있는 것도 아니다. 요가 수행은 신경 피드백 기술을 더욱 연관시킴으로써 개인과 수행이 효과적으로 작동하도록 강화한다. 우리는 명상 수행의 지침을 따름으로써 흔히 말하는 하향식 근원을 생각하지 않은 채 영향을 미친다. 반복해서 호흡에 집중하고 생각에 집착하지 않아야 한다. 자신도 모르는 사이에 하향식 부담의 영향을 감소시키는 연습을 반복하고 강화하면 효과가 나타난다. 분명히 고대의 명상 수행은 현대의 모든 신경과학의 발견과 지식을 고려하여 개발된 것이 아니다. 당시 수행은 경험의 존재와 질을 최적화하는 것으로 발전되었다. 그리고 이 시도된 수행의 주된 요인은 삶의 여러 측면에서 하향식 영향의 역할을 줄이는 것과 관련이 있다.

우리는 생각과 내면의 작용에 대해서도 상황을 염두에 두는 것보다 더 몰두한다. 점차 덜 관련 없는 생각들이 떠오른다는 것을 알게 되고 점점 더 자유로운 삶을 경험하게 되며, 풍요롭고 자각적인 삶을 위해 더해져야 할 유일한 요소는 몰입이라는 사실을 깨닫게 된다. 일단 우리의 현재를 찾았으면 다음 단계는 개입하는 것이다.

지금까지 살아온 내 인생 전체를 기록한다고 가정할 때, 기억할 수 있는 내용만 담아도 족히 250페이지 분량의 책이 될 것이다. 55년, 약 2만일, 50만 시간 동안의 일들이 나에게 또는 나에 의해 일어났고, 기억할 수 있는 모든 것은 책 한 권에 담길 수 있다. 예를 들어 3학년 때 공학대학에서의 2년간, 어렸을 때, 또는 부모로서 가족들과 함께한 저녁 식사 시간이 어디로 사라졌는지 모르겠고 심지어 도둑맞았다는 생각이 든다. 그러나 범인은 바로 나였다. 마음 챙김을 하지 않고 몰입하지 않은 것, 지금 여기에 있지 않은 것, 실제로 참여하지 않는 것은 삶에 존재하지 않는다. 실제로 목격하지도 않았고 실제로 참여하지 않은 것들을 어떻게 기억할 수 있겠는가? 나는 거기에 있었지만 실제로는 그렇지 않았다.

마음 챙김을 하고 몰입하면 경험하는 것의 속도가 느려지고 내용이 몇 배로 많아지는 듯하다. 축구에서 페널티 킥을 할 때 골키퍼는 보통 사람들이 인지할 수 없을 정도로 빠른 공을 보고 반응한다. 적어도 공이 접근하는 순간에는 극도로 주의를 기울인다. 예전에 미국에서 메인주의 숲에서 딸 나디아를 무릎 위에 태우고 전지형 자동차(ATV)를 운전한 적이 있다. 기분이 들뜬 나머지, 급히 방향을 바꾸다가 차가 전복되었다. 아직도 이날 벌어진 일과 떠올랐던 생각이 생생하게 기억난다. 딸아이가 무거운 차량에 짓눌려 죽을까 봐 두려워 급히 차에서 아이를 빼내고 옆으로 던진 상황이 마치 슬로모션처럼 생생하게 보이는 듯하다. 이때 감정의 강렬함이 나를 유난히 주의 깊고 경계하게 만들었다. 극단적인 상황이 되면 주의력이 무척 높아진다. 재능 있는 골키퍼나 야구 타자들을 위해 또는 극단적인 경우에 대비해 남겨진 특별한 힘은 분명 아니다. 단지 지금, 한 가지 일에 집중된 온전한 주의력일 뿐이다. 완전한 주의력이 비결이다.

　주의력에 대한 경험을 하기 위해 패널티 킥 경우만큼이나 강력하고 소모적일 필요는 없다. 관련 없는 생각과 내면의 잡담에 의해 전혀 주의가 산만해지지 않는다면 영화〈매트릭스

Matrix〉의 네오처럼 온종일 매 순간 지각할 수 있다. 모든 일에 완전히 참여한다면 흥미진진한 새로움으로 인식되고 기억될 것이다.

인간은 나이가 들면서 시간이 얼마나 빨리 지나가는지 인지한다("맙소사, 벌써 새해가 됐어?"). 새로움은 순간을 더 오래 간직하게 하고, 세상이 점점 익숙해질수록 새로움이 줄어들기 때문에 우리가 머물고 주관적으로 시간을 늘릴 기회가 적어지기 때문이라고 생각한다. 그러나 관건은 주의력이다. 만약 매 순간 주의를 기울이면 시간이 길어지고, 익숙함에 새로움을 부여하면 시간을 더 길게 느낄 수 있고, 주관적인 수명은 늘어난다.

마음 챙김 딜레마

명상은 핵심적으로 마음 방황에 영향을 미치기 때문에 DMN에도 영향을 준다. 지금까지 수많은 연구에서 이 관계가 입증되었다. 그 중 DMN의 활동은 경험 많은 명상가와 다른 유형의 명상('집중', '자애', '선택 없는 알아차림') 수행을 이제 막 시작한 경험 없는 참여자의 비교 사례가 있다.[05] DMN의 활동은 경험 많은 명상가에게서 현저히 낮게 나타났는데,

명상이 마음 방황의 정도를 감소시킨다는 사실을 말해준다. 또한 DMN을 구성하는 다른 영역 간 연결이 경험 많은 명상가에게서 더 강하게 나타난 것은, 명상이 DMN의 다른 부분 사이에 의사소통의 효율성을 향상시킨다는 점을 말해준다(이는 흔히 우리가 '상관관계가 인과관계를 의미하지 않는다'라고 말하는 과학적 발견을 검토할 때 비판적인 경고를 강조하기에 적절하다. 예를 들면 명상가의 연결성 향상은 명상 실천 그 자체로 인해 야기되는 속성이 아니라 명상에 의지하고 견지하는 사람들의 고유한 특성일 수 있다. 그렇긴 하지만 명상을 통해 점점 더 많은 경험을 쌓는 개인을 관찰할 때 명상이 실제로 연결성 향상 효과를 일으킨다는 개념을 충분히 뒷받침할 수 있는 보고가 많다.) 위스콘신-매디슨 대학의 리처드 데이비슨이 개척한 다른 연구에서 명상은 감정 조절과 정신적 회복력에 긍정적인 효과를 보여준다.[06] 최근에는 명상이 주의력과 기억력을 향상시키고 나이가 들어도 웰빙과 정신 건강을 증진한다고 나타났다.[07] 확실히 명상은 유익하다.

또한 명상은 경험을 위한 공간을 만든다. 새로운 경험을 위해서는 새로운 두뇌 활동과 피질 자원을 이용할 수 있어야 한다. 어떤 순간에 우리 뇌는 더욱 바빠지며, 그럴수록 새로운 경험을 위해 할당되는 것이 적어진다. 새로운 경험으로 새로운 길을 '헤쳐 나가야' 하는데, 만약 정신이 이미 채워져 있다면 남아 있는 자원은 부분적이고 피상적인 경험만을 허용할 것이다. 줄어든 감각, 연상과 감정은 채워진 정신 때문에 제대로 유발되지 않을 것이다. 빨간색은 선명하지 않고 꽃도 아름답지 않을 것이다. (사실 인지 부하는 즐거움을 느낄 수 있는 능력뿐만 아니라 미적 아름다움을 감상하는 능력도 감소시킨다. 우리는 지속적인 반추가 침체된 정신에 부과하는 인지 부하와, 쾌락을 느끼게 하는 능력의 감소인 무쾌감증이라고 하는 상태의 연관성을 앞에서 다뤘기 때문에 이미 알고 있다. 따라서 경험의 질을 위해서는 진행 중인 생각은 적어야 하고, 곧 하게 될 경험들이 뇌에서 화려하게 펼쳐질 공간이 더 많이 필요하다는 점은 분명하다. 명상은 진행 중인 생각과 새롭게 떠오르는 생각을 효율적으로 처리하는 방식을 통해 신선한 경험을 위한 공간을 만든다. 생각이 왔다가 가는데, 마음에 드는 생각이 점차 줄어들고 다음에 수반되는 경험은 훨씬 더 완전하게, 더 생생하게, 마음속으로 경험하게 된다. 충만한 정신은 마음 챙김의 적이다.

그러나 여기에 마음 챙김 딜레마가 있다. 생각을 더 잘 통제하고 현재 순간에 주의를 더 집중할수록 재미있고 기발한 일이 발생한다. 당신은 자신이 경험하는 것을 관찰하게 된다. 경험에 더 몰입하게 될 뿐만 아니라 경험하고 있다는 사실에 대해서도 더 많이 주의를 기울이게 된다. "나는 그 사람 이야기를 듣고 있는데, 그가 내가 잘 못 따라간다는 걸 알아챌까?", "다들 자동으로 반응하는 것 같지만, 나는 다르지", "엄청 배가 고픈데, 사람들이 내가 돼지처럼 먹는 걸 눈치채지 않았으면 좋겠다", "아이들이 모두 함께 식탁에 둘러앉아 웃고 있어서 너무 행복해"라고 생각한다. 당신은 놀라울 정도로 마음챙김을 실천하고 있다. 주의를 기울이고 그 순간을 만끽할 수 있으며, 시야의 중심과 주변, 현재 경험의 전경과 배경에 주의를 기울인다. 상사가 농담을 했을 때 과도하게 반응하는 자신을 관찰하고 스스로에게 아부하지 말라고 타이르기도 한다. 누군가 무례하게 굴 때 화가 치솟으려는 순간을 포착하고 그 감정을 중립화할 수도 있다. 이 모든 것은 여러 면에서 좋다. 현재 일어나고 있는 일에 대한 모니터링을 강화하면 크게 이익이 될 수 있다. 그러나 이처럼 주의력과 마음챙김이 향상되면서 경험에 대한 시각을 점차 바꾸게 된다. 삶의 주인공이 아니라, 목격자나 방관자가 되어간다.

포뮬러 원 자동차를 운전할 기회를 얻고 싶어서 많은 돈을 지불했다고 가정해보자. 내가 운전하는 모습을 관찰하기를 원하지 않는다. 속도, 소음, 위험, 휘발유와 불에 타는 타이어 냄새의 스릴감과 같은 경험에 완전히 빠지고 싶다. 포뮬러 원을 경험하고 싶어질 뿐이다. 재미있기 때문이다. 모든 감각이 살아나고 걱정도 사라지며, 심지어 자아마저 멀어지는 어떤 경험에 깊이 빠져드는 것은 인생의 가장 큰 즐거움 중 하나다. 마음 챙김 수련은 매우 큰 가치가 있다. 때문에 현재를 최적화하기 위한 탐구에 규칙적으로 시간을 할애할 것을 강력히 추천한다. 그러나 마음 챙김의 단점을 파악하고 그러한 관점을 포기할 준비가 되어 있어야 한다. 경험에 몰입할 준비가 되어 있어야 한다. 댄서가 아닌 춤 자체가 되기를 바란다.

11장. 몰입된 삶

얼마 전 출근하러 나가다가 아침을 먹고 있는 작은 딸 닐리에게 다가갔다. 닐리는 창밖으로 보이는 잎이 무성한 나무들의 평화로운 광경을 바라보고 있었는데, 분명히 공상에 잠겨 있다고 생각했다. "공주님, 무슨 생각 하고 있어요?"라고 물었다. "아무 생각도 안 해"라고 닐리가 대답했다. 그리고 "그냥 밖을 보고 있는 거야"라고 말했는데, 이 어조에는 왜 이런 이상한 질문을 하는지에 대한 의아심이 담겨 있었다. 딸아이가 마음속으로 "왜 뭔가를 생각하고 있어야 하지?"라고 외치는 듯했다. 성가신 정신적 집착에서 이렇게 자유로워질 수 있다니 정말 멋지지 않은가.

창가에 앉아 아무것도 관찰하지 않으면서 그냥 밖을 내다보기만 한 때가 언제였나? 어떤 일이 도움이 되었거나, 배우자의 새 신발에 대해 칭찬했거나, 불량배 녀석들에게 장난감 총을 빼앗긴 적이 언제였나? 생각은 순식간에 우리를 여기가 아닌 다른 곳으로 데려갈 수 있다. 나는 지금 닐리가 아빠를 약간 이상하다고 생각하고 있다는 사실에 매료되었다. 그러나 마음이 아프기도 했다. 하루하루가 지날수록 닐리가 현재에 몰입하는 게 점점 더 어려워질 것임을 알기 때문이다. 마음 방황이 찾아오면 닐리는 점점 더 정신적으로 방황하게 되고, 과거에 대한 반추 그리고 미래에 대한 추측에 빠지고, 친구들이 자신에 대해 어떻게 생각하는지 걱정하고, 한편으로는 아주 귀여운 남학생에 대한 생각에 잠기게 될 것이다.

정신 활동은 지금도 진행 중

나는 신앙심이 깊은 사람이 아니지만 속죄일Yom Kippur에는 일하지 않는다. 언젠가 속죄일이 시작되기 전날 쓰던 글을 마무리하다가 문득 창밖에 비치는 밝은 은빛 달을 쳐다보고 있었다. 작업을 빨리 마치고 휴일이 시작하기 전에 남은 30분 동안 창밖의 아름다운 달을 감상하기로 마음먹었다. 그래서 서둘러 일을 마무리 하고 노트북을 닫고 나서 창문을 활짝 열었다. 의자를 바로 놓고 앉아 달을 소중히 간직하는 데 몇 분을 투자했다. 그러다 줄곧 알고는 있지만 내가 인정하기를 거부한 것을 새삼 깨달았다. 나는 달과 함께할 수 없었다. 내 생각은 금세 다른 곳을 방황했으니 말이다.

생각이 취할 수 있는 궤적을 따라가 보면서 앞에서 말한 달에 대해 더 생각해보자. 몇 가지 가능한 시나리오가 있다. 첫째, 달이 되었든 목표물이 무엇이든 1, 2초 동안 바라보고 그 다음은 자신도 모르게 작업 기억 속에 저장된 가장 최근에 정신을 차지하고 있는 것에 대해 생각한다. 글의 단락, 휴가 계획, 또는 어린 시절 단식에 대해 회상한다. 두 번째 시나리오에서는 연상의 경로를 통해 궤적이 우리 앞에 있는 달에서 다른 생각들로 다음과 같이 매끄럽게 이동한다.

> 저 멋진 달을 보라 → 우리가 전날 밤에 본 닐 암스트롱에 관한 영화 〈퍼스트맨〉은 아주 괜찮았다 → 그 사건이 실제로 일어나지 않았다고 주장하는 음모론을 어떻게 믿을 수 있을까 → 다른 이론처럼 1966년에 폴 매카트니는 이미 사망했다 → 우리는 숨겨진 메시지를 찾아서 레볼루션9를 거꾸로 돌리려는 시도를 얼마나 많이 했는가 → 이스라엘에서 새로운 음악 산업이 성장하는 것이 얼마나 힘들까.

달에서 시작했지만, 마치 달에 정신이 있는 양 정신은 연상의 물결을 탄다. 세 번째로 우리는 달에 머물기로 마음먹을 수 있다. 말하자면 명상에서 호흡할 때처럼, 표류했다는 것을 알아차릴 때마다 정신을 달에 되돌려놓을 수 있다. 달을 그 상태로 계속 유지하기 위해 달의 구성 요소를 자세히 조사하기 시작할 것이다. 이를테면 분화구, 환상의 얼굴, 경계선, 완전한 원을 만들기 위해 얼마나 많은 것을 놓쳤는지, 그리고 달의 요소를 면밀히 조사하기 위해 되돌아갈 것이다. 앞서 언급한 신체 스캔 방법과 마찬가지로 달만 스캔한다. 그래서 우리는 달에 집중할 수 있지만, 이것만으로는 충분하지 않다. 기본적으로 정신이 다른 주제로 여행하는 문제를 달의 특징 사이를 여행하는 정신으로 돌렸기 때문이다. 사실 명상조차도 우리에게 가만히 있으라고 가르치지 않는다. 숨을 쉬고 있더라도 호흡이 콧구멍을 통해 흐를 때 그 효과를 모니터링하고 몸 안에서 어떻게 느껴지는지를 안팎으로 계속 조사하기 때문이다. 그런데도 호흡은 정신적인 움직임이다. 네 번째 사고방식은 순간을 소중히 여기는 성배지만 뇌가 이를 최대한 발휘할 수 있는지는 전혀 명확하지 않다. 다른 곳으로 가지 말고 그냥 '달'에 대해 생각해보자. 우리 눈이 달에 착륙하기 전에 괴롭혔던 때로 돌아가거나, 기억 속의 달과 관련된 것에 대해 생각하지 말고 주의를 그 요소와 특성에 옮기지 않고 '달'이라는 개념에 머물러라. 그 달빛과 함께하라. 왜 우리의 정신은 자신한테 '달'이라고 말해놓고 왜 단 1분도 함께 있지 못하는가?

사물을 대상으로 할 때뿐만 아니라 그런 일은 사실상 불가능해 보인다. 어떤 생각이 일어난 후에는 그대로 머물러 있을 수 없으며, 마찬가지로 감정을 느끼거나 무엇을 평가할 때도 그대로 있지 못한다("그 사람은 멋져 보여," 그러고도 정신은 계속 움직인다). 이렇게 힘든 데는 그럴 만한 이유가 있다.

정신은 연상적이어서 하나의 정신은 다른 정신으로 이어진다. 앞에서 자세히 설명했듯이 모든 지식과 경험 그리고 모든 기억은 거대한 거미줄과 같은 망으로 연결되어 있다. 이 망, 즉 의미 네트워크에서 각각의 개념, 사실 또는 표현은 다른 모든 것들과 각각 다른 거리에서 연결되어 있다(한 단계에서는 고양이에서 개로, 두 번째 단계에서는 고양이에서 아마 우유를 통해 냉장고로, 그리고 더 많은 단계를 거치면 고양이에서 비행기에 도달할 수 있다). 이 대규모 연결 구조는 엄청난 이점을 제공한다. 우리는 가장 많이 포함된 기억을 쉽게 인코딩을 할 수 있다. 이 기억들은 관련 있는 다른 항목과 연결되고 사물이 주제와 동시에 나타날(발생할) 가능성으로 이어져 있기 때문에 기억에서 정보를 더욱 쉽게 검색할 수 있다. '동시 발생'은 다시 생각해볼 가치가 있는 전문 용어다. 오븐은 부엌의 냉장고에, 비치 파라솔과 비치 체어는 해변에 나타나는 경향이 있다. 이러한 동시 발생은 기린이 사파리에 있을 가능성은 크지만 해변에 있을 가능성은 작다는 정보들을 뇌에 제공한다. 따라서 기억에서 특정 항목을 검색해야 할 때 항목이 이와 같은 방식으로 명령되면 검색하기가 훨씬 쉽다. 또한 이 기억 배열은 모두에게 가장 큰 장점인 우리의 예측 능력을 위한 기초가 된다. 상황을 주도하고 (거의) 항상 다음에 일어날 일을 예상할 수 있는 것은 연상과 연상 활성화 덕분이다. 우리는 항상 예상하려고 애쓴다. 만약 부엌에 들어가려고 한다면, 어떤 사물을 예상하는지 그리고 대략 어떤 공간 배치해야 하는지에 대해 알게 될 것이다. 이와 유사하게 취업 면접을 보려면 어떤 식으로 옷을 입고 면접 준비하는 법을 알게 되는데, 이 지식들은 과거에 경험했을 때 연상으로 머릿속에 저장되어 있었기 때문이다. 상황에서 일어나는 경향에 대한 통계는 기억하고 예측하는 데 도움이 된다.

    이처럼 연결을 차례대로 활성화하려는 성향은 삶의 자산이

기도 하지만, 그 무엇도 아닌 달만 쳐다보고 그 무엇과도 함께 할 수 없는 이유이기도 하다. 연상적인 움직임은 필수다.

경험의 질

인간은 이 지구를 외계인처럼 걷는다. 대부분 지구에 속해 있다고 느끼지만 동시에 지구와 분리되어 있다고도 느낀다. 동시에 우리 자신을 자신의 껍데기 안 공간에 맞추려고 하고, 늘 자신만의 세계에 국한되어 있다. 우리는 그룹, 회합, 클럽에 가입하고 팀과 단체를 응원한다. 규칙에 따라 활동하고 관습에 따라 행동하며, 사회와 문화가 지시하는 대로 행한다. 서로 연결되어 있다고 느끼지만 실제로는 떨어져 있다. 이로 인해 '나 대 세상I versus the World'의 태도를 취하고, 암묵적이든 명시적이든 고립하면서 삶을 끊임없는 투쟁으로 만든다. 그러나 이제 우리는 세상에 살면서 세상이 우리 안에 그리고 우리 정신 속에 있다는 것을 이해한다. 세상은 마음먹기에 달려 있다. 경험이 풍부한지 미미한지를 결정하는 것이 정신이다. 개인으로서 자신의 정신 속에 있는 세계의 반영만이 유일한 세계다. 우리는 외부인도 아니고 내부인도 아니다. 경험하는 존재다.

머릿속에서 일어나는 일들이 경험에 영향을 미친다는 발상은 사소해 보일 수 있지만 놀라운 일이다. 생각 패턴, 정신 활동의 양 그리고 마음 상태는 우리가 정신적으로 그리고 육체적으로 주변 세상을 해석하고 느끼는 방식에 직접적으로 영향을 미친다. 육체적 감각이 절대적이고 객관적이어야 한다는 것은 너무 직관적이어서 우리에게 가해지는 듯 느껴진다. 우리가 경험에 대해 아무 말도 하지 않는 단지 지각자일 뿐이다. 칸트가 말한 대로 우리 인식은 '물자체thing-in-itself'가 아니라 주관적이라는 것을 깨닫는다 하더라도, 일반적으로 우리는 쉽게 잊고 삶에서 수동적인 역할로 돌아간다. 결국 감지기(눈의 시각, 피부의 체세포, 귀의 청각, 혀의 미각 또는 코의 후각)는 항상 같은 물리적 자극에 같은 방식으로 반응해야 한다. 우리는 동일한 경험에 대해 동일한 반응을 기대한다. 자극 → 반응과 같이, 전기 회로에 같은 것을 입력하면 그 결과는 항상 같다는 사실을 알고 있는 엔지니어와 같다. 그러나 자극에 대한 인식과 그 자극에 대한 주관적 경험은 내면세계의 상태에 따라 크게 다르다. 우리는 단순히 순간순간을 경험하는 주체가 아니다. 소름이 돋고, 겁이 나고, 얼굴을 붉히고, 그림을 즐기고, 아침에 신선한 나뭇잎에 맺힌 이슬의 아름다움을 알고, 입안에 서서히 퍼지는 오렌지의 맛을 감상하고, 또는 상태를 전체적으로 감상하면서 느낀다. 이는 각 상태에 달려 있다. 경험은 뇌에서 발생하기 때문이다.

경험을 구성 요소에 따라 분류해보자. 반짝이는 달빛이 호수에 반사된 광경을 보는 일과 같은 간단한 경험을 생각해보라. 이 이미지는 우리 눈에 들어가 망막 세포들을 활성화하고, 이 세포들은 몇몇 중계소를 통해 1차 시각 피질(시각 정보를 받는 피질의 첫 번째 부분으로, 다른 감각에는 각각 유사한 1차 피질이 있다)로 들어간다. 여기까지는 경험이라기보다는 지각 없는 반응이다. 당신이 완전히 마비되어 내가 이 시각적 장면이 당신의 눈에 들어오도록 눈꺼풀을 열었더라도 유사한 반응이 1차 시각 피질에서 나타난다고 생각하라. 따라서 아직은 경험이 없다.

거기서부터 우리의 시각 정보는 상향식, 하향식 그리고 심지어 신경세포 사이의 측면 영향이 혼합되어 시각 피질에서 계속 전파된다. 피질 반응의 어느 단계가 주관적 경험의 일부로 간주되기 시작할까? 시각 피질을 따라 존재하는 일부 중간 영역, 전전두엽 피질에서 피질 계층 구조의 가장 중요한 영역, 아니면 영역들 사이에 일부 결합된 조정 영역일까? 의식의 철학과 과학에서 때때로 감각질qualia이라고 하는 경험의 주관적 성질은 단지 상황의 물리적 특징에 대한 반응을 넘어선다. 예컨대 더운 날 시원한 맥주를 마시거나 어린 딸을 포옹할 때 느끼는 특별한 느낌이다. 딸아이의 소리와 냄새, 포옹의 물리적 압력, 얼굴에 닿는 머리카락의 간지러움에 반응하는 수용체뿐만 아니라, 뭐라고 말할 수 없이 좋은 경험과 즐거움, 적절한 감각 반응에서 제거되어 멀리 떨어진 깊고 따뜻한 느낌이 있다. 우리가 경험하는 방식과 로봇이나 좀비가 경험하는 방식을 구별하는 것이 바로 그 경험의 질이다.

경험은 연속체다. 한쪽 끝에는 아직 주관적 경험이라고 할 수 없는 가장 낮은 수준의 망막과 1차 시각 피질이 있고, 다른 한쪽 끝에는 주관적 경험의 최상위 수준에서도 이해하기 어려운 감각질이 있다. 피질 반응이 경험으로 바뀌는 정확한 경계에 대해서는 신경 쓰지 않아도 된다. 경계가 불분명하기 때문이다. 경험에는 주관적인 측면뿐 아니라 객관적인 측면도 있다는 점을 강조하기 위함이다. 마찬가지로 인지적인 측면뿐 아니라 감정적인 측면이 있고, 의식적 측면과 잠재의식적인 측면도 있다.

경험은 우리가 지각하고 있는 것이 무엇인지를 이해하는

것 이상이다. 저 반짝이는 호수 또한 기억, 연상, 감정, 기대 등을 활성화한다. 이 모든 것이 경험의 일부이기도 하다. 이러한 다른 측면들은 같은 뇌 영역과 다른 뇌 영역을 똑같이 활성화하고 경험의 다양한 측면을 제공한다. 키스, 뺨 때리기, 정신적 고양, 모욕 또는 예기치 않는 제안을 받는다. 이 경험들은 인지, 감정 그리고 경험을 풍부하게 만드는 많은 인지·정서 등 다른 측면을 결합한다.

이 논제의 즉각적인 결론 중 하나는 경험을 제대로 전개하려면 피질에 '실제 공간real estate'이 필요하다는 점이다. 그러나 정신은 분주하고 시끄러운 경향이 있기 때문에 이 공간을 항상 이용할 수 있는 것은 아니다. 딸아이의 포옹이나 호수에서 반사되는 반짝이는 빛과 같은 경험에는 무한히 많은 세부 정보가 있다. 뇌에서 이 세부 정보를 반영하며, 이 정보와 관련된 기억과 감정들을 연쇄로 반응시킬 수 있는 자원이 많을수록 경험은 풍부해진다. 만약 내일 발표할 프레젠테이션을 계획하거나 방금 읽었지만 답장을 기다리고 있는 짜증 나는 이메일을 곰곰이 생각하는 데 정신이 팔려 있다면, 포옹이나 먹고 있는 팔라펠(병아리콩 또는 누에콩으로 만드는 중동식 고로케-옮긴이)을 즐길 기회가 별로 남아 있지 않다. 경험과 관련된 생각들이 발전할 공간이 필요하다.

생각이 다른 곳에 있다면 경험할 수 있는 것이 적다. 산만하고 분주한 정신은 경험에서 멀어지게 되는데, 경험하기 위해 필요한 것과 정확히 같은 작업 공간을 사용하기 때문이다. 공간이 겹친다. 현재를 위해 필요하기 때문에 이 공간에서 과거와 미래를 옮겨 오는 것이다. 기억, 과거의 감정, 미래의 걱정, 이 모든 것이 현재의 경험과 현재의 생각을 대신한다.

만약 청소해야 할 방을 생각하면서 사과를 입에 물고 있다면, 신경세포들이 방과 관련된 생각으로 차 있기 때문에 사과와 관련된 생각과 활동이 일어나지 않을 것이다. 앞서 제임스 본드 영화에서 언급했듯이 망막과 고막으로 전달되는 추격 장면과 육체적 자극을 흡수하지 못한 것이 아니다. 감각 피질로는 확실히 흡수했다. 단지 정신이 다른 곳에 가 있었을 뿐이다. 그러나 내부에서 생겨난 방황은 지나치게 소모적이어서 적절한 경험을 위해 필요한 피질을 차지했다. 빈 공간이 없으면 경험도 없다고 생각하라. 그러나 어느 정도 공간이 있으면 경험도 있다. 당연히 빈 공간이 많으면 경험도 풍부하다. 분산된 주의는 단순히 제로섬 게임에서 자원을 나누는 것을 의미한다.

멀티태스킹의 가능성에 관한 연구에서 동시 작업이 같은 영역에 있을 때 사람들이 훨씬 더 힘들어한다는 점을 알 수 있다. 예를 들어 어떤 텍스트를 읽을 때 옆에서 누군가가 다른 텍스트를 큰 소리로 읽어주면 제대로 읽기가 매우 힘들다. 두 작업 모두 뇌에서 고도로 중복되는 언어 영역을 요구하기 때문이다. 이 두 작업은 피질에서 다른 부분을 요구하기 때문에 손가락을 두드리면서 읽는 편이 훨씬 쉽다.

그런데도 모든 병렬 처리는 개별 과정의 질을 떨어뜨린다. 현재 경험의 질, 즉 현재와 다른 곳과의 경쟁에서 기존 생각이 줄어드는 방식에 대해 생각해봐야 하는 이유다.

다가올 경험을 좌우하는 지속적인 마음 상태

새로운 경험이 그 풍부한 세부 정보를 펼치려면 공간이 필요할 뿐만 아니라, 그 경험이 피질 안으로 들어왔을 때는 이미 그 공간을 지배하는 특정한 마음 상태와 마주하게 된다. 그리고 새로운 경험은 그 상태에 순응해야 한다. 아무리 풍부한 표현을 허락받은 경험이라 하더라도, 지금 이 순간의 전반적인 마음 상태에 따라 그 경험은 색채를 입게 된다. 예를 들어, 햇살에 반짝이는 호수는 그 순간 주의를 기울일 여유

뿐만 아니라 기분 상태에 따라 전혀 다르게 느껴진다.

이는 나쁜 소식인 동시에 좋은 소식이다. 나쁜 이유는 경험에 또 하나의 왜곡 요소가 추가되어 더욱 주관적으로 변하기 때문이다. 우리는 이미 선택적 주의, 상향식 기대, 기억에 대한 의존, 편견 등으로 인해 사물을 있는 그대로 보지 못하며, 피질 자원의 한계로 인해 세부 정보마저 제한된다. 게다가 그 경험은 기존의 마음 상태와 일치하도록 휘어지고 늘어나며 왜곡된다. 그렇다면 우리 옆에 서서 똑같은 삶의 사건을 겪고 있는 사람이 세상을 보는 방식과 우리가 그것을 똑같이 인식할 가능성은 얼마나 될까? 거의 없다. 그렇지만 이는 좋은 소식이기도 하다. 이제 우리는 그 사실을 알고 있기 때문이다.

우리에게 부담을 주고, 우리를 소모시키고, 주의를 끌고, 정신 자원을 빨아들이는 모든 것은 지금 이 순간 눈앞에서 펼쳐지고 있는 삶으로부터 우리를 멀어지게 만든다. 이 현재를 앗아가는 대표적인 병렬 과정 중 하나는 바로 마음 방황이다. 끊임없이 흘러가는 생각, 계획, 시뮬레이션, 반추 등은 의지와는 무관하게 마음을 점유한다. 마음챙김 명상은 바로 이러한 지속적인 내적 활동을 최소화하여 새로운 경험이 뇌 피질에서 자유롭게 펼쳐질 공간을 마련하고, 현재 마음 상태를 중화해 가능한 한 가장 순수한 경험이 되도록 돕는 데 목적이 있다.

윌리엄 블레이크가 저서 《천국과 지옥의 결혼The Marriage of Heaven and Hell》에서 말했듯이 "지각의 문들이 깨끗이 닦인다면 모든 것은 인간에게 있는 그대로, 즉 무한으로 보일 것이다. 그러나 인간은 스스로를 닫아버려, 동굴의 좁은 틈새로만 모든 것을 보게 되었다."[01] 실제로 만약 그 지각의 문(이후 올더스 헉슬리가 자신의 명저 이름을 《지각의 문The Doors of Perception》이라고 지었고, 밴드 〈도어스The Doors〉 이름의 유래가 된 바 있다)이 편견과 고정된 성향으로부터 정화되지 않는다면, 일상에 집착하고 고정관념에 사로잡혀 착취당하는 상태를 의미할 것이다. 즉, 탐색적이기보다 착취적으로, 현재가 아닌 과거에 의존하고, 하향식으로 작업하며, 신선한 감각이 아닌 과거의 기억에 기대고, '여기'가 아닌 '거기'에 머무는 것이 된다.

이제는 다 성장했지만, 아이들이 어렸을 때 아침 식사를 챙겨주고 함께 식사할 때면, 아이들은 멍하니 다른 데 정신이 팔려 있는 내 모습을 보고 놀리곤 했다. 처음에는, 심지어 집중하고 있으면서도 멍한 내 눈빛을 무서워하기도 했다. 이것은 마음 방황의 또 다른 놀라운 측면이다. 우리는 다른 곳에 있을 뿐만 아니라 온 마음을 다해 완전히 다른 곳에 몰입해 있다. 나는 좀비 아빠였다. 육체는 같은 방과 같은 식탁에 있었지만 실제로 나는 그곳에 있지 않았다. 이 상태에서 과연 아이들과의 대화, 웃음, 메이플 시럽을 입에 문 와플의 맛을 경험했다고 할 수 있을까? 나는 마치 정해진 절차만 따라가는 자동인형처럼 행동하고 있었을 뿐이다. 때때로 나는, 정작 대화에 주의를 기울이지 않고 있는데도 내가 얼마나 그럴듯하게 대화에 참여하고 있는 듯 보이는지에 놀라곤 한다. 나뿐만이 아니다. 삶의 많은 순간이 앞을 스쳐 지나가지만, 우리는 실제로 거기에 참여하지 않고 있다.

몰입은 참여다

최근에 나오르와 함께 남부 이탈리아로 며칠 여행을 다녀왔다. 달콤한 컨버터블 피아트 스파이더를 타고 아름다운 아말피 해안을 즐기기 위해서였다. 결과적으로 이번 여행의 하이라이트는 운전이었고, 그중에서도 수동 기어가 핵심이었다. 아말피 해안에 가본 사람은 알겠지만, 도로가 엄청나게 구불구불할 뿐만 아니라 아찔한 절벽 바로 옆을 따라 달린다. 이탈리아의 운전자들이 십 대 아들을 태우고 달리는, 크루즈 여행을 하러 온 굼뜬 오십 대 외국인을 위해 속도를 늦출 리 없다. 나는 통제 불능 상태로 티레니아해로 떨어지지 않으려고 매 100분의 1초마다 정신 에너지의 작은 불꽃을 모두 쏟아부어야 했다. 기어를 1단, 2단, 3단, 4단, 5단, 6단으로 바꿔가며 몰입했다. 나는 운전을 '하는' 사람이 아니라 운전 자체가 되어 있었다. 정말 짜릿했다. 오랜만에 전방위적이고 흥분되는 쾌락을 만끽했다. 그러나 삶의 대부분은 자동 운전과 비슷하다. 어느 정도 나이가 되면 자동 모드로 전환해 삶을 점차 주행 기어(D)로 바꿀 수 있다는 것을 안다. 삶은 스스로 굴러가며 우리는 수동적인 승객이 된다.

그렇다면 왜 몰입은 우리를 그렇게 살아 있다고 느끼게 만드는 걸까? 간단히 말하면, 몰입은 오직 상향식만 존재하는 상태이기 때문이다. 오직 감각하고 반응하는 상태, 그 이상도 이하도 아니다. 몰입해 있을 때는 경험에 대해 생각하지 않는다. 기간도 생각하지 않는다. 세상은 전달하고 정신이 응답한다. 마음 방황이나 기대도 없고 주의 분산도 판단도 없고 숙고도 없다. 외부든 내부든 환경의 특정 측면에 좁게 초점을 맞추는 것이 아니라, 모든 것에 대해 활짝 열려 있고 모든 것을 느낀다.

몰입은 즐거운 삶과 만족스러운 경험을 위한 핵심 요소지만, 마음 챙김 명상이 이를 가르쳐주지는 않는다. 마음챙김 명상이 가르치는 것은 현재를 인식하고, 관찰하고, 목격하고, 여기, 지금 존재하는 것이다. 몰입은 필수조건이지만 충분조건은 아니다. 삶에 직접 참여하는 것은 우리 몫이다. 우리는 자신의 경험을 관찰만 하는 방관자도, 클립보드를 들고 해설하고 해석하는 코치나 과학자도 아니다. 직접 뛰어들어, 직접 느껴야 한다. 진정으로 어떤 활동에 몰입할 때는 너무 깊이 빠져 있어 자신을 제대로 관찰할 수 없다. 이 두 가지는 서로 대가를 요구한다. 관찰을 많이 할수록 몰입은 줄어들고 몰입을 많이 할수록 관찰은 줄어든다.

앞서 언급한 마음 챙김의 딜레마는, 마음 챙김 상태에 있을 때 우리는 목격자이자 관찰자가 되지만 반드시 몰입한 상태는 아니라는 점이다. 정신은 마음 챙김 상태일 때도 몰입 상태일 때도 현재에 존재하지만, 몰입 상태에서는 그 사실조차 인식하지 못한다. 몰입하면 좋든 나쁘든 경험에 완전히 빠져들어 길을 잃는다.

길을 잃는다는 것이 단순히 은유적인 표현은 아니다. 우리는 자아 감각을 상실한다. 이는 때로 매우 건강한 정신적 정화가 될 수 있다. DMN이 잠시 우리 자신에 대한 생각도, 내면의 독백도 멈추기 때문이다. 중독성이 있는 비디오 게임과 유사하다. 게임 설계자는 플레이어를 게임에 몰입시키는 것을 목표로 하고, 플레이어는 게임에 열중했을 때 게임의 일부가 된 느낌을 받는다고 말한다. 온라인에는 게임을 몰입도 순으로 순위 매긴 리스트도 존재하는데, '배틀필드 V'가 현재 1위로 올라 있다.

몰입 상태에서 우리가 잃는 또 다른 감각은 바로 시간 감각이다. 실제로 시간 인식의 변화는 몰입 정도를 측정하는 신뢰할 만한 지표로 제안된 바 있다.[02] 이는 메이저리그 야구 선수들의 보고에서도 나타나는데, 그들은 투구가 슬로 모션처럼 보인다고 말한다. 그렇지 않고서야 시속 145km의 빠른 공을 어떻게 정확히 맞출 수 있을까? 이러한 시간 감각 상실 효과가 왜 발생하는지에 대해서는 아직 명확히 밝혀지지 않았다. 몰입에 관한 신경과학 연구는 아직 초기 단계이기 때문이다. 상대적으로 더 많이 연구된 개념은 흡수absorption라는 유관 개념이다.

몰입이 상태인 반면, 흡수는 특성이다.[03] 다시 말해 몰입은 순간적이고 일시적인 상태인데 흡수는 일반적으로 몰입에 빠지기 쉬운 성격적 경향을 뜻한다. 두 용어가 종종 혼용되기도 하지만 구별할 필요가 있다. 흡수 성향 점수가 높은 사람은 몰입을 더 자주 경험하게 된다. 전통적인 5대 성격 척도 중 경험에 대한 개방성과 외향성은 몰입 성향과 양의 상관관계가 있다고 밝혀졌다.[04] 흥미롭게도 흡수는 환각과 망상과 양의 상관관계가 있기 때문에 정신병이 있는 피험자는 흡수 성향 점수가 유의미하게 높다.[05] 또한 흡수의 특성은 영적·종교적 경험을 예측하는 신뢰할 만한 지표다. 전반적으로 몰입과 흡수 모두 경험에 대한 적극 수용과 관련이 있다.

몰입과 흡수 모드에서는 DMN 활동이 현전히 줄어든다.[06] 만약 몰입할 때 자아를 잃는다면 자아를 생각하는 것과 관련된 네트워크에서 활동이 줄어드는 것은 당연하다. 정신이 눈앞의 경험에 전념할 때 신경 활동의 극히 일부만이 다른 어떤 것, 특히 마음 방황에 할당되는 것으로 보인다. 물론 이전 장에서 논의한 것처럼 몰입형 경험을 위한 또 다른 주요 조건은 하향식 영향을 차단하는 것이다. 기대, 욕망, 계획, 기억에서 끌어온 예상, 사물에 이름 붙이기 모두 몰입을 방해한다. 하향식 감소와 마음 방황과 DMN 활동의 감소는 모두 몰입의 핵심이다.

앞에서 살펴보았듯이 마음 챙김 명상은 DMN 활동과 자기 중심적인 마음 방황을 감소시키기도 한다. 그러나 그 목적에는 차이가 있다. 명상에서는 이러한 활동 감소가 미래의 경험을 위한 정신적 공간을 비워주는 역할을 한다. 그러나 몰입 상태에서는 DMN 활동과 마음 방황의 감소가 지금 이 순간의 경험에 직접 참여하기 위한 것이다. 몰입 상태에서 DMN 활동은 가라앉아서 이 정신적 자원이 강렬하고 몰입적인 전방위적 경험에 투입된다. 몰입은 아주 짜릿하다. 명상에서 자아와 다른 생각들은 (예를 들어 라벨링을 통해) 일반적인 빈 공간을 만들기 위해 증발한다. 명상 중에 자신에 대한 생각이 떠오르면 우리는 그 생각이 그냥 오가도록 내버려둔다. 그러나 몰입 중에 누군가가 자의식을 건드리는 순간, 우리는 몰입에서 이탈한다. 여기에 재미난 사례가 있다. 나는 이상하게도 종종 내가 가장 나이가 많은 사람인 장소에 있게 된다. 댄스 클럽, 크로스핏, 요가 수업, 또는 텔아비브의 핫한 레스토랑 같은 곳 말이다. 이런 곳에서 나는 음악, 육체적 운동, 대화에 완전히 몰입한다. 나이 차이나 어색해 보이는 외모 같은 건 전혀 생각하지 않는다. 그러나 누군가 나이에 대해 한마디라도 하는 순간, 나는 회색 머리카락, 덜 유연한 몸, 주변 사람들보다 학위가 더 많은 나 자신을 급격히 의식하게 된다. 문제는, 자기 인식은 곧 자기 의식으로 이어진다는 점이다. 사람들이 나를 쳐다보는 것 같고, 결국 나 자신이 나를 바라보게 된다. 몰입은 관찰로 바뀌고 기쁨은 사라진다.

자아감과 시간 감각에 대한 상실은 몰입과 매우 유사한 개념인 **흐름**flow 경험의 일부로 보고된 바 있다. 1970년대 미하이 칙센트미하이가 몰입의 개념을 도입한 뒤 꽤 유명해졌으나, 놀랍게도 흐름에 대한 신뢰할 만한 신경과학 연구는 거의 없었다.[07] 그는 흐름을 과제에 깊이 몰입하게 되는 상태라고 설명하며, 과제의 난이도와 개인이 가진 기술 수준 사이에 적절한 균형이 이루어졌을 때 뇌가 진입하는 상태라고 본다. 이 흐름 상태는 운동 경기력 향상에 매우 효과적이라고 여겨지며, 일부 선수들은 실제로 흐름에 진입할 수 있도록 신경 피드백 훈련을 받는다. 한 가지 큰 차이는 몰입은 반드시 긍정적인 경험에 국한되지 않는다는 점이다. 자동차 충돌을 피하기 위해 브레이크를 필사적으로 밟는 순간에도 몰입할 수 있다. 또한 흐름은 특정 과제를 수행하는 과정에서 발생하며, 어느 정도 도전 의식이 반드시 필요하다. 반면, 몰입은 명확한 목표나 과제를 필요로 하지 않는다. 집라인을 탈

때나 키스할 때처럼 그저 순간의 감각에 휩쓸려 들어가는 경험도 몰입이 될 수 있다.

개념과 심리학적 현상들을 너무 많이 소개하는 위험을 무릅쓰고라도, 몰입과 **의미 포화**semantic satiation 사이의 흥미로운 연관성에 관해 설명하고자 한다. 의미 포화란 하나의 단어를 반복해서 말하면 그 단어가 잠시 동안 의미를 잃는 현상이다. 예를 들어 "아보카도"라는 단어를 50번쯤 반복해 말해보면, 어느 순간부터 단지 의미 없는 소리만 들리게 된다. 여기에 나타난 틀에 따르면 하향식 영향은 반복과 함께, 우리가 이미 알고 있는 기억에 대한 참조와 함께 가라앉고, 감각에서 상향식으로 도달하는 소리만 남게 된다. 이것은 또한 소외, 비친숙화 또는 러시아의 **낯설게 하기**ostranenie(1917년 러시아 형식주의자인 빅토르 쉬클로프스키가 에세이 《기술로서의 예술Art as Technique》에서 창안한 용어)의 예술적 기법을 연상시킨다. 익숙한 등장인물, 사물, 개념 등을 낯설고 생경한 방식으로 제시함으로써 새롭게 바라보도록 만든다는 취지다. 즉, 하향식 사고가 배제된 상태에서는 감각 자극 그 자체에 몰입하게 되고 그 모든 감각에 주의를 집중하게 되면서, 평소에는 거의 인식하지 못하던 미세한 물리적 세부 요소까지도 더 뚜렷하게 감지하게 된다.

이 때문에 몰입은 흔히 현존감과 함께 지각적 민감도를 높이는 효과와도 연결된다.[08]

  몰입 상태의 반대는 지루한 상태다. 지루함을 주제로 한 연구는 엄청나게 많다. 지루함은 ADHD 상황에서 자주 언급되는데, 특히 ADHD 증상이 있는 사람들은 지루함에 대한 내성이 낮다고 한다(확실하다!). 그런데 ADHD는 몰입 상황에서는 사라지는 듯 보인다. 주의력에 문제가 있는 아이들도 경험이 그들을 충분히 사로잡아 몰입하게 만들면, 놀랍도록 온전히 집중하는 모습을 보인다.

  몰입 경험의 가능성을 낭비하는 것은 너무나 안타까운 일이다. 뇌는 합당한 이유로 DMN이 대역폭을 독점하도록 진화했지만, 우회를 통해 특별한 즐거움을 주도록 진화하기도 했다.

덜 생각하고, 더 잘 경험하라

  2016년 6월 〈뉴욕타임스〉에 기고한 〈더 적게, 더 잘 생각하라〉라는 제목의 글이 이 책을 쓰게 된 동기 중 하나였다는 사실을 밝힐 시간이 왔다. 이때 내 아이디어가 꽤 많은 독자의 공감을 불러일으켰다는 점을 확실히 알았다. 사람들은 분명히 경험의 질에 크게 신경 쓰고 있으며 현재 상황에 만족하지 않는다. 이 글의 요점은 우리 대부분이 자기 삶에서 방관자라는 점이다. 몰입하지 않으면 경험은 얕아진다. 걱정과 반추 또는 계속해서 몰려드는 정보로 바쁜 마음은 경험의 질을 떨어뜨린다.

  왜 "더 적게 생각하라"일까? 단순히 정신적 자원과 뇌의 '인지 공간'의 여유가 늘어날수록 경험의 질이 향상되기 때문만은 아니다. 창의적이고 독창적인 사고 능력 자체가 수많은 생각과 온갖 종류의 정신적 간섭에 의해 막혀버리기 때문이기도 하다. 기본적으로 인간은 창의적이고 혁신적인 존재다. 그러나 일상 속 정신적 잡음과 과부하가 이 놀라운 능력을 방해한다. 최근에 나는 이스라엘 바일란 대학 캠퍼스에서 열리는 창의성에 대한 저녁 토론회에 초청받았다. 나는 창의적인 요리사이자 내가 만난 가장 재미있는 사람 중 한 명인 에얄 샤니와 함께했다. 행사는 순식간에 매진되었고 강당은 전례 없이 만원이었다. 개막 연설에서 창의성이라는 주제와 관련하여 청중에게 내가 수년간 관찰한 사람들의 매력에 대해 말했다. 만약 그날의 주제가 '수명을 15년 늘리는 법'이었더라도 이만큼의 뜨거운 반응은 없었을 것이라 생각한다.

여기에는 희망적이고 긍정적인 정서가 있다. 우리는 본성적으로 탐구하고 배우는 것에 끌린다. 더 많이 먹고, 더 오래 자고, 더 많은 TV를 보는 것보다, '창조하는 것'을 원한다.

이제 우리는 경험의 질을 떨어뜨릴 수 있는 여러 근원이 있다는 점을 알게 되었다. 삶에서 더 나은 경험을 하려면 이 근원들과 싸워야 한다. 첫째, 우리의 경험은 지각의 문이 정화되지 않은 상태 때문에 쉽게 오염되고 심지어 훼손될 수 있다. 성향, 편견, 확신, 강한 기대는 모두 세상을 보는 방식에 영향을 미친다. 둘째, 마음을 계속 무언가로 채우고 동시에 여러 일을 하려는 경향, 즉 동시에 여러 일을 할 수 있다는 그릇된 믿음은 삶의 깊이와 풍요로움을 크게 감소시킨다. 사실 (생각하는 것을 포함하여) 한 번에 한 가지 일만 하려고 하는 것은 고역이다. 그리고 정신적 능력에 가해지는 여러 요구가 항상 자발적이고 의식적인 선택의 결과는 아니다. 세 번째이자 아마도 가장 중요한 요인은 몰입의 부족이다. 항상 삶을 지켜보고 이야기할 수만은 없다. 우리는 삶 속에 들어가 있어야 하기 때문이다.

삶을 온전히 경험하는 데 방해가 되는 핵심 장애물인 하향식 성향, 정신적 과부하 그리고 몰입 부족에 대해 다시 생각해보자. 이 장애물을 제거하기 위해 할 수 있는 가장 좋은 방법은 마음 챙김 명상이다. 그러나 분명 더 많은 무언가가 있을 것이다. 마음 챙김은 외부 세계와 내부 세계에 대한 우리의 반응을 통합한다. 편견, 판단 그리고 세상을 요구하게 만드는 기질과 다른 하향식 영향을 감소시킨다. 그리고 우리가 현재에 집중하도록 돕는다. 불교의 '공(空)'이라는 개념은 텅 비어 있다는 의미가 아니라 왜곡이 없는 정신을 의미한다. 몰입과는 또 다른 의미다.

결국 마음챙김을 이해한다는 것은 곧, 생각이 우리의 경험의 질에 어떤 영향을 미치는지를 이해하는 것이다. 마음 챙김 그 자체가 우리를 행복하게 만들지는 않는다. 다만, 좋든 나쁘든 지금 이 순간 벌어지고 있는 일을 있는 그대로 인식할 수 있게 해주며, 삶을 삶 그대로 경험할 수 있게 해준다.

행복 재연

몇 년 전, 나는 리우데자네이루에서 열린 컴퓨터 비전 관련 학회에 초청받아 강연을 하게 되었다. 어느 저녁, 주최 측은 우리를 플라멩구와 바스쿠 다 가마의 경기가 열리는 마라카낭 경기장으로 데려갔다. 나는 축구 팬은 아니지만 여기는 브라질이고 축구경기장이 마라카낭이지 않은가. 무슨 말을 더 할 수 있겠는가? 경기장 분위기는 그야말로 흥분의 도가니였다. 경기가 끝나고 나오는 길에, 웃통을 벗고 노래하며 춤을 추는 한 팬을 보았다. 취한 듯한 그 표정에는 순수한 행복 그 자체가 서려 있었다. 마치 우리 세계가 아니라 완전히 다른 세계에 있는 사람처럼 보였다. 캐나다에서 온 동료 스벤이 나를 보며 말했다. "모세, 너도 저 사람만큼 행복해지려면 뭘 해야 할까?" 안타깝게도 아무런 대답이 떠오르지 않았다. 슈퍼볼 XLIX에서 종료 2초 전 말콤 버틀러가 인터셉트를 할 때 정도였을까? 그 외 몇몇 경우를 제외하면 순수한 도취와 열광에 가까운 행복을 느낀 기억은 거의 없었다. 행복했던 순간들은 물론 많았다. 그러나 이렇게 온전히 방해받지 않고 몰입하는 행복감은 성인이 되면 좀처럼 경험하지 못하게 된다.

열다섯 번째 생일을 맞은 딸이 이번에는 미학과 뇌에 관한 학회에 함께 참석하게 되었다. 장소는 프랑크푸르트였고 내가 딸에게 줄 생일 선물 중 하나는 해리 스타일스 콘서트에 함께 가는 것이었다. 나와 함께한 15000명의 십 대 소녀들은 한껏 들떠 있었다. 군중과 주변의 행동이 무척 흥미진진했다. 인간 본성에 관심이 있는 신경과학자의 눈에 그곳은 십 대들의 세계와 진정한 행복이 어우러진 거대한 페트리 접시처럼 보였다. 나는 아이들을 관찰했다. 표정, 몸짓, 대화 그리고 해리 스타일스에 대한 설렘과 멈추지 않는 기대를 확인할 수 있었다. 이렇게 거대한 환희에 휩싸인 적이 없었다. 대기 시간부터 공연이 끝날 때까지 공기 속에는 엄청난 행복감과 해방감이 가득했다. 해리 스타일스와 같은 거물 스타가 가져다주는 정신 건강과 삶의 활력을 생각하면서, 그가 사회의 명예로운 자리를 차지할 자격이 있다고 확신하게 되었다(분명히 스타일스는 한 달 전쯤 자신이 양성애자라고 밝혔다. 그 발언은 수천 명의 혼란스러운 10대들을 해방시켰다. 이제 그들은 무지개 깃발로 온몸을 덮고 공연장에 올 수 있었고, 자랑스럽고 자유로운 감정 속에 있었다. 재능 있는 우상의 행동 덕분에 십 대들은 고통도 줄고 돈, 상담 치료사들과의 시간을 절약할 수 있을 것이다.)

그러나 나는 개인의 기쁨에 초점을 맞추고 싶다. 자리에 앉을 때부터 두 소녀를 지켜보고 있었는데, 이들이 해리 스타일스를 진정으로 보고 싶어 했음을 알 수 있었다. 둘은 너무나 행복에 젖어 서로를 바라보았다. 나이 든 어른들에게서는 찾아볼 수 없는 표정이었다. 그 어떤 돈도, 그 어떤 성취도, 심지어 노벨상 수상 전화를 받는 순간조차도 이렇게 강렬하고 행복한 표정을 이끌어낼 수는 없었으리라. 소녀들의 표정이 콘서트가 진행되는 동안은 물론 그 뒤에도 한동안 머릿속에서 떠나지 않았다. 그 순진하고, 해맑고, 진정으로 행복한 표정.

그런데 내가 '순수한'이라는 단어를 선택한 데에는 문제가 있다. 어째서 어린아이 같고 순수한 사람들만이 그렇게 극도로 행복할 수 있을까? 어떻게 우리는 하위 수준의 행복을 운명으로 받아들이게 되었을까? 과거에 느꼈던 극도의 행복을 오늘날에도 매일같이 다시 느끼고자 하는 바람이 비현실적인 욕망으로 치부되어서는 안 된다.

행복은 점점 더 손에 잡히지 않는 목표가 되어가고 있다. 하버드 대학교 그리고 나중에 예일 대학교에서도 가장 많은 학생들이 몰린 강의 주제는 단연 '행복'이었다. 우리는 행복을 약속하는 모든 것에 약한 존재다. 행복은 분명히 인류가 끊임없이 추구해온 주제이기도 하다. 인간은 불행한 종족이므로, 상황을 더 낫게 만들 방법을 필사적으로 찾는다. 그러니 지금 이 글에서 말하듯, 극도의 행복을 요구하는 것은 어쩌면 욕심, 또는 망상처럼 보일지도 모른다. 그러나 나는 우리 모두가 한 번쯤은 물어봐야 한다고 생각한다. 나이가 들수록, 그 극도의 행복은 대체 어디로 사라졌는가?

  행복은 우리 존재의 중심이지만 행복에 대한 과학적 정의는 없다. 심지어 기분이라는 단어조차도 관련해 뚜렷한 정의가 없다. 그러나 지금까지 살펴본 바에 따르면 생각하는 방식이 느낌에 영향을 미치고, 우리가 느끼는 방식이 생각에 영향을 미친다는 점이다. 정신 활동이 곧 우리의 존재 상태를 결정한다. 내 행복의 책임이 내 뇌에 있다는 사실은 나에게 위안을 준다.

12장. 상황에 맞는 최적의 정신

지금 당신은 명상실에서 작은 방석과 양탄자 위에 조용히 앉아 있다. 30~40명의 사람들과 함께다. 45분 동안 호흡에 집중하면 모든 것이 편해진다. 깊은 생각에 잠겨 있거나, 눈을 감고 자기 생각을 관찰하는 상태다. 멀리서 새가 지저귀는 소리가 들리고 구름 위에 있는 듯 느껴진다. 거의 정오가 다 되어가지만 시간 감각이 전혀 없다. 아침 6시부터 이 과정을 반복해왔고, 어느덧 또 하나의 세션이 끝나갈 무렵이다. 갑자기 티베트의 사발 징 소리가 들린다. 시끄럽지 않으나 단호하다. 명상 시간이 끝났다. 순식간에 몸과 마음이 완전히 바뀐다. 뇌는 즉각 눈앞에 있는 다음 일들로 채워진다. 문 밖에 벗어둔 신발과 물병을 챙기고, 식당에 달려가 음식이 떨어지기 전에 도착해야 한다는 생각이 앞선다(그렇다, 나는 아직 '깨달음'과는 거리가 멀다…). 근육이 긴장되고 정신은 확실히 더는 구름 위에 있지 않다. 단 1초 만에 우리의 존재는 내면에서 외부로, 지금에서 다음으로, 수동에서 능동으로, 완전히 한꺼번에 전면적으로.

어느 늦은 밤 모스크바로 가족 여행을 할 때(통찰은 늘 예상치 못한 순간에 찾아오는 법이니까), 나는 지금까지 다뤄왔던 모든 발견들에 대해 곰곰이 생각했다. 마음 방황, 예측과 인식, 마음 챙김, 새로움에 대한 매력, 폭넓은 연상적 사고, 기분 그리고 몰입을 떠올린다. 그 순간, 이 모든 요소가 서로 연결되어 있으며, 함께 작용해 마음 상태를 만들어낸다는 사실이 선명히 떠올랐다. 이들은 하나의 묶음처럼 함께 움직이며 서로 반대되는 두 심리 상태 사이의 스펙트럼에 따라 변화한다.

정신의 전반적 상태

우리는 다양한 시나리오와 수많은 상황에 맞게 적응된 역동적이고 다재다능한 유기체다. 직관과는 달리, 정신은 고정된 것이 아니다. 동공이 주변의 빛의 양에 따라 최적의 크기로 조절되듯, 정신 전체도 주어진 과제와 맥락에 따라 바뀔 수 있다.

'마음 상태State of mind'는 단순히 하나의 비유적 표현이 아니라, 포괄적이고 역동적인 상태를 의미한다. 마음 상태가 바낄 수 있는 다음과 같은 차원에 대해 생각해보자. 우리는 고도로 창의적이고 광범위하게 연상적일 수 있지만, 좁게 생각하고 강하게 집중할 수도 있다. 주변 세계의 전체적인 속성('숲')에 주목할 수도 있고, 세부적인 요소('나무')에 집중할 수도 있다. 지각은 상향식 정보나 하향식 예측과 편견에 따라 영향을 받을 수 있다. 기분은 긍정적(들뜸에서 조증까지)일 수도 있고, 부정적(침체에서 우울까지)일 수도 있다. 지금 이 순간에 머무를 수도 있고(마음 챙김 명상에서처럼) 과거나 미래로 정신적 시간 여행을 떠날 수도 있다. 자기 자신에 대한 주제에 몰두할 수도 있고, 외부 세계에 더 집중할 수도 있다. 새로운 것을 배우고 경험하고 불확실성을 감내하려는 동기에서는 새로운 것을 탐색하는 탐구적 태도를 취할 수도 있고, 익숙한 것을 반복하는 활용적 태도를 취할 수도 있다. 이러한 모든 차원은 연속적인 스펙트럼에 걸쳐 있으며, 정신은 극단에 머무르기보다는 그 사이를 끊임없이 오간다. 이 점은 인간의 정신을 이해할 때 반드시 고려되어야 한다.

노아 헤르츠Noa Herz와 함께 개발한 새로운 마음 상태 프레임워크의 핵심 메시지는 두 가지다. 첫째, 마음 상태는 역동적이다. 둘째, 그 마음 상태는 포괄적으로 작동한다. 인식, 관심, 주의, 생각, 개방성 및 영향과 같은 모든 측면이 마음 상태의 변화에 따라 조정되고 함께 움직인다.[01] 이와 같이 여러 마음 상태는 다양한 편견과 성향을 수반하며 인식, 주의, 인지, 사고, 기분, 행동에 실질적이고 보편적인 영향을 미칠 수 있다. 마음 상태는 말 그대로 상황과 우리 존재에 대한 주관적인 경험과 감각을 변화시킬 수 있다. 뇌가 상황의 요구에 맞춰 다양한 정신 과정을 정렬하고 동기화하는 '상태'를 가질 수 있다는 사실은 매우 흥미로우면서도 중요하다. 마치 정신 전체에 거대한 망이 드리은 듯 우리 뇌는 현재 상황의 요구에 따라 서로 다른 정신 과정을 조정할 수 있다.

예를 들어 만약 누군가가 창의적 사고의 한가운데 있다면 연상적 사고의 폭이 넓고, 마음 방황 역시 다양한 주제를 넘나들며 자유롭게 펼쳐질 것이다. 긍정적인 기분으로 세상을 보다 전체적으로, 상향식이고 탐색적인 방식으로 지각하고 주의를 기울일 것이다. 또한, 새로운 것에 대한 민감성도 더 높아진다. 나는 이러한 상태를 '넓게 열린 마음 상태'라고 한다. 대조적으로 만약 기억에 의존해 어떤 과업을 해결하는 데 집중하고 있다면, 더욱 제한된 범위의 정보를 고려하고, 일상과 루틴을 선호하며, 사고는 보다 고정적이고 전형적인 방식으로 흐르고 새로움과 불확실성을 회피하게 될 것이다. 마음이 방황하더라도 좁고 제한된 주제 내에서만 이루어질 것이다. '좁고 닫힌 마음 상태'다.

마음 상태라는 개념에 수반되는 한 가지 덜 직관적인 측면은 미래에 대한 정보를 내포한다는 점이다. 일반적으로 우리가 자연 현상을 측정할 때, 아무리 정교한 측정 도구를 활용한다 해도 그 측정값은 대부분 '지금 현재의 상태'에 관한 정보다. 예컨대 방의 현재 온도, 전구의 광도, 자주 마시는 커피의 설탕 함량 등을 정확히 알 수 있다. 이런 정보들은 유용하다. 때로는 과거 상태에 대한 정보도 포함되곤 한다. 심전도(EKG)는 과거의 심장 활동에 대한 정보를 제공하고, 밤하늘에서 바라보는 별빛은 수십만 광년 전, 이미 사라졌을지도 모를 별에서 방출된 것이다. 심지어 일몰을 바라보는 것조차 사실은 몇 분 전 일어난 풍경을 감지하고 있는 셈이다. 그러나 마음 상태에는 미래에 대한 정보도 포함되어 있다. 현재 상태는 당신이 앞으로 어떤 자극을 받았을 때 어떻게 반응하고, 어떤 감정을 느끼며, 어떤 행동을 취할지를 예측할 수 있는 단서가 된다. 마치 현재 상황을 보고 앞으로의 증시 실적을 예상할 수 있는 것 같다. 완벽하게 마음을 측정할 수 있는 도구가 있다면, 예를 들어 현재 '열려 있고 광범위한 상태'라면 미래 문제를 해결할 때 더 창의적일 가능성이 높고 모험을 감수할 확률도 더 높을 것이다. 현재 상태로 미래 모습을 예측하는 것이다.

마음 상태는 성향, 태도, 행동, 성과에도 분명히 영향을 미치는 성격 특성과는 다르다. 참을성이 없는 사람은 오랜 시간 동안 집중할 가능성이 낮고, 5대 성격 척도 가운데 '경험에 대한 개방성'이 높게 평가된 사람은 활용적이고 안전한 행동보다 탐구적인 행동을 보일 가능성이 더 높다. 성격을 봉투라고 한다면 마음 상태를 이 봉투 안에서 일어나는 일시적 변동이라고 할 수 있다. 마음 상태는 더 일시적이고 덜 지속적이지만, 똑같이 영향력이 있다. 예를 들어 기분에 대해 생각해보자. 현재 행복하거나 슬픈지에 따라 현재의 주의력과 기억력 등의 능력이 즉각적으로 달라진다. 마찬가지로 펜과 종이를 찾기 전에 긴 숫자의 문자열을 암기해야 할 때 또는 단순히 생각이 많을 때 등 작업 기억에 정보가 가득 차 있다면 창의성이 떨어지고, 탐색보다는 익숙한 방식에 의존하려는 경향이 커진다. 결과적으로 이는 새로운 자극을 얼마나 잘 포착할 수 있을지, 결정을 내릴 때 어느 정도 위험을 감수할지까지도 좌우하게 된다.

산악가면서 작가인 윌리엄 허치슨 머레이는 괴테의 《파우스트》를 번역한 존 앤스터에게서 영감을 받아 이렇게 썼다. "당신이 할 수 있는 것이나 꿈꾸는 것이 있다면 지금 시작하라. 대담함 안에는 천재성, 힘 그리고 마법이 있다. 당장 시작하라."[02] 나는 이 인용구를 좋아한다. 이렇게 강력한 문장은 사람을 행동하게 만들고 결단력을 심어주며 마음 상태를 완전히 바꿔버릴 수 있다. 말은 우리를 A 상태에서 B 상태로 데려간다. 실제로 마음 상태는 다양한 계기로 인해 바뀔 수 있고 이는 우리가 얼마나 적응력 있고 역동적인 존재인지를 보여준다.

당신이 팀 관리자이고 그룹과 함께 브레인스토밍 세션을 열기로 되어 있다고 가정해보자. 큰 문제가 발생해서 진정으로 창의적인 해결책이 필요하다. 이 문제가 당신을 몇 주 동안 괴롭힌다. 집단적인 해싱(데이터를 찾아내는 한 방법-옮긴이)이 해결의 실마리가 될 수 있다. 문제는 어떻게 하면 사람들이 진정으로 창의력을 발휘하게 할 수 있을까 하는 것이다.

회의에 들어가기 전 팀원들의 마음 상태를 고민하는가? 당연히 그래야 한다. 아마도 '이제 집중하자'는 생각으로 잡담

없이 도넛이나 피자도 치우고 진지한 문제 해결 모드로 몰아가야 한다고 여길 수 있다. 하지만 다시 생각해보자. 기분이 좋은 사람일수록 창의적이고, 참신한 통찰이 필요한 문제를 더 잘 해결한다는 점을 이미 살펴보았다. 행복할 때 사고는 넓고 자유롭게 연상되는 방식으로 전환된다. 그러니 팀원들의 기분을 띄워주는 것이 훨씬 낫다. 회의가 재미있을 것이라는 기분을 갖게 해야 한다. 〈몬티 파이선Monty Python〉의 영화 일부나 엉뚱하게 웃긴 고양이 영상을 보여주는 것도 좋은 방법이다. 예상치 못한 웃음이 분위기를 부드럽게 만든다. 그렇게 웃게 만든 뒤 자연스럽게 문제를 던져라. 이는 일상 속에서 적용할 수 있는 아주 단순한 예일 뿐이다. 핵심은 마음 상태를 의식적으로 조율하고, 각 순간에 가장 적합하게 맞추는 것이다.

몰입 상태를 다시 살펴보자. 이번에는 마음 상태 전체를 아우르는 프레임 속에서 생각해본다. 몰입은 탐색적 상태의 극단에 해당하며, 기억이나 익숙한 연상, 기대 같은 하향식 부과가 없는, 전적으로 상향식 수용이다. 반대편 극단은 완전한 활용 상태인데, 그런 상태가 과연 가능하다면 외부 자극에 반응하는 뉴런 하나 없이 오직 내면의 정보와 감각만 처리될 것이다. 나는 그런 상태를 유도할 수 있는지 알고 싶었다. 그래서 내 연구실에서는 현재 감각 차단 탱크를 구비하려 한다. 피부 온도의 물속에 떠 있고, 빛도 소리도 외부 자극도 없는 완전한 어둠 속에서 사람을 띄워두는 장치다.

이런 통합적인 마음 상태 개념이 떠오른 이후, 어째서 지금까지 당연하게 받아들여지지 않았는지 의아했다. 그러나 뇌 연구가 워낙 분절되어 있기 때문에 이런 식으로 떠오를 수밖에 없었다. 학생일 때는 지각, 주의, 기억, 기분 등이 각각 독립된 연구 분야로 구분되어 배우게 된다. 연구자로서도 대부분은 한 분야에 특화되기에 서로 간 연결을 인식하기 어렵다. 그러나 나는 본래 전문 분야를 넘어 다양한 연구 결과에 관심을 갖고 실험실에서 이들을 넘나들며 탐색했기 때문에, 마침내 그 모든 점이 하나의 그림으로 연결되었다. 이처럼 각 요소가 하나의 명료한 틀로 연결되는 것을 보게 되었을 때 느낀 흥분은 지금까지 내게 가장 강렬한 발견이었다. 단지 과학적 퍼즐을 푸는 즐거움 때문만이 아니라, 이 통찰이 실제 일상에 즉시 도움이 될 수 있다는 사실이 분명했기 때문이다. 이 연속체에 대한 이해는 우리 스스로가 마음을 의도적으로 어느 방향으로든 이끌 수 있도록 안내해준다.

탐색 대 활용

아이들과 함께 보스턴에 있는 과학박물관에 가면 점심 때 구내식당에 가곤 했다. 나는 아이들을 입구 가까운 자리에 앉히고 인간 정신의 독특한 면을 보여주기를 좋아했다. 식당에 들어오는 사람들은 우리 접시를 쳐다보았고, 나가는 사람들은 우리 얼굴을 응시했다. 명확하게 대비되는 두 가지 마음 상태를 보여주는 사례다. 음식 정보를 탐색하려는 욕구와 사회적 정보를 탐색하려는 욕구. 인간은 생존을 넘어서 보상을 극대화하려는 존재다. 보상이 많을수록 기쁨도 크다. 무엇을 보상으로 느끼는지는 현재 마음 상태에 따라 달라진다. 어떤 때는 음식, 어떤 때는 성적인 만족, 또 어떤 때는 학습이나 익숙한 일상에서 보상을 얻는다. 흥미롭게도 기본적인 인식조차 마음 상태에 달려 있다. 우리는 주관적으로 세상을 언제나 동일하게, 연속적으로, 균질하게 인지한다고 느낀다. 그러나 실상 우리의 지각은 수많은 영향을 받아 조정되고, 제약받고, 왜곡되며 이루어진다.

우리의 필요, 목표, 의도는 주변 장면에서 감각을 통해 수집하는 정보를 좌우하는 강력한 동력이다. 버스를 놓치지 않기 위해 급히 뛰어가고 있다면 길가의 건축미를 알아차릴 가능성은 낮다. 누군가의 아름다운 얼굴에 집중하고 있다면 나중에 그 사람이 입고 있던 셔츠 색깔을 기억하기 어려울 수 있다. 숲의 전경을 감상하고 있을 때는 개별 나무의 변화는 잘 눈에 들어오지 않는다. 실제로 우리가 환경을 바라보는 시야의 폭은 수행 중인 과제, 상황, 심지어 기분 같은 요소에 따라 달라지는 것으로 나타났다.

만약 마음 상태가 행동과 인식에 직접적으로 영향을 미친다면 사람들은 그 강력한 마음 상태를 결정하는 것이 무엇인지 알고 싶을 것이다. 목표와 의도를 넘어서 마음 상태를 확립하는 한 가지 힘은 탐색과 활용 사이의 흥미로운 긴장이다. 여러 측면에서 이 두 극단은 불확실성에 대한 수용도에서 큰 차이를 보인다.

일상에서 우리는 '탐색'과 '활용'이라는 두 극단 사이에서 건강한 균형을 유지하며 살아간다. 두 가지 모두 필요하다. 어느 정도 탐색적이지 않다면 배우고 성장할 수 없고, 반대로 필요한 순간에 익숙한 것의 확실성을 활용하지 못한다면 생존 자체가 어려워진다. 탐색과 활용 각각을 뒷받침하는 신경 기반, 그리고 이 두 상태를 오가게 만드는 신경전달물질과 관련 메커니즘에 대한 연구는 현재 활발히 진행되고 있으며 점차 그 실체가 드러나고 있다. 이러한 지식은 궁극적으로 일상생활에 중요한 영향을 미치게 될 것이다. 피질 구조에 대한 이해를 넘어, 각자가 현재 탐색-활용 스펙트럼의 어디에 위치해 있는지를 인식하고, 때로는 그에 따라 활동을 조절하는 것이 중요하다. 예를 들어, 정밀한 예산표를 정리해야 할 때는 보다 '활용' 모드에 가까운 상태가 더 적합하다. 반면 새 회사 이름을 창의적으로 짓고자 할 때는 '탐색' 모드가 더 효과적일 수 있다.

이러한 마음 상태와 그 사이의 긴장은 단지 외부 세계와의 상호작용을 이끄는 데 그치지 않고, 내면의 정신생활에도 적용된다. 마음의 안과 밖이 실질적으로는 구분되지 않는다는 연구 결과와 불교 사상은 이를 명확히 뒷받침한다. 스즈키 슌류가 탁월한 저서 《선의 마음, 초심자의 마음Zen Mind, Beginner's Mind》에서 말했듯이 경계는 내부 세계와 외부 세계 사이의 벽이라기보다는 회전문에 가깝다. 좀 더 과학적인 관점에서 보면 외부 세계가 내부 세계에서 인식되고 표현되고 존재하기 때문에, 이 세계들은 분리되지 않는다. 우리가 외부 세계에 대해 가지는 태도처럼, 내부적 사고의 방식 역시 넓고 열린 탐색적 상태에서 좁고 닫힌 활용적 상태로 바뀔 수 있다.

특정 생각이나 문제에 초점을 맞출 수도 있고, 한 주제에서 다른 주제로 연상적으로 이동할 수도 있다. 집중이 필요한 과제를 수행하지 않을 때, 즉 마음이 방황하는 상태일 때, 뇌는 주로 '만약에'라는 가상 시나리오들을 시뮬레이션하고 계획한다. 이러한 시뮬레이션은 미래 상황에 대비하는 데 도움이 되는 행동 스크립트로 이어지며, 탐색적인 사고 패턴일수록 더 넓고 강렬한 시뮬레이션을 만들어낸다. 탐색 정신은 창조적인 정신이지만 우리에게 필요한 유일한 정신은 아니다. 집중해야 할 때는 마음을 외부 자극으로부터 닫아야 하며, 반대로 예상하지 못한 새로움을 받아들여야 할 때는 마음을 열어야 한다. 집중하는 정신과 열린 정신은 미묘하게 균형을 이룬다. 루이 파스퇴르는 준비된 정신에 기회가 온다고 말했다. 이때 우연한 발견을 가장 잘 포착할 수 있는 정신은 탐색 정신이지만 그 발견을 실제 성과로 이어가도록 추구하고 발전시키는 데 필요한 정신은 활용 정신이다.

더 많은 연구가 필요하다. 이 중요한 긴장, 탐색과 활용 사이의 균형을 어떻게 조절해야 성과와 웰빙을 최적화할 수 있을지에 대한 해답은 아직 명확하지 않다. 그러나 이러한 인지적 긴장은 단지 일상 활동의 효율성에만 영향을 주는 것이 아니다. 흔히 접하는 정신 질환과도 깊은 관련이 있으며, 여기서는 대표적인 두 가지를 언급할 수 있다.

앞에서 언급한 바와 같이 우울증이나 불안감과 같은 대부분의 기분 장애 유형의 특징은 반추적 사고 패턴이라는 점이다. 반추는 주기적이고 좁은 주제로 제한되며 멈추기가 어렵다. 창의적이고 생산적이려면 정신이 광범위하게 연상되어야 하지만, 우울하고 불안한 정신은 대체로 그 반대다. 이처럼 심각한 우울증과 불안장애가 있는 사람은 정신 활동의 대부분을 활용 모드에서 보낸다. 반추는 자원을 요구하는 작업과 같아서 정신을 무겁게 하고 피폐하게 만든다.

이 스펙트럼의 반대편 끝에는 환경의 거의 모든 것을 인지하지만 어떤 대상에도 오래 머무르지 못하는 ADHD 성향의 사람이 있다. 머무르는 능력이 보완되면 더 나은 집중과 생산성을 가질 수 있다. 반면, 반추적 사고 성향을 지닌 사람은 사고 확장을 통해 기분을 완화할 수 있다. 현재 우리 연구실에서는 탐색과 활용 사이의 균형을 조절함으로써 기분을 개선하고 뇌 안의 긴장을 더 정밀하게 이해하려는 시도를 하고 있다. 삶의 질은 각기 다른 성향과 사고 방식의 강점을 이해함으로써 더 나아질 수 있다.

마음 상태의 구성 요소

마음 상태가 어떻게 형성되는지에 대해 완전하게 설명할 수 있는 단계에는 아직 이르지 못했지만, 이 주제를 이해할 때 설명의 수준이 서로 다르다는 점을 염두에 두는 것이 중요하다. 가장 낮은 수준에서는 분자, 특히 신호 전달에 관여하는 신경전달물질을 들여다볼 수 있고, 가장 높은 수준에서는 행동이나 정신적 사건과 같은 현상에 주목할 수 있다. 그 중간에는 뉴런, 회로, 생리적 활성 같은 중간 수준의 신경과학적 설명이 자리잡는다.

마음 상태를 결정하는 요인은 무엇일까? 맥락, 목표, 과거 경험 등 다양한 요소가 있다. 마음 상태는 비극적인 교통사고를 목격하거나 아주 좋은 소식을 듣는 것처럼 외부 요인에 따라 결정되기도 하고, 떠오르는 생각이나 신체 감각 같은 내부 상황에 따라 결정되기도 한다. 이 모든 상태를 설명할 수 있는 하나의 포괄적인 가설이 있다면, 바로 마음 상태가 뇌 안에서 일어나는 상향식 처리와 하향식 처리의 균형에 의해 결정된다는 점이다.

대뇌 피질 수준에서의 상향식 처리와 하향식 처리의 의미에 대해서는 앞서 자세히 설명했지만, 여기에서는 다시 직관적으로 다시 정리한다. 하향식 처리는 과거 경험, 기억, 맥락, 목표, 예측에 의존하는 것으로, 이러한 요소들이 고차 피질 영역에서 아래로 흘러 내려와 지각을 선행하고 형성한다. 이 고차 영역에는 축적된 지식이 저장되어 있다. 반면 상향식 처리는 환경으로부터 들어온 물리적 자극에 대한 감각의 직접적인 입력을 왜곡 없이 전달하며, 고차 피질의 개입 없이 감각 피질 수준에서 일어나는 반응이다. 대부분의 지각, 인지, 감정, 행동에서는 상향식과 하향식 처리 모두가 결합되어 작동하며 다양한 요인에 따라 이 두 영향의 상대적 비중이 달라진다.

그러나 두 극단을 고려하는 것이 유익하다. 뇌에서의 처리가 완전히 하향식으로만 이루어지고, 상향식 신호에는 전혀 비중이 부여되지 않는 경우는 언제일까? 꿈을 꾸는 상태가 한 가지 예다. 이때는 감각 입력이 없으므로 상향식 영향이 없다. (물론 예외는 항상 존재한다.) 몽상 역시 하향식에 가깝지만 완전한 하향식은 아니다. 또 하나의 예는 심상이다. 눈을 감고 집 안의 가구 배치를 떠올리거나 친구가 파란 머리에 밝은 노란 옷을 입은 모습을 상상하라고 하면, 전적으로 상향식 정보 없이 하향식 처리에 의해서만 이루어진다. (흥미롭게도 심상 장애를 가진 사람들은, 우리 대부분이 종종 휩쓸리는 심

상 경험을 하지 않기 때문에 오히려 현재에 더 집중하며 마음이 떠다니는 경험이 적다고 보고된다.)[03]

반대 극단의 가장 좋은 예, 즉 상향식 처리만 있고 하향식 신호가 전혀 작용하지 않는 상태는 진정한 마음 챙김이다. 이론적으로, 충분한 연습을 거쳐 원하는 최고 수준의 완전한 마음 챙김 상태에 도달한 '성공적인' 명상에서는 하향식 처리가 꺼진다. 이것이 내가 명상 수행을 바라보는 방식이다. 시간을 초월해 다른 곳으로 이끄는 하향식 처리의 개입을 줄임으로써 현재 순간을 더 잘 인식하도록 돕는 것이다. 명상은 우리를 앞에 있는 나무 위의 새를 아무런 방해나 걱정, 목표, 판단, 기대 없이 온전히 바라보는 경험으로 이끈다.

하향식 정보가 얼마나 고려되고 상향식 정보가 얼마나 반영되는지가 바로 그 순간 마음 상태를 결정한다. 주변 환경을 넓고 열린 스포트라이트처럼 인식할지 아니면 좁은 투시공처럼 좁게 인식할지, 익숙한 것을 고수할지 새로운 것에 도전할지, 넓은 연상으로 창의적으로 사고할지 한 주제에 갇혀 반추할지, 기쁨을 느낄지 우울할지 등 이 모든 것은 뇌 안에서 상향식과 하향식 처리 사이의 현재 균형에 따라 달라진다. 감각으로 들어오는 정보에 더 많은 비중을 두느냐, 아니면 뇌의 상위 영역에서 흘러내리는 정보에 더 많은 무게를 두느냐에 따라 인식과 사고, 감정이 동시에 달라진다. 그러나 이러한 표현이 우리에게 마음 상태를 완전히 통제할 수 있다는 착각을 주어서는 안 된다. 마음 상태는 대부분 자동으로 작동하며 의식이나 자발적 통제의 범위를 벗어나 있고, 외부 자극이나 내부 신호, 생각에 의해 쉽게 유발된다. 그런데도 우리는 어느 정도 마음 상태에 영향을 미칠 수 있으며, 이를 이해함으로써 상태에 대한 주도권을 조금 더 확보할 수 있다.

마음 상태 바꾸기

마음 상태는 운명이 아니다. 의도적이든 아니든 변할 수 있다. 여러 면에서 마음 상태의 변화는 관점바꾸기reframing라는 심리학 개념과 유사하다. 같은 상황을 다른 방식으로 볼 수 있으며, 상황을 선택(또는 수용)하는 방식이 전체 태도에 영향을 미칠 수 있다. 한 가지 예를 들어보자. 새로운 사람을 만날 때 그 사람이 당신을 채용 면접 보는 사람인지, 당신이 그 사람을 면접하는 입장인지, 또는 첫 데이트 상대인지에 따라 느낌과 행동이 얼마나 달라질지를 상상해보라. 마음 상태는 행동뿐 아니라 지각에도 영향을 미칠 수 있다. 시간이 흐르는 것 같은 기본적인 지각조차도 지루하거나 고통스러울 때는 느리게, 들뜨고 즐거울 때는 빠르게 느껴진다. 물론 실제 시간은 늘 동일하게 흐르지만 말이다.

마치 실험실에서 유도하는 것처럼 마음 상태는 때때로 자발적으로 바뀌기도 한다. 기분, 생각의 폭, 관심의 범위, 전체적인 인식 대 국소적인 인식, 탐구적 또는 활용적 태도 등을 바꿀 수 있다. 중요한 점은 이러한 다양한 차원들이 서로 연결되어 있다는 것이다. 한 요소가 바뀌면 나머지도 함께 바뀐다. 기분을 좋게 만들면 사고는 더 넓고 연상적으로 펼쳐지며, 환경을 더 전체적으로 지각하게 되고 주의 범위도 넓어지며 불확실성에 대한 수용력도 높아진다. 반대로 사고를 더 폭넓고 연상적으로 만들면 기분도 나아진다. 이처럼 마음 상태의 요소들은 서로 얽혀 있어서, 어떤 하나의 속성을 직접적으로 바꾸기 어려울 때 그와 연결된 다른 속성을 통해 간접적으로 접근할 수 있다. 같은 마음 상태에 도달할 수 있는 진입로가 여러 개 있다는 뜻이다. 누군가에게 갑자기 창의적으로 생각하라고 지시할 수는 없지만, 그의 기분을 개선하면 연상적 사고와 창의성도 자연스럽게 향상될 수 있다.

마음 상태를 측정하는 방법에 익숙해지면 상태별 활동을

최적화하는 데 도움이 될 수 있다. 다른 예를 들어보자. 나는 전날 잠을 설치면 낮에 짜증을 잘 내고 신경질적이 된다는 사실을 알고 있다. 그런 상태를 인식하면, 사람들과의 상호작용을 최소화하고 이메일 작성도 줄이자고 스스로에게 명확히 말한다. 마치 가게에서 기분 좋은 음악이 흘러나올 때, 그 음악 때문에 덜 억제된 상태로 더 많은 물건을 구매하지 않도록 조심하는 것과 같다. 마음 상태와 그 조작 또한 더 나은 성과를 위해 활용될 수 있다. 기분이 좋을 때는 가만히 앉아 있기 힘들어서 세금 신고 같은 일을 하기에 가장 좋은 상태는 아니다(언제가 좋겠냐마는). 또한 이런 상태에서는 더 위험한 결정을 내릴 가능성이 높다는 것도 알아두는 게 좋다. 그러나 문제에 대한 비전통적인 해결책을 떠올리기에는 이보다 더 좋은 상태는 없다. 하루 중 가장 집중하기 좋은 시간이 아침인 것과 마찬가지로 불안감 없이 새로운 영역을 탐구하기 위한 가장 좋은 상태는 연상적 사고가 넓게 작동하는 마음 상태다.

마음 상태와 관련해 흥미로운 점 하나는 기억과 정신적 시뮬레이션의 한계다. 어떤 상태에서는 다른 상태를 상상하는 능력이 놀랄 만큼 제한된다. 예를 들어 우울증에 빠진 사람은 자신이 비참하다고 느끼며 나아질 수 있다는 상상을 거의 하지 못한다. 어제는 기분이 어땠는지 떠올려보라고 하면, 그저 막연할 뿐이다. 우울한 마음 상태는 전체적으로 퍼져 있어서 다른 상태의 기억을 압도한다. 미래에 기분이 좋아질 수도 있다는 상상조차 할 수 없게 만든다. 반대의 경우도 마찬가지다. 맑은 날 아침에 눈을 떠서 어젯밤 한 시간 넘게 사소한 일로 고민하며 뒤척였던 걸 떠올리면, 도무지 왜 그런 걱정에 휘둘렸는지 이해할 수 없다. 그러나 그 안에 있을 때는 모든 게 실제처럼 느껴지고 무겁고 진지하다. 하지만 벗어나고 나면 그 감정의 무게를 다시 느낄 수 없다.

우리가 어떤 감정을 다시 느끼거나, 적어도 다시 느껴보려 해도 잘 되지 않는 이유는 일상 경험과 웰빙에 있어 더 근본적인 문제를 설명해준다. 불교의 가르침에서는 늘 현재에 집중하고 지금 이 순간을 경험하라고 말하며, 과거에 머무는 것은 좋지 않다고 강조한다. 과거는 기억일 뿐이며 기억은 경험이 아니다. 과거의 경험을 떠올릴 때 활성화하는 것은 실제 경험 자체가 아니라, 그 경험에 대한 기억이다. 그 안에는 당시 느꼈던 감각이나 감정의 깊이가 대부분 결여되어 있다. 기억은 얕고 낡은 복사본일 뿐이다. 과거를 되살리려 해도 당시의 감정을 다시 느끼지 못하는 이유 중 하나는, 과거의 감정과 지금의 감정이 충돌하기 때문이다. 기억된 감정과 현재의 감정은 동시에 공존할 수 없다. 둘 다 같은 뇌의 영역을 요구하고 경쟁하기 때문이다. 인식의 영역에는 양면 도형이나 양면 인식이라는 개념이 있다. 예를 들어 유명한 '노파와 아가씨' 착시 그림처럼, 우리는 한 번에 오직 하나의 해석만 유지할 수 있다. 노파를 보거나 아가씨를 본다. 인식은 왔다 갔다 할 수 있지만 둘을 동시에 보는 건 불가능하다. 이처럼 마음 상태도 동시에 두 가지를 유지하기가 어렵다. 우리는 '여기'에 있거나 '거기'에 있는 것이지 두 가지를 동시에 경험할 수는 없다. 현재감정과 상태는 언제나 우위를 점하고, 기억 속 감정은 흐릿한 그림처럼 덜 선명하고 덜 생생한 형태로만 존재하게 된다.

서로 모순되는 두 가지 관점을 하나의 마음속에 동시에 품으려는 욕구와 그 한계는 다른 곳에서도 나타난다. 블레즈 파스칼은 《팡세Pensées》에서 인간은 자신이 나온 무(無)도, 자신을 둘러싼 무한도 제대로 볼 수 없다고 말했다. 아주 어린 부모 밑에서 성장한 것은 모순으로 가득 찬 축복이었다. 어떤 때는 내가 세상에서 원하는 건 무엇이든 해낼 수 있다고 느끼게 해주었고, 또 어떤 때는 나는 패배자이며 겸손을 배워야 한다고 일깨워주었다. 많이 혼란스러웠지만 결국 그 모순은 평생 유용한 도구가 되었다. 그리고 부모님도 모르는 사이에 이 신조는 이미 유대인 종교 모임인 하시디즘에서 설파된 것으로 밝혀졌다. 랍비인 부남은 제자들에게 개인별로 두 개의 쪽지를 주머니에 넣고 다니라고 말했다고 한다. 하나는 "세상은 나를 위해 창조되었다" 그리고 다른 하나에는 "나는 단지 흙과 재일 뿐이다"라고 적어야 한다고 강조했다.

분명히 둘 다 단독으로는 작동하지 못한다. 세상이 온전히 나를 위해 창조되었다고만 여기며 살 수도 없고, 언제나 자신을 '재와 흙'이라고만 생각하며 살아서도 안 된다. 그래서 이 두 가지 관점을 모두 지닌 채 살아가며 상황에 따라, 필요에 따라, 그 순간의 성향에 따라 어느 한 쪽에 더 기울게 된다. 그러나 언제나 두 쪽지를 함께 지니고 있으며, 마치 앞서 언급한 양면적인 착시 이미지처럼, 또는 서로 다른 마음 상태를 오가는 것과 같다.

넓고 열린 마음 상태 vs 좁고 닫힌 마음 상태

마음 상태는 일종의 '패키지 구성'이라는 점이 분명해진다. 창의적이고, 연상이 폭넓으며, 기분이 긍정적이고, 세상을 전체적으로 지각하고, 탐색적이며, 호기심이 많고, 스릴을 추구하며, 하향적 처리의 영향을 덜 받는 경향이 서로 얽혀 함께 나타난다. 이러한 상태를 넓고 열린 마음 상태라고 한다. 반대로 좁고 닫힌 마음 상태에서는 집중력이 높고, 연상이 제한되며, 세상의 국지적인 요소들에 더 분석적으로 주의를 기울이고, 익숙한 것을 활용하며, 기억에 의존하고, 새로움과 불확실성을 회피하는 경향이 강하다.

(DNA 구조를 발견한 공로로 제임스 왓슨과 노벨상을 공동 수상한 프랜시스 크릭이 "독서는 정신을 썩게 만든다"라고 말하는 것을 들은 적 있다. 저녁 식사를 함께하던 대부분의 사람들이 이 말에 당혹스러워했지만, 나는 즉시 공감했다. 새로운 연구 프로젝트를 시작할 때, 그 주제가 새로운 분야라면 기존 문헌을 일부러 읽지 않는다. 내 사고가 아직 형성되기도 전에 해당 분야에 이미 자리 잡은 오래된 틀에 의해 사고가 고정되는 것을 피하고 싶기 때문이다. 물론 나중에는 읽는다. 그러나 먼저 기존 생각에 영향을 받지 않은 채로 신선한 사고를 펼치고 싶다. 이 방식은 대체로 잘 작동해왔다. 다만 한 번, 내 사고가 이미 누군가에 의해 비슷한 방식으로

제기된 적이 있다는 사실을 나중에 발견한 경우가 있었는데, 예상치 못한 방향에서 온 것이었다. 바로 〈몬티 파이선〉의 리더이자 수많은 훌륭한 코미디와 지적인 작품들을 창조해낸 천재적인 인물, 존 클리즈였다. 영국의 TV 시트콤 〈폴티 타워즈Fawlty Towers〉를 보며 눈물 흘리며 웃던 나와 할아버지 사이의 유대감을 영원히 간직할 것이다. 비록 과학자는 아니지만, 나의 어린 시절 우상이었던 그가 이 주제에서도 놀라울 정도로 정확한 통찰을 보여준 것을 영광으로 생각한다.)

마음 상태가 극단적으로 다르면 관점 또한 극단적으로 달라진다. 예를 들어 불확실성을 생각해보자. 같은 불확실성이라도, 좁은 마음 상태에서는 불안으로 이어진다. 이 상태에서는 익숙한 것을 선호하는 탐색 종료 모드이기 때문이다. 반면, 넓은 마음 상태에서는 불확실성이 흥분을 불러일으킨다. 이때는 새로운 것을 탐색하고 있기 때문이다. 인도 바라나시에서 처음 보는 이름의 길거리 음식을 시도할 때 얼마나 설렜던가. 그런데 텔아비브나 보스턴의 식당에서 재료 대부분을 알지 못하는 요리를 주문하려면 망설이게 된다. 같은 상황도 마음 상태에 따라 경험이 완전히 달라진다.

마음 상태에는 좋고 나쁨이 없다. 넓은 마음 상태와 좁은 마음 상태는 서로 다른 정신적 초점을 가리키며, 각각의 상황에 따라 적합할 수 있고 아닐 수도 있다. 배움을 원하거나, 호기심을 느끼거나, 탐색하거나, 창의적인 활동을 하고 싶다면 넓은 상태가 적합하다. 반면, 어떤 목표를 달성하거나, 넓은 상태에서 떠오른 아이디어를 실제로 추진하고자 하거나, 집중하거나, 안전함과 확실성을 추구하고자 한다면 좁은 상태가 필요하다. 다행히 우리는 거의 언제나 이 극단 중 하나에만 머무는 일은 없다.

살아가면서 우리 정신은 이러한 극단적인 상태 사이의 스펙트럼을 따라 역동적으로 움직이며, 이 극단 상태의 스펙트럼상의 위치는 정신이 원하는 상황에 따라 달라진다. 이 마음 상태의 역동성에 관한 희소식은, 정신이 일반적으로 이 연속체를 따라 매우 유동적으로 움직이고 우리가 원하는 방식에 따라 다각도로 접근할 수 있다는 것이다. 실제로, 의도적으로 기분을 고양시키려면 좋아하는 음악을 틀어서 탐구적인 마음 상태에 더 다가갈 수 있다. 실험실에서 우리는 피험자에게 아래의 숫자(심리학자 데이비드 나본의 이름을 딴 '나본 그림 Navon figure(작은 숫자나 글자로 이루어진 그림-옮긴이)'만 보여주고, 작은 글자(H와 T)나 큰 글자의 전체 형태(F와 L)에 집중하도록 했을 때, 마음 상태가 좁아지거나 넓어지며 기분 또한 그에 따라 변화한다는 사실을 발견했다. 앞서 설명했듯 넓게 확장되거나 단지 좁게 연관된 단어들 목록으로 사고의 폭을 바꿀 수 있고 기분도 바꿀 수 있다. (짐작했겠지만 곧 이를 수행할 수 있는 앱이 출시될 예정이다.)

```
HHHHH        T
H            T
HHHHH        T
H            T
H            TTTTT
```

우리는 마음 상태가 얼마나 빨리 바뀔 수 있는지에 대해 경험해왔다. 명상 수련에서 나에게 가장 깊은 인상을 준 경험 중 하나는, 마음을 아주 깊은 마음 챙김 상태로 유지하려 애쓰고 있을 때조차도 뇌가 순식간에 그 상태에서 벗어나버린다는 점이었다. 그런 급격한 전환은 언제든 우리에게 일어날 수 있다. 친구와 한참 웃으며 즐거운 시간을 보내다가도, 마감이 지났는데 상사에게 보고서를 보내지 않았다는 사실이 문득 떠오를 수 있다. 좋아하는 프로그램을 보고 있던 중 끔찍했던 기억이 스쳐 지나가면서, 머릿속이 금세 그 생각에 사로잡혀 맴돌기 시작할 수도 있다. 종소리처럼 울리는 이메일 알림 하나가, 집중된 상태에서 우리를 끌어내어 사고의 곁가지들을 이어가는 연결망 속으로 데려갈 수 있다. 이런 유동성은 당혹스럽기도 하지만, 엄청난 선물이기도 하다.

나는 앞으로도 계속 이 마음 상태의 실현이 의미하는 바를 계속 탐구할 것이며, 더 많은 동료가 이 분야에 동참하기를 바란다. 사람들이 일상적인 어려움을 겪을 때 활용하도록 기존의 연구 결과를 공유하고자 한다. 나 역시 이러한 개념이 일상의 도전 속에서 얼마나 유용한지 체감하고 있다. 예를 들어, 연상적으로 넓은 사고를 할 수 있는 시간을 의도적으로 마련하거나, 러닝을 하러 나가는 것만으로도 마음 상태가 크게 바뀔 수 있다. 익숙하지 않은 장소에 가서 문제를 해결하려고 시도하는 것도 탐색적이고 창의적인 사고를 유도하는 데 매우 효과적이다. 정신을 억지로 바꾸려고 하기보다는 그 상태를 전략적으로 활용할 것을 제안한다. 예를 들어 기분이 가라앉은 날이라면, 오랫동안 미뤄두었던 지루한 업무를 처리하기에 오히려 적합한 시점일 수 있다. 넓고 개방적인 마음 상태에 있을 때, 낙관적인 태도를 유지하고 그 분위기를 이용하기 위해 탐색적인 활동을 찾거나, 좋고 새로운 아이디어가 떠오를 것이라는 희망을 품고 정신을 방황하게 하기도 한다. 그리고 예전처럼 '딴생각'을 죄책감으로 여기기보다는 오히려 존중하기 시작했다. 그러나 내 마음 방황이 반추적이 되어 반복적이고 파괴적인 생각으로 바뀌는 징후를 느낀다면 그 마법에서 깨어나기 위해 어떤 조치를 취할 수 있다. 시간이 지나면서 나는 내 마음 상태를 점검하는 일이 자연스럽게 몸에 배었다. 요즘에는 어떤 경험을 할 때 내 마음이 어떤 상태에 있는지를 의식적으로 살피고, 지금 그 경험을 관찰자로서 지켜볼지, 최대한 몰입해 직접 살아볼지 선택하려고 한다. 이 단순하지만 강력한 선택이 경험의 질을 결정한다.

어떤 상황이 자발적 몰입감을 불러일으킬지 알 수 있다면 좋겠지만 이에 대한 심리학·신경학적 연구는 아직 초기 단계다. 그러나 확신을 가지고 말할 수 있는 것은, 의식적으로 노력한다면 상당한 몰입 상태에 의도적으로 들어갈 수 있다는 점이다. 내가 가장 좋아하는 의도적인 몰입 경험은 아이들과 함께한 경험이다. 이런 시간에는 스스로를 최대한 내려놓고, 있는 그대로의 감각과 반응에 집중하며 순수한 몰입의 기쁨을 느낀다. 물론, 하루 종일 마음 상태를 점검하면서 살 수는 없다. 그러나 조금만 더 자주 마음 상태를 살피는 습관을 들이는 것만으로도 삶의 질은 분명 크게 향상될 수 있다.

과부하된 정신은 창의적일 수 없다

 당연히 정신이 한 번에 처리할 수 있는 능력에 한계가 있다. (기억할 수 있는 정보의 양, 정보를 처리하는 속도 등 여러 차원에서 제약이 있다.) 멀티태스킹은 대부분 신화에 가깝고, 여러 자극원이 동시에 뇌의 자원을 소모하며 정신적 가용성을 압박할 수 있다. 예를 들어, 단어 목록을 기억해야 하는 상황이라면 그 순간 새로운 정보를 흡수할 수 있는 여유는 거의 없다. 울고 있는 두 아이와 함께 마트 통로를 걷는다면 진열대의 새로운 제품을 탐색하거나 심지어 알아채는 것조차 어려울 것이다. 미술관에서 불쾌한 향수를 맡고 있다면 눈앞의 예술을 진정으로 감상하기란 쉽지 않다.

 어쩔 수 없다. 정신은 항상 분주하고 남아 있는 정신적 자원을 기반으로 일하는 데 익숙해졌다. 마치 배낭을 메고 등산을 하듯, 앞으로 나아가긴 하지만 그 짐은 우리를 짓누르고 때로는 우리를 제한한다. 그 배낭이 가벼울 수도 있고 무거울 수도 있고 일의 진행에 영향을 줄 수도 있지만, 우리는 부담을 짊어지고 전진한다. 의식적으로 인지할 수도 있고 그렇지 않을 수도 있는 배경 속 정신 활동은 정신 용량에서 상당한 부분을 차지한다. 흔히 그러한 배경 부담이나 정신적 무게를 그것이 멈췄을 때, 또는 사라졌을 때 비로소 인지하게 된다. 마치 에어컨 소음이 멈췄을 때 느끼는 안도감처럼, 존재하는 줄도 몰랐던 무언가로부터 해방된 느낌이다.

그러므로 배경 속 정신 활동은 단순히 성가신 수준 그 이상이다. 때로는 중단해야 했던 문제를 해결하기 위해 무의식적으로 계속 작동하는 등 유용한 기능을 하기도 하지만, 이러한 정신적 부하와 소모는 마음 상태, 인지 능력, 창의력, 문제 해결 능력, 주변 환경에 대한 즐거움, 심지어 기분에까지 극적인 영향을 미칠 수 있다.

앞에서 언급한 실험은 여기에서도 의미가 있다. 실험 참가자들에게 자유 연상 과제에 참여하는 동안 숫자의 문자열을 기억하도록 요청하면 반응은 부하가 높을 때('478294'와 같이 긴 문자열)에 비해 부하가 낮을 때('26'과 같이 짧은 문자열) 훨씬 더 창의적이고 독창적이었다. 예를 들어 실험 참가자들에게 자유 연상으로 '유일한sole'이라는 단어를 제공하면 부하가 높은 조건의 참가자는 일반적으로 '신발shoe'이라고 응답하는 반면, 부하가 낮은 참가자는 '껌 씹기chewing gum'처럼 더 창의적이고 덜 전형적인 연관어를 떠올렸다. 이 실험은 연구실 밖의 실제 삶에서도 우리가 더 창의적인 사고를 하려면 마음이 덜 짐을 질수록 유리하다는 점을 시사한다.

흥미롭게도 정신에 부담이 있을 때는 아름다움을 감상하는 능력도 감소한다. 아름다움을 제대로 인지하려면 주의력이 필요하며 주의를 기울여야 아름다움을 제대로 알아볼 수 있다. (마찬가지로 고통의 경우에도 주의가 필요하기 때문에 우리의 산만한 정신은 축복이라고 할 수도 있다. 이에 대한 과학적 발견은 잘 모르지만 사실인 것으로 보인다. 내가 의아하게 생각하는 부분은 고통이 아름다움이나 즐거움과는 달리 생존 요인들 때문에 우선시 되어 우리의 주의를 훨씬 더 강하게 요구한다는 점이다. 안타깝게도, 아름다움 앞에서는 정신이 딴 데 팔릴 수 있지만, 고통 앞에서는 그러기 어렵다.) 같은 조각상이더라도 머릿속에 무엇을 안고 있는지에 따라 더욱 또는 덜 아름다워 보이기도 한다. 사소하고 분주한 순간 속에서 우리는 너무 많은 아름다움을 놓쳐버린다.

일상에서 마주하는 정신적 부하는 식료품 목록을 기억하

거나 전화번호를 되뇌는 것 이상의 것들이다. 우리가 인식하는 것보다 훨씬 더 중요한 몇 가지가 있다. 그중 하나는 거의 끊임없이 진행되고 있는 마음 방황이다. 마음은 단지 할 일이 없을 때만 떠도는 것이 아니라, 특정 작업에 몰두하고 있을 때조차도 사용 가능한 자원을 최대한 활용하려는 경향을 지닌다. 정신의 좋은 부분은 일반적으로 다른 곳에 있기 때문에 모든 행동, 생각, 지각은 나뉘고 분산되어 있기 때문에, 우리는 부분적으로 주의를 기울이고 인지한다. 앞서 설명했듯 마음 방황은 계획과 시뮬레이션 기반의 의사 결정을 촉진하지만, 그 과정에서 지금 이 순간 일어나고 있는 일들과 주변에서 벌어지는 일들을 제대로 인식하고 느끼는 데 필요한 정신적 자원을 빨아들인다.

마찬가지로 반복적이고 순환적인 사고, 반추 역시 삶의 질을 낮추는 중요한 정신적 부하다. 우울증과 불안 같은 임상 상태에서 두드러지게 나타나지만, 정상적인 상태에서도 자주 발생한다. 이러한 생각들은 강도 높고 지속적이다. 그러나 반추에 전념하는 별도의 자원을 사용하지 않는다. 삶을 경험하는 데 필요한 바로 그 자원을 사용한다. 마음 방황과 마찬가지로 반추는 경험의 대가다.

앞서 살펴본 바와 같이 마음의 방황과 반추 같은 집중적인 배경 사고 활동은 현재 경험을 훼손할 뿐 아니라 창의력도 약화시킨다. 이러한 배경적 정신 부하는 마음 상태를 어디에 위치시킬지를 조절하는 수단으로 작용할 수 있다. 정신적으로 과부하가 걸린 상태는 창의력을 감소시키고, 국지적 지각과 주의 집중, 제한된 사고 범위, 낮은 기분 상태, 탐색보다 착취 중심의 사고 경향과 같은 좁고 닫힌 상태의 특징들을 동반한다. 반복적인 반추에 시달리는 사람은 창의성을 발휘하기 어렵다. 인지 부하를 줄이면 창의력이 향상되고, 더 넓은 지각과 사고 범위, 향상된 기분, 새로운 것에 대한 탐색적 태도와 같은 넓고 열린 상태로 전환된다. 정신적 여유를 만드는 것은 스트레스를 줄이는 데 그치지 않고, 탐색성, 창의성, 긍정적인 정서, 열린 사고방식을 증진시키는 전략이 된다.

우리는 배경의 정신적 소음을 줄이기 위해 '덜 생각하고' 싶어 하지만, 정신은 끊임없이 새로운 생각을 만들어낸다. 우리가 항상 무언가에 몰두하려는 태도와 닮아 있다. 버트런드 러셀이 장대하고 시대를 초월한 저서 《게으름에 대한 찬양 Praise of Idleness》에서 설명했듯이, 인간은 오랫동안 게으름의 역사와 이점에 대해 말해왔지만 대부분은 끊임없이 자신을 바쁘게 하려고 애쓴다. 가만히 앉아 있지 못한다. 잔디를 깎거나 차를 씻거나, 그저 바쁘고 생산적인 느낌을 얻기 위해 할 일을 만들어낸다. 1930년에 경제학자 존 메이너드 케인스는 《우리 손자 세대의 경제적 가능성 Economic Possibilities for Our Grandchildren》에서 오늘날쯤이면 하루에 세 시간만 일해도 충분할 것이라 예측했다. 기술과 생산성이 충분히 향상되어 우리가 좋아하는 다른 것을 할 수 있는 자유 시간이 훨씬 더 많아진다고 예측한 것이다. 그러나 현실은 그 반대다. 지금 우리는 그 어느 때보다도 열심히 일하고 있다. 안팎으로 바쁘다. 생각은 마음을 가득 채우고, 활동은 하루를 가득 채운다.

어제 저녁에 나는 막내 닐리를 데리고 해변으로 나갔다. 여름철 끝자락에 해가 뉘엿뉘엿 지고 있어서인지 사람들은 거의 없었고 잔잔한 바다에 산들바람이 불어와 지중해의 신선한 향기를 더해줄 뿐이었다. 오직 나와 내 딸만이 함께 뛰놀며 웃고 있었다. 정말로 그곳보다 더 낙원에 가까운 곳은 없으리라는 생각이 들었다. 그러다가 나는 닐리에게 포즈를 취해달라고 말하고, 수십 장의 사진을 찍어서 거의 실시간으로 가족에게 보냈다. 이것만으로도 이미 건드리지 말았어야 할 천국의 감정을 흐려놓기에 충분했는데, 우리는 해변에서 조개껍데기를 모으기 시작했다. 연인이라면 그렇게 안 했을 것이다. 몇 개로는 부족해서 상자까지 찾아야 했다. 그리고 이제 그 일은 하나의 프로젝트가 되었다. 우리는 그 상자를 채우는 임무를 수행 중이었다. 바다, 태양, 낙원은 잊었다. 처음 그 완벽했던 순간에 도대체 무엇이 부족했기에 느긋하고 기쁜 시간을 굳이 무언가의 활동으로 채워야만 했던 걸까?

마찬가지로, 뇌는 끝없이 의미 없는 생각을 만들어낼 수 있다. 그러나 '덜 생각하라'는 말은 '아예 생각하지 말라'는 뜻이 아니다. 창의성은 복잡하고 미묘한 작업이다. 한편으로 새롭고 유용한 무언가를 창조하는 행위에 사용할 수 있는 모든 자원을 확보하기 위해 소음을 줄여야 한다. 다른 한편으로는, 기억 속 여러 의미 영역을 정신적으로 넘나들며 연상 작용이 일어나야 탐색하고 발견할 수 있다. 창의성에 대한 대표적인 오해 중 하나는 창의성은 타고나는 재능이라는 것이다. 그러나 창의성은 반복해서 배우고 훈련하고 극대화할 수 있다는 증거가 많다. 물론 창의적 사고를 연습하거나 정신적 잡음을 줄인다고 해서 레오나르도 다빈치가 될 수는 없다. 그러나 동일한 개인 안에서도 창의성은 분명히 향상될 수 있으며, 이는 마음 상태를 따라 유연하게 이동할 수 있다.

지금까지 우리가 배운 것은, 정신적 부담과 스트레스, 반추를 줄이는 것이 창의력을 증폭하는 강력한 방법이라는 점이다. 그러나 이와 같은 맥락에서 또 하나 똑같이 중요한 사실은, 창의성은 우리에게 기본적으로 주어진 상태라는 것이다. 탐색하고 호기심을 갖는 것도 마찬가지로 타고난 본성이다. 우리는 그렇게 태어났다. 마음 방황은 시간 낭비일 수도 있지만, 창의성과 탐색의 원천이 될 수도 있다. 모든 것은 마음 상태에 달려 있다.

창의성과 호기심

창의성과 호기심은 같은 본질의 양면이라고 볼 수 있다. 창의성을 통해 우리는 어떤 측면에서 새롭고 유용한 무언가를 만들어낸다. 호기심은 정보를 수집하려는 의도로 주의를 기울이는 것이다. 이 둘에 대해 널리 받아들여진 정의는 없지만 지금은 굳이 필요하지 않다. 창의성은 우리가 아이디어, 해결책, 생각을 만들어 세상에 전파하는 전달 과정과 같다. 반드시 구두로 또는 명시적으로 이루어지는 것은 아니지만, 행동과 같은 어떤 '외부 지향적' 관련성을 가지고 생성된다. 반대로 호기심은 외부로부터 정보를 받아들이는 '수용' 행위다. 세상을 받아들이고 정보를 내부 목적을 위해 받아들인다. 하나는 내부 지향적이고 다른 하나는 외부 지향적이지만, 두 과정은 서로 맞물려 있으며 그 기저에는 중첩된 뇌 메커니즘이 있다. 창의성이 뛰어나다는 것은 호기심이 많다는 의미이며, 반대의 경우도 마찬가지다. 두 가지 모두 정보에 대한 탐색 욕구에 기반을 두고 있다. 호기심에서는 정보가 분명하며, 창의성에서 정보에 대한 동기는 우리의 신경세포가 원래의 해결책을 찾기 위해 멀리까지 간다는 점에서 더 은유적이라 할 수 있다. 창의성과 호기심은 정신적 부담과 사고의 자유도에 비슷한 방식으로 영향을 받는다. 정신적 가용성이 중요하고, 사고와 지각의 범위가 넓을수록 도움이 된다. 좋은 소식은, 우리 정신은 본래 창의성과 호기심의 상태를 기본값으로 원한다는 점이다. 덜 좋은 소식은, 우리가 살아가는 일상은 정기적으로 이러한 본래 특성을 방해한다는 점이며, 그 방해는 우리 스스로의 암묵적이면서도 강력한 동의에 따라 이루어진다.

배경 생각을 잠재우고, 정신적 잡음을 제거하며, 중요한 것에 집중하려는 문제는 '생각을 관찰하는 행위'로 다시 돌아오게 된다. 이번에는 창의성과 호기심이라는 맥락에서다. 의식의 흐름처럼 완전히 인지하고 어느 정도는 통제할 수 있는 생각들과는 달리, 창의적인 과정이나 어떤 것에 대해 호기심을 느끼는 상태에서 마음속에서 무슨 일이 벌어지고 있는지는 그리 쉽게 알 수 없다. 둘 다 대개 우리의 의식 수준 아래에서 작동하기 때문이다. 통찰력에 의해 불현듯 해결책이 떠오르기 전, 즉 깨달음의 순간에 무슨 일이 일어나고 있는지에 대해 우리는 접근 권한이 별로 없다. 기본적인 배양을 원하는 만큼 관찰하려고 시도할 수 있지만, 의식에서 의도적으로 막고 있기 때문에 그렇게 할 수 없다. 즉, 모든 생각이 관찰 가능한 것은 아니다. 창의적인 과정이 끝난 뒤에도 설명하기가 쉽지 않다. 이는 우리만의 문제가 아니다. 최근에 나는 열렬한 팬이기도 한, 독창적이고 기이한 아이디어로 유명한 영화감독의 인터뷰 내용을 본 적이 있다. 감독은 영화의 특징인 독창적이고 기괴한 아이디어를 어떻게 찾는지 설명해달라는 질문을 받았다. 그는 진땀을 흘리며 머뭇거렸다. 분명히 창조적인 생각이 떠오르기 전에 마음을 꿰뚫는 뭔가 있다고 말하려고 애썼지만 소용이 없었다. 놀랄 일이 아니다. 우리는 아직 그 과정에 노출되지 않았으나, 설명하고자 하는 투지 넘치는 열망이 아직 남아 있다.

억제와 정신적 진행

건설적인 마음 방황, 창의적인 사고 그리고 행복한 기분은 모두 **정신적 진행의 용이성**ease of mental progression이라는 단일 특성에 의존한다. 생각은 넓게 퍼지고 멀리 나아가며 빠르게 전개되어야 한다. 이 세 가지가 결합되어야 마음이 다다를 수 있는 의미의 지형, 즉 의미론적 범위를 극대화할 수 있다. 반복적으로 좁은 주제를 맴도는 반추적 사고의 반대다. 우리는 정신적 이동이 효율적이길 원한다. 즉, 생각이 부드럽게 흘러가는 것이 좋지만, 무작정 많거나 무한정 확장되어서는 안 된다. 어느 정도의 제한이 필요하다. 바로 억제력이 중요한 이유다. 억제력은 이 정신적 확장을 적절한 선 안에 유지하도록 도와준다.

대부분의 인지신경과학자에게는 뇌의 작용을 억제보다는 흥분으로 설명하는 것이 더 직관적이다. 뇌의 작동은 뉴런, 회로, 표상, 개념, 단어, 숫자, 감정, 운동, 생각 등을 자극을 통해 활성화하는 것으로 이해되기 쉽다. 흥분은 '활성화'와 동의어처럼 들리지만, 억제는 뭔가를 저지하거나 약화하고 줄이는 느낌을 주기 때문에 상대적으로 덜 흥미롭게 여겨진다. 그러나 실제로는, 억제는 흥분만큼이나 중요하고 건설적인 역할을 한다. 뇌의 작동에서 중요한 것은 흥분과 억제 사이의 균형이다. 여기에 한 가지 예가 있다.

  우리는 살아가는 동안 수많은 연관성을 배운다. 베개는 보통 침대 위에 있고, 흡연은 건강에 해롭고, 뱀은 위험하고, 포도로 와인을 만들고, 커피는 주로 우유와 함께 나오며, 의자가 있는 곳에는 으레 테이블이 있다. 뇌는 이러한 통계적 규칙성을 감지해 그런 방식으로 저장한다. 그래서 의자는 탁자와, 베개는 침대와, 헤드폰은 머리와 연결된다. 이러한 연결은 확률적이다. 우리가 본 침대 중 모든 침대에 베개가 있는 것은 아니지만, 아마도 85퍼센트는 그랬을 것이다. 마찬가지로 우리가 본 헤드폰 중 모두가 머리에 걸쳐 있었던 것은 아니지만 40퍼센트 정도는 그랬을 것이다. 이러한 공존의 확률은 뇌에서 연결 강도를 결정하고, 연결 강도는 서로 동시에 활성화될 가능성을 결정한다. 하나가 활성화되면 다른 하나도 함께 활성화된다. 이러한 동시 활성화가 우리가 어떤 장면에서 무엇을 예상하게 되는지를 이끈다. 주방에 들어간다면 싱크대와 스토브를 아주 높은 확률로, 커피 메이커를 낮은 확률로, 와플 메이커는 더 낮은 확률(그러나 여전히 가능한)로 보게 될 것이라고 예상한다. 경험상 예상하지 못한 것들, 예컨대 주방에 있는 사무라이 검 같은 것은 우리를 놀라게 하며 심지어 혼란을 일으킬 수 있다. 혼란, 그리고 일반적으로 놀람은 학습과 특정 맥락에서 가능한 것에 대한 표상의 갱신으로 이어진다. 다음에 주방에서 사무라이 검을 보게 된다면 훨씬 덜 놀라게 될 것이다.

이제 연상물의 연관성에 대해 생각해보자. 베개는 침대를 떠올리게 하고, 침대는 시트를, 시트는 면을, 면은 목화밭을, 그리고 목화밭은 크리던스 클리어워터 리바이벌(미국 출신의 사회 비판적이고 토속적인 스왐프 록 밴드-옮긴이)와 연결된다. 그러나 베개를 볼 때마다 이 밴드를 떠올리지는 않을 것이다. 그것은 지금 이 특정한 맥락에서는 아무 관련이 없고, 쓸모 없는 활성화를 위해 신경 에너지를 낭비하게 되며, 전혀 관련 없는 의미를 찾으려는 잘못된 탐색으로 이어질 수 있다. 뇌에게 너무 멀고 관련 없는 연합은 활성화하지 말라고 알려주는 무언가가 필요하다. 바로 억제다. 우리는 뇌가 연상적이되 지나치지 않기를 원하며, 흥분하되 도움이 되는 정도까지만 흥분되기를 원한다. 그래서 환경 속 어떤 사물을 보게 될 때, 뇌 안에서는 그 연관성들을 흥분시키려는 힘과 억제하려는 힘 사이에 일종의 줄다리기가 일어난다. 그 결과로 보통은 관련된 연관성들만이 활성화되고 예측의 형태로 우리에게 제공된다.

여기에는 흥미로운 예외가 있다. '치다blow', '찌르다stick', '쏘다shot', '부수다crush', '쌓다bank', '견디다bear' 그리고 '자르다cut'와 같은 단어들을 생각해보자. 모두 둘 이상의 의미를 가진 동음이의어다(일부 추정에 따르면 'cut'만 해도 70개의 다른 의미가 있다). 이런 동음이의어에 대해서는, 문맥에 따라 특정 의미가 결정되기 전까지 뇌는 어떤 연관성을 활성화해야 할지 알 수 없다. 그래서 단어가 어떤 의미로 사용되었는지가 명확해지기 전까지는 관련 없는 연관도 처음에 함께 활성화되고, 이후에야 비로소 억제된다.

억제가 높을수록 바람직한 경우와 낮은 억제가 더 나은 경우를 비교해보는 것도 흥미롭다. 비밀을 지키거나 의도치 않거나 부적절한 말을 피하는 자기 통제는 모두 억제에 의존한다. 마치 영화 속에서 증인이 검사의 공격을 받아 무너지고 자백하는 법정 장면이나 최근 우리의 연구센터에서 불쌍한 젊은 교수가 많은 청중 앞에서 처음 강연하다가 너무나 긴장한 탓에 부적절한 말을 하게 되는 상황이 떠오른다. 결국 그는 공개적으로 사과하고 우리는 직장 윤리 워크숍을 열어야 했다. 스트레스는 인지 부하와 마찬가지로 억제에 필요한 자원을 소모한다. 실제로, 빠른 시간 안에 반응을 유도하는 시간 압박과 같은 정신적 압박을 가하면(우리 연구실에서는 이를 '응답 마감response deadline'이라고 한다) 억제 기능이 감소되는 효과를 관찰할 수 있다. 긴장과 스트레스를 받을 때 억제는 약화된다. 이를 유지하는 데 필요한 자원이 스트레스와 부하에 전환되어 소진되기 때문이다. 이로 인해 기억에서의 정보 회상과 행동 선택이 평소보다 덜 통제되고, 평소의 검열이나 자기 검증 없이 원치 않는 표현이나 행동이 튀어나올 가능성이 높아진다.

이 스펙트럼의 반대편에는 억제를 가능한 한 줄이는 것이 바람직한 경우들이 있다. 특히 창의성과 호기심을 촉진하는 데 있어서는 멀리 떨어진 개념들 사이의 연결과 연상 작용이 자유롭게 일어나는 것이 매우 바람직하다. 마찬가지로, 새로운 것을 탐색할 때 억제되어서는 안 되며 높은 수준의 호기심을 유지하는 것이 좋다. 따라서 뇌는 억제 수준과 흥분과의 균형, 즉 각각으로부터 얼마나 많은 양을 적용할지를 조절하는 메커니즘을 갖추고 있다. 그런데도 이러한 균형은 다양한 상태에서 쉽게 무너질 수 있다. 우울증, 조증, 수면 부족, 황

홀감 등은 모두 억제 수준의 변화와 관련이 있다. 알코올이나 다른 약물을 사용하여 억제를 줄일 수도 있지만, 투약이 까다롭고 변화가 단기적이다.

나는 지난 주말에 파티를 끝낸 아들 나오를 데리러 갔다. 나오는 진정한 사나이이자 군인이었고 아버지인 나보다도 더 침착하고 자제력이 뛰어났다. 그런데 차에 탄 모습을 보니 파티에서 술을 너무 많이 마신 것이 분명했다. 지나친 술과 부주의한 행동에 대해 뒤늦은 훈계를 하려고 마음을 먹었지만, 그가 들뜨고 유쾌한 모습으로 뒷좌석에 앉은 여동생들을 시종일관 재밌게 해주는 바람에 나는 그 말을 꺼내지 않았다. 억제가 줄어들면 기분이 적당히 좋아지는 모양이다.

매우 직관적인 이론 중 하나는, 우리가 성장하면서 사회가 점점 더 많은 억제와 제약을 우리 행동 위에 가한다는 것이다. 그 결과 우리는 문명화될 뿐만 아니라 창의성은 줄어들고 종종 덜 행복해진다. 에른스트 샤흐텔Ernest Schachtel은 빅토리아 시대에 보헤미안을 억압했다고 말한다.[04]

억제는 뇌의 여러 영역과 과정에서 비롯되지만, 주요하게 관련된 부위는 전전두엽이다. 억제는 기분 조절뿐만 아니라 통제와 뇌가 내려야 하는 다른 실행 기능 결정에 필수이며,

인간 뇌에서 가장 마지막으로 성숙하는 부위로 대략 20대 중반에 이르러야 완전히 발달한다. 전전두엽 피질이 발달하지 않은 아이는 일반적으로 더 창의적이고 호기심이 많으며 덜 억제되어(예를 들어 있는 그대로 말하거나 금세 친구를 사귀는 등) 있다. 뿐만 아니라 더 충동적이고 더 탐색적이며 기분도 더 좋은 경우가 많다. 이 사실을 입증하기 위해 정교한 실험이 필요하지도 않으며 신경과학자가 될 필요도 없다. 고인이 된 천재적인 가수 빅 체스넛이 〈퍼레이드Parade〉에서 노래한 것처럼, "열 살 넘은 사람들은 모두 얼굴을 찌푸리고 있다."

ADHD도 억제와 관련이 있다. 주의력은 통제 신호를 통해 유도되고 제한되며 유지된다. 이 신호는 흥분과 억제의 조합으로 이루어져 있다. 시각 장면에서 특정 영역에 주의를 기울이게 하고, 다른 영역은 무시하게 만드는 방식이다. 주의력의 범위를 스포트라이트에 비유하면 그 스포트라이트 안에 있는 정보는 흥분을 통해 강화되고, 바깥에 있는 정보는 억제를 통해 약화된다. ADHD에서는 억제가 감소되기 때문에 이 스포트라이트의 경계는 그리 엄격하지는 않다. 명상 수련에서 내가 목표에 도달하기 위해 배운 '확산된 주의'에 가깝고, 그 결과는 양날의 검이다. ADHD 증상이 있는 사람은 쉽게 산만해지고 집중력이 떨어지며 충동적이지만, 더 창의적이고 더 좋은 기분을 느끼며 호기심도 더 많다.

주의력을 통제하고 유도하며, 적절히 다듬어진 예측을 생성하는 데 필요한 바로 그 요소가, 동시에 우리의 창의성과 호기심, 탐구심을 줄인다.

지루함, 게으른 정신, 방황하는 정신

지금까지 살아오면서 충분히 자신감을 얻었을 때 가장 좋은 점 중 하나는, 더는 지루함을 좀처럼 참지 않는다는 점이다. 회의든, 모임이든, 다른 어떤 상황이든 권태로움으로 인해 피로감이 느껴지면 일어서서 자리를 떠난다. 도저히 그럴 수 없을 때는 내 정신으로 실험을 한다.

지루함은 짜증 나지만 아주 묘한 감정이다. 지루한 상태는 언제나 길고 낭비적일 뿐 아니라 쓸모없게 느껴진다. 참지 못하는 이유가 아주 흥미롭다. 나는 일주일간의 침묵 수련 직후 지루함에 대해 본격적으로 생각하기 시작했다. 교통 체증으로 발이 묶이거나 더딘 줄을 서서 기다려야 할 때 속이 뒤집힐 정도로 초조해지는데, 불과 일주일 전에는 저녁을 기다리며 벤치에 앉아 아무것도 하지 않고 조용히 앉아 있는 것이 너무도 평온했음을 깨달았다. 단지 맥락과 상태의 차이만으로 시간이 멈춘 듯한 정적이 죽음처럼 느껴지기도 하고, 천국처럼 느껴지기도 하는 걸까? 그것만은 아닌 것 같다. 침묵과 명상이 이어지는 일주일간의 수행에서는 땅 위의 개미를 끝없이 바라볼 수 있다. 감각이 활짝 열려 있기 때문이다. 바라보는 것만으로도 충분한 자극이 되기에, 어딘가로 향하려는 욕구가 필요 없어지는 것이다. 감각이 그토록 민감해졌을 때 세상 모든 것이 갑자기 흥미롭게 느껴진다.

  수행과 현실 세계 사이의 비교를 넘어서, 때로는 아무것도 없는 공백의 시간이 위대한 창의적 아이디어의 발화점이 되는 반면, 다른 때에는 '도대체 언제 끝나, 제발 좀!'이라는 생각만 가득한 것이 왜인지 궁금하다. 지루함이 왜 그렇게 느껴지는지를 설명할 수 있는 여러 가능성이 있다. 성격상 조급함부터, 사람들은 대체로 자기 자신의 생각과 마주하는 것을 원하지 않고 어떻게든 자신으로부터 도망치려 한다는 실존적 설명까지 다양하다. 어떤 실험에서는 사람들이 하얀 벽 앞에 조용히 앉아 있는 것보다 스스로 작은 전기 충격을 주는 것을 선호한다고 보고되기도 했다.[05] 지루함은 정신적 고통처럼 느껴진다는 것이다.

우리는 지루할 때 시간이 거의 흐르지 않는다고 느끼는데, 고통을 겪을 때도 마찬가지다. 지루함은 익숙지 않은 상태다. 아무것도 하지 않지만 정신은 가득 채워진 것처럼 보인다. 아무것도 아닌 것에 대해 곰곰이 생각한다. 게다가 순수한 지루함은 호기심과 창의성을 말살한다. 매우 흥미롭다. 창의적이고 호기심을 가지기 위해서는 빈틈 있고 여유로운 마음 상태가 필요하다는 것을 알고 있기 때문이다. 이것은 과학자들이 좋아하는 종류의 퍼즐이다. 새로운 이해의 지평을 여는 실마리가 되기 때문이다. 그러므로 어떤 형태의 정신 공백은 창의성과 호기심을 낳지만 또 어떤 형태는 참을 수 없을 정도로 짜증스럽다. 그 차이를 자세히 살펴보면 분명 흥미로운 결과를 얻을 수 있다. 버트런드 러셀이 칭송했던 나태함은, 우리를 지루하게 만드는 그런 한가함은 아닐 것이다.

공허함의 유형을 구분하는 것은 생각에 대한 영향과 경험의 질에 대한 내면의 세계를 이해하려는 욕구와 직접적인 관련이 있다.[06] 대략적으로 말하면 게으름에는 세 가지 가능한 상태가 있다. 아무것도 하지 않는 지루한 상태(이 상태에 대한 개인별 인내 수준은 다르다), 아무것도 하지 않지만 평온하고 이완된 상태, 예컨대 명상 수련 중이거나 휴가지 해변에서 쉬고 있는 경우, 그리고 아무것도 하지 않지만 마음이 폭넓게 방황하고 창의적이며 건설적인 생각이 떠오르는 상태다. 정말 흥미로운 점은 어떤 게으름 상황은 마음 방황을 가능케 하고 심지어 도움을 준다는 것이다. 그러나 어떤 상태에서는 상황이 아주 비슷해도 마음이 그렇게 창의적으로 작동하지 않으며, "좋아, 여기 갇혀 있는 동안 공상을 하거나 재미있는 상상을 하는 편이 나을지도 몰라"라고 스스로 다짐해도 전혀 효과가 없다.

처음에는 마음 방황을 우리가 해야 할 어떤 일, 즉 현재 순간으로부터 도피할 때만 선호하는 듯 보일 수 있다. 그러나 실제 설명은 마음 방황이 의식적인 통제를 넘어서 작동된다는 것이다. 즉, 정신적 자원이 충분히 있다면 마음은 필요에 따라 자동으로 방황하게 된다. 이는 마음 방황에 어떤 기능이 있으며, 언제 어디로 방황할지 자의적으로 조절할 수 있는 것이 아니라는 점을 뒷받침한다. 의식적인 마음 방황이 불가능한 이유는 의지대로 마음 방황을 멈추는 것 또한 매우 어렵기 때문이다. 자발적으로 마음 방황을 시작할 수도, 멈출 수도 없다.

할 수 있는 일은 잠재의식이 어떻게 마음 방황의 여부 그리고 이유와 시기를 결정하는지를 이해하는 것이다. 실제로 마음 챙김 명상에서는 잠재의식의 작동을 간접적으로 통제하려고 시도한다. 무의식이 우리를 방황하도록 보내는 것을 멈추게 하는 것이다. 이 과정은 강제로가 아니라 부드럽게 이루어진다. 잠재의식은 어떤 생각을 따라 방황하게끔 의식에 신호를 보낸다. 우리는 그 의식의 생각을 끌어안고 그냥 흘려보낸다. 맞서기보다는 수용하고 관찰한다. 그리고 놓아준다. 놓고 난 다음에는 라벨링이든 다른 어떤 것을 통해서든 잠재의식은 다음 생각을 보내고, 이후 같은 과정이 반복된다. 그러므로 정신을 비우기 위해 우리가 실제로 하는 일은 우리를 방황하게 만들 만한 생각이 없어질 때까지 잠재의식을 비우는 것이다. 반대로, 새로운 아이디어를 찾거나 지루한 상황을 대신할 정신적 오락거리를 얻기 위해 자발적으로 정신을 방황하게 하려면, 과제가 없고 기분이 좋은 상태여야 한다는 것을 이제 우리는 알고 있다.

정신의 습관

행동의 습관이 쉽게 사라지지 않듯 마음의 습관도 그렇다. 습관은 양날의 검이다. 한편으로 진화가 상호작용을 자동화하도록 우리에게 부여한 기발한 메커니즘이다. 그러면 시간을 절약하고 더 잘 생존할 수 있다. 처음에 무언가를 배우고 나서 반복하고, 반복하고 나서 실수를 통해 또 배운다. 그렇게 자신에게 가장 잘 맞는 방식을 익힌다. 어느 시점에 이르면 그것이 완성된다. 그러면 뇌는 그 기술이나 습관을 처음에는 많은 심사숙고와 주의를 요했던 의식적인 마음에서, 똑같은 일을 의식하지 않고도 처리할 수 있는 더 자동화된 무의식적인 마음으로 위임하기 시작한다. 이 잠재의식은 의식을 괴롭히지 않고 정확히 똑같은 일을 할 수 있는 더 자동적인 정신이다. 이 기술은 이제 자동화되었다고 말하며, 그것이 바로 습관이다. 일종의 정신적 자동조종 장치로, 새로운 경험을 습득하는 데 필요한 마음의 여유를 확보해준다.

배우고 실행하고 나서 외부 자원을 활용하는 예를 들면, 오믈렛을 만드는 방법과 차를 운전하는 방법, 위험한 상황을 인식하는 방법 그리고 지루한 모임에서 빠져나올 계획을 세우는 방법 등일 수 있다. 이러한 것들은 '단번에 내리는 결론'에 도달하는 방식에 도움을 줄 수 있다. 운전을 자동으로 한다는 것은 안전 운전을 위해 필요한 신체적, 주의적 조작들을 의식적으로 생각하지 않는다는 뜻이다. 그냥 하면 된다. 그래서 우리는 출퇴근길의 상당 구간을 기억하지 못하곤 하는데, 그 과정에 마음이 개입하지 않았고 잠재의식이 배경에서 처리해주었기 때문이다. 정신적 자동 조종 상태도 마찬가지로, 어떤 정신적 연산을 크게 생각하지 않고 수행하는 것을 의미한다. 좋은 비유로 구구단을 이용해 간단한 곱셈 문제를 해결하는 것을 들 수 있다. 어릴 적에는 선생님이 8 곱하기 9가 얼마냐고 물으면 대답하기 위해 열심히 계산해야 했다. 점차 그 대답은 자동이 된다. 그냥 '72'라고 말하게 된다. 이는 잠재의식에 큰 부담을 주는 것은 아니다. 경험을 바탕으로 최종 답변으로 바로 연결되는 정신적 지름길이기 때문이다. 어린 시절에는 해답에 이르기까지 여러 신경 경로를 거쳤지만, 이제는 그 경로가 더 짧은 직접 연결로 대체된 것이다.

더 복잡한 정신 과제들도 생각 없이 해결될 수 있다. 이는 경험을 통해 자동화된 백그라운드 연산에 기반하며, 우리는 종종 이것을 '직관'이라고 한다. 실제로 수학에 재능이 있는 아이는 선생님이 "어떻게 정답을 도출했냐"라고 물을 때 꽤나 답답함을 느낄 수 있다. 정확한 직관을 어떻게 얻었는지를 설명할 수 없기 때문이다. 그래서 선생님을 만족시키기 위해 역으로 풀이 과정을 만들어내야 한다. 그러나 아마도 가장 악명 높은 정신 습관은 빠르고 피상적인 판단일 것이다.

첫인상은 어떤 이유로든 오래 남는다고 한다. 그래서 첫인상을 바꾸기는 무척 어렵다. 그 인상이 정확하다면 괜찮지만, 대부분 그렇지 않다. 그렇다면 한 가지밖에 없다. 우리는 사람에 대한 인상을 순식간에, 피상적인 정보에 근거해 형성하고, 반대되는 증거가 있어도 그것을 오랫동안 고수한다. 뇌는 환경에서 반복되는 통계적 규칙성을 최대한 활용하도록 진화해왔다. 이러한 측면들은 환경에서 비슷한 방식으로 반복되는 경향이 있다. 회의실에는 의자가 있다는 것, 파티에는 보통 음료가 있다는 것, 오페라에 갈 땐 옷을 잘 차려입어야 한다는 것, 딸기잼의 맛이 어떤지, 칼의 다양한 용도가 무엇인지 안다. 바람직한 능력이다. 매번 새로운 의자를 볼 때마다 '의자'의 개념을 다시 배워야 한다면, 삶이 얼마나 오래 걸릴지 상상해보라. 대신, 처음 보는 것을 마주할 때 뇌는 "이건 무엇과 비슷하지?"라고 묻는다. 그 새로운 의자를 이미 기억 속에 있는 의자의 범주와 연결하고, 곧바로 방대한 양의 연관 정보와 지식에 접근한다. 그 기능이 무엇인지, 사용하는 감각이 어떨지, 다양한 상황에서 어떤 모습일지, 어떤 다른 사물이 함께 있을 가능성이 높은지를 즉시 파악한다. 놀라울 정도로 강력하고 유용하다. 그러나 인간관계에서는 결코 바람직하지 않다. 처음 만난 사람이 예전에 알던 누군가를 떠올리게 할 때, 우리는 과거 그 사람에 대해 가지고 있던 모든 특성과 기억, 태도를 그 새로운 사람에게 투사하고 싶지 않지만 실제로 그렇게 해버린다. 우리는 모두 각각 다른 개별적인 존재다. 그리고 우리는 모두 다른 개별적인 존재이며, 새로운 사람이 어떤 사람인지 실제로 파악하는 데 우리가 매우 서툴다는 것이 이미 입증되었는데도, 습관적으로 그런 판단을 반복한다. 사물이나 상황에 대해서는 훌륭한 습관이지만, 정보도 없이 새로운 사람을 판단할 때는 결코 좋은 습관이 아니다.

나는 이 책을 쓰기 위해 멋진 이스라엘 북부(갈릴에 위치한 킬릴)에 있는 한 오두막집을 몇 달 동안 빌렸다. 자연과 닭이 있고, 휴대전화 수신이 안 되는 곳이었다. 처음에 임대료를 지불할 때 나는 히피풍의 집주인에게 수표를 받으라고 꽤나 재촉해야 했다. 주인의 인상은 전반적으로 매우 느긋하고 돈에 대해서는 별로 관심이 없어 보였다. 이런 인상을 마음속 어딘가에 품고 있었기에, 나 역시 다음 달 임대료를 내는 일에 대해 느긋해졌다. 그는 몇 번이나 임대료를 달라고 했지만 나는 진지하게 받아들이지 않았고, 여러 번의 상기 끝에야 그가 정말로 돈을 원한다는 것을 이해하게 되었다. 돈을 향한 그의 태도에 대한 나의 첫인상은 순식간에 결정되었고 그 뒤 그대로 굳어졌다. 누구나 그렇듯이 나는 한 번의 만남으로 나만의 고정관념을 형성했다. 그리고 이 순간적인 첫인상은 반복되는 반증에도 쉽게 바뀌지 않았다.

우리가 빠르게 인상을 형성하는 습관은 대인 관계에서 불공평하고 해로울 뿐만 아니라, 사물을 새롭게 즐기는 섬세한 기쁨마저도 앗아간다. 월터 페이터는 저서 《르네상스: 예술과 시에 관한 연구 The Renaissance: Studies in Art and Poetry》의 놀라운 결론에서 이렇게 말한다.

> 철학, 즉 사변적 교양이 인간 정신에 제공하는 봉사는 정신을 흔들어 깨워 끊임없고 열정적인 관찰의 삶으로 이끄는 것이다. 매 순간 어떤 형상이 손이나 얼굴에서 완성되고, 언덕이나 바다 위 어떤 음색이 다른 것보다 더 정교하며, 어떤 열정이나 통찰, 지적 흥분의 기분이 그 순간에만 저항할 수 없을 만큼 생생하고 매혹적으로 우리를 끌어당긴다. 오직 그 순간뿐이다. 경험의 결실이 아니라 경험 그 자체가 목적이다. 극적이고 다채로운 삶 속에서 우리에게 허락된 박동 수는 제한되어 있다. 그 모든 박

동 안에 담긴 것을 가장 섬세한 감각으로 어떻게 포착할 수 있을까? 어떻게 하면 한 지점에서 다른 지점으로 가장 빠르게 이동하고, 가장 순수한 에너지를 가진 생명력들이 집중되는 초점에 항상 존재할 수 있을까?

이 단단하고 보석 같은 불꽃으로 항상 불타오르며, 이 황홀경을 유지하는 것이야말로 인생의 성공이다. 어떤 의미에서 우리의 실패란 습관 형성에 있다고 말할 수도 있다. 어차피 습관은 틀에 박힌 세계에 관한 것이기 때문이다. 그리고 동시에 어떤 두 사람, 사물, 상황이 똑같이 보이는 것은 눈이 무디기 때문이다.

실패는 습관 형성에 있다

인생에서 똑같은 순간은 없고 어떤 사람도 다른 사람과 같지 않으며, 어떤 꽃도 다른 꽃과 같지 않고 모든 노을은 제각각이다. 사물에 대해 '무엇과 비슷한가?'라는 유추를 재빨리 찾아내어 자원을 처리하는 것과 같은 뇌와 정신의 놀라운 습관 메커니즘이야말로 개인을 하나의 범주로 인식시키며, 에클레어(안에 크림을 넣고 겉에 초콜릿을 바른 프랑스식 슈 디저트-옮긴이)를 먹을 때마다 만끽할 수 없도록 방해하는 메커니즘이다.

과학자들은 위대한 돌파구를 찾으려면 편견과 낡아빠진 추정을 버려야 한다는 사실을 알고 있다. 그렇게 해야 세상을 새롭게 바라볼 수 있고, 기대와 하향식 사고를 버릴 수 있다. 새로운 사람들이 생각을 자유로이 말하도록 권해야 하는 이유이다. 그들은 고착된 전문가의 사고를 해체할 수 있는 훌륭한 자원이기 때문이다. 예전의 자신으로 돌아가는 것이 가장 쉬운 길이다. 그래서 선(禪)의 권위자인 스즈키 슌류와 같은 이들이 우리 모두 초심자의 마음을 기르도록 권하는 것이다. 전문가의 정신은 고정되어 있고 경직되어 있지만(비록 전문가이긴 해도….) **초보자 정신**beginner's mind은 많은 가능성을 열어둔다.

성격 특성 또한 넓은 의미에서 습관이다. 성격을 하나의 커다란 습관(과 성향)의 묶음으로 생각할 수 있으며, 마음 상태와 유사하지만 훨씬 더 단단하고 영구적이다. 성격 특성은 모든 특성 중 가장 고착된 습관이다. 내향적인 성격이나 새로운 경험에 열려 있는 성향을 쉽게 바꿀 수 있는 사람은 거의 없다. 욕망과 집착 역시 사고의 습관으로 볼 수 있으며, 우리는 이것들을 떨쳐내기가 얼마나 어려운지 잘 알고 있다. 또 하나 흥미로운 정신적 습관의 유형은 미신적 믿음과 마법적 사고로, 실제로 존재하지 않는 관계, 인과, 결과를 보는 경향을 말한다. 다이어트를 시작하거나, 체육관에 규칙적으로 가거나, 금연을 하거나, 휴대전화를 내려놓는 것이 어려운 것처럼, 깊이 각인된 정신의 습관을 버리는 것도 어렵다.

마음 방황 또한 정신의 습관이다. 정신적 움직임에 대한 우리 성향은 멈출 수 없어 보인다. 초보 명상가든 경험 많은 명상가든 누구나 겪는 어려움이 바로 이 정신적 습관을 깨뜨리기 얼마나 힘든지를 가장 잘 보여준다. 정신은 끊임없이 바쁘기를 원한다. 마음을 채웠던 생각이 정리되고 나면, 정신은 곧 새로운 것, 심지어는 아무 의미 없는 일로도 그 빈자리를 채운다. 예컨대 주변 낯선 사람들에 대한 쓸모없는 세부사항 같은 것들 말이다. 명상 수련에서 이 점을 뚜렷하게 느낄 수 있다. 수련에 들고 왔던 수많은 생각이 사라지고 나면, 그 자리를 현재 맥락의 자잘한 생각들이 차지한다. 내 앞에 앉은 여자의 가방, 오른쪽 남자의 문신 같은 것들 말이다. 아무것도 생각하지 않고 앉아 있기란 얼마나 힘들까? 아주 활동적인 아이에게 가만히 앉아 있으라고 말하는 상황과도 같다. 그 아이의 과잉행동뿐 아니라, 주변 환경 역시 사방에서 아이를 자극하는 물건들, 사탕들, 장난감들로 가득하기 때문이다.

요약: 명심해야 할 5가지 사항

첫 번째 요점은 마음이 방황할 때(그렇지 않을 때가 없겠지만) 생각이 얼마나 쉽게 이어지는지를 주의하라는 것이다. 더 나은 기분과 더 나은 아이디어를 위해서는 마음이 넓고 멀리 빠르게 방황하는 것이 가장 좋다.

두 번째는 마음 방황이 또 다른 면에서도 아주 훌륭하다는 것이다. 상상한 경험에서 배울 수 있게 해주는 도구이며, 단순히 사전에 경험을 조작함으로써 결정과 가능한 미래의 경험을 준비할 수 있다.

세 번째는 마음에는 여러 상태가 존재한다는 것이다. 이 상태들은 역동적이며 인식, 주의, 사고, 개방성, 기분 같은 정신적 존재의 다양한 측면들을 함께 묶는다. 상황에 맞는 올바른 마음이 있고, 우리의 과제는 그 일치도를 최대화하고 마찰을 최소화하는 것이다.

네 번째는 우리의 생각과 경험의 다른 자질을 더 잘 이해하기 위해서라도 명상을 해야 한다는 것이다.

  다섯 번째는 몰입이다. 월터 페이터의 말을 다시 인용하자면, **"경험의 결실이 아니라 경험 그 자체가 목적이다."**

부록: 연구실에서 일상으로

지금까지 수년간 과학 분야에서 쌓아온 나의 연구 아이디어, 발견, 이론 대부분은 주변 일상 속에서 호기심을 자극했던 사소한 일들, 이상하게 느껴졌던 장면들, 설명하거나 일반화하고 싶어졌던 어떤 순간들에서 비롯되었다. 그런 결실을 실험실 밖에서 유의미하고 적용 가능한 형태로 다시 되돌려줄 수 있게 되어 매우 기쁘다. 그중 일부를 예시와 함께 여기에 정리했다. 대부분이 나의 경험에서 비롯되었고 일부는 본문에서 강조한 인용문으로, 다음 단계로 넘어갈 때 참고할 수 있도록 수록했다. 즐거운 독서가 되기를.

의도적인 방황

마음 방황은 뇌의 주된 활동이다. 다른 중요한 일을 해야 할 때나, 이 방황이 반복적인 반추로 이어져 기분을 가라앉힐 때처럼 언제나 환영받는 것은 아니지만, 적절한 맥락에서는 매우 소중한 자원이다. 스스로가 방황하고 있음을 깨달았을 때 자책할 필요는 없다. 오히려 의도적으로 시간을 할애할 가치가 있는 창의적인 습관일 수 있다. 일단 마음 방황을 최대한 활용해야 한다.

시뮬레이션 된 경험에서 배우기. 우리가 기억하는 것 중 상당 부분은 실제 경험의 결과지만, 일부는 상상된 경험과 시뮬레이션 된 시나리오의 결과다. 직접 경험하지 않고도 배울 수 있다는 것은 경이롭다. 나는 상상한 시나리오를 기억에 남기라고 권하긴 했지만, 실제로는 저절로 저장된다. 실제 일어난 적 없는 상상된 경험 또한 뇌에 기억으로 저장될 수 있는지에 대한 내 연구는 예전에 비행기 안에서 시작되었다. 논문을 검토하다가 정신이 멍해지면서 응급 출입문에 시선이 멈췄고, 다음과 같은 시뮬레이션이 펼쳐졌다. '비행 중 갑자기 문이 열린다면 어떡하지? 낙하산이 필요하겠지. 무릎 위에 덮고 있던 담요를 쓸 수 있을까? 바람이 너무 강해서 손으로 붙잡고 있지는 못할 거야. 구멍이 있어야겠네. 구멍은 내 펜으로 뚫을 수 있겠지' 등등. 터무니없고 우스꽝스럽지만 나는 지금 상상 속 경험의 대본을 기억 속에 저장하고 있으므로 예상치 못한 일이 일어나면 도움이 될 것이다. 우리는 훨씬 더 가능성이 높은 상황에서 이 작업을 자주 수행한다.

반쯤 유도된 Semidirected **마음 방황**. 마음이 무엇을 대해 방황할지 정확히 지시할 수는 없지만, 떠도는 동안 머릿속에 어떤 내용이 자리 잡고 있으면 좋을지를 스스로 채워 넣으려 애쓸 수 있다. 새로운 아이디어를 원해서든, 기분이 좋아지기 위해서든, 또는 두 가지 이유 모두일 수 있다. 오랜 시간 동안 산책하거나 특별히 집중을 요하지 않는 다른 활동을 하기 전에 나는 스스로에게 묻는다. 지금 내 머릿속에 무엇이 있는가? 만약 방금 낸 공과금이나 짜증 나는 이메일 같은 것이 떠오르면, 나는 마음 방황 시간을 할애하고 싶은 무언가로 바꾸려고 노력한다. 최근에 흥미롭게 읽은 문단을 다시 떠올려본다든지, 전에 포기했지만 나를 사로잡았던 문제를 다시 끄집어내거나, 곧 다가올 여행을 머릿속에서 예행연습해보며 세부 계획을 조율하는 식이다.

건설적인 마음 방황을 유도하는 조건. 가장 창의적이고 기운을 북돋우는 마음 방황은 부담스러운 과제가 없고, 긍정적인 기분이 함께할 때 일어난다.

기분과 창의성을 위해
폭넓게, 멀리, 빠르게 방황하라

정신적 진행의 용이함. 건설적인 마음 방황, 창의적인 사고 그리고 행복한 기분은 모두 같은 하나의 특징인 **정신적 진행의 용이성**에 의존한다. 생각은 폭넓게, 멀리 그리고 빠르게 전진해야 하며, 그렇게 해야 생각이 얼마나 넓은 영역을 아우를 수 있는지를 극대화한다. 반추적 사고와 정반대다. 정신의 흐름은 효율적이어야 한다. 부드러울수록 좋지만 지나쳐서는 안 되며, 사고 과정은 여전히 일정한 경계 내에 있어야 한다. 이 사실을 알게 된 지금, 내 사고 흐름을 막는 장애물들을 규칙적으로 파악하려고 노력한다.

폭넓은 사고. 사고의 패턴은 기분에 영향을 줄 수 있다. 무엇을 생각하든 사고 패턴 자체가 기분을 직접적으로 바꿀 수 있다. 한동안 다른 방향의 영향력이 존재한다고 알려져 왔다. 좋은 기분일 때 사람들은 더 창의적이고, 통찰력과 명쾌한 해결책이 요구되는 문제를 잘 해결하며, 기억에 있는 더 특이한 정보에 더 잘 접근하는 경향이 있다는 것이다. 그러나 행복에 더욱 중요한 것은 반대 방향, 즉 사고 패턴을 변화시킴으로써 기분을 향상할 수 있다는 가능성이다. 이제 만성적인 반추가 어떻게 작용하는지를 이해했지만, 그렇다고 쉽게 줄어들지는 않는다. 그러나 덜 심각한 반추의 경우, 폭넓게 진행되는 연상적 사고가 기분을 개선할 수 있다는 것을 기억하자. 실험에서 참가자의 생각 폭을 넓히고 기분을 개선하는 연상 체인의 몇 가지 예는 다음과 같다.

> 수건-예복-왕-여왕-잉글랜드-시계-종-교회-십자가-묘지-무덤-꽃
>
> 토마토-붉은색-피-황금색-스푼-은색-동전-쿼터-주차-미터기-티켓-경찰
>
> 텐트-서커스-코끼리-땅콩-땅콩버터-젤리-도넛-구멍-삽-갈퀴-나뭇잎-나뭇가지
>
> 텔레비전-책-선반-옷장-재킷-장갑-모자-캡-야구-박쥐-동굴-곰
>
> 치아-혀-근육-바벨- 운동화-발-발가락-매니큐어-목화-구름-새-비행기

이처럼 사고가 넓게 확장되도록 유도하면 기분이 긍정적으로 전환될 수 있다. 생각에 적용할 수 있는 내용은 많지 않지

만 사고의 흐름을 바꿀 수 있다. 사고의 패턴을 관찰하면 반추인지 아닌지 알 수 있다. 만약 반추적이라면 건강한 주의 분산과 라벨링이 효과적일 수 있다. 반추하지 않을 때도 더 나은 아이디어와 창의적인 생각을 위해 더 넓은 사고가 바람직할 수 있다. 스스로 폭넓은 목록을 만드는 것만으로도 이미 사고가 확장할 것이다.

조증 상태와 같은 사고방식을 통한 기분 개선. 기분을 개선하는 놀라울 정도로 간단한 또 다른 방법은 텍스트를 아주 빠르게 읽는 것이다. 원하는 텍스트를 최대한 빨리 읽는다. 이해할 수 있어야 하지만 동시에 아주 즐거워야 한다. 빠르게 읽는 행위는 흥분과 고양감을 유발하는 조증 유사 상태를 유발한다. 실제로 실험 참가자들은 텍스트를 빨리 읽은 뒤 힘이 솟는 느낌, 창의성이 증가한 느낌, 에너지 넘침 등 조증의 전형적인 특성을 경험했다고 보고했다. 당신도 아마 그런 행운을 누릴 수 있을지도 모른다.

억제 최소화. 억제는 생각의 속도, 범위, 거리를 제한하는 메커니즘이다. 억제된 사람일수록 기분 장애를 겪을 가능성이 높다. 더 간단하게 말하면 덜 억제된 사람은 더 창의적일 가능성이 높다. 억제가 적으면 정체도 적다. 명상은 이러한 억제적인 하향식 영향을 차단하는 데 도움이 된다고 입증되었다. 몰입도 마찬가지다. 억제에서 벗어날 수 있도록 자신에게 맞는 환경과 상황을 찾는 일은 개인적인 여정이다. 스스로 찾아낼 수 있다.

인지 부하 감소. 여러 원천이 동시에 뇌의 처리 과정과 정신적 여유에 부담을 줄 수 있다. 울어대는 두 아이와 함께 슈퍼마켓 통로를 걷는다면, 진열대의 새로운 제품을 탐색하거나 알아채는 것은 불가능할 것이다. 정신적으로 과부하 상태가 되면 창의성이 떨어지고, 좁고 폐쇄적인 사고 상태로 이어진다. 지각과 주의가 지역적이고 제한되며, 사고는 좁고 덜 긍정적인 기분과 결합되어 전반적으로 익숙함에 의존하는 착취적 상태가 된다. 이 상태에서는 반대로 인지 부하를 줄이면 창의성이 높아지고 탐구심이 확장하며, 지각과 사고의 범위가 확대되고 기분도 개선된다. 물론 현실적인 일상 속에서는 인지 부하에서 벗어날 여유가 항상 있는 것은 아니다. 설령 그렇다고 하더라도 제한된 상태를 인식하는 것만으로도 그 상태에 가장 적합한 활동을 선택하는 데 도움이 된다.

마음 상태

 마음 상태는 인식, 주의, 사고, 개방성, 기분 등 정신 생활의 주된 측면을 포괄하는 총체적 개념이다. 마음 상태를 특정 상황에 맞게 최적화할 수 있는 여러 '진입점'이 있다. 이 진입점은 다양한 상황의 변경 사항에 진입할 수 있다.

 나의 마음 상태를 교정하는 데 도움이 되는 방법은 다양하다. 일부는 실험실에서 사용했고 나머지 방법은 일상생활에서 적용해봤는데, 꽤 효과가 있다. 더 광범위하고 개방적이든 아니면 더 좁고 폐쇄적이든, 마음 상태는 진입점 중 하나만을 활용하더라도 변할 수 있으며 상황에 맞게 선택하면 된다. 인식과 주의는 더욱 전체적일 수 있고('숲' 전체를 보고 주의 기울이기) 더 국지적일 수도 있다('나무'를 보고 주의 기울이기). 마음 상태를 더 확장하기 위해 전체 장면을 조사하는 것부터 시작할 수 있는데, 세부 사항까지 자세히 살펴보면 마음 상태가 점점 좁아질 것이다. 또한 위에서 제안한 방법에 따라, 생각은 마음 상태를 더 넓게 또는 좁게 바꾸는 데 영향을 미칠 수 있다. 개방성, 불확실성에 대한 수용력 또는 탐색적이거나 익숙한 것에 대한 의존성도 마찬가지로 변화할 수 있으며, 결과적으로 마음 상태를 변화시킬 수 있다. 탐색할 새로운 환경을 찾거나, 새로운 요리를 만들거나, 불편함을 감수하면서 새로운 것을 경험해보는 것은 불확실성과 새로움에 대한 태도를 변화시키는 데 도움이 된다. 마지막으로 기분도 마찬가지다. 어떤 맥락에서는 아주 짧은 시간이라도 인위적으로 바꿀 수 있으며, 때로는 아이스크림과 웃긴 영화 한 편이 충분할 수 있다. 이 다섯 가지 요소 중 어느 하나라도 변화하면 나머지도 그에 따라 영향을 받게 되며, 이들을 조합하면 현재 마음 상태를 원하는 방향으로 조율할 수 있다.

시간은 탐색-활용 스펙트럼에서 우리가 어디에 위치하는지를 결정하는 또 다른 요인이다. 대부분의 사람들은 아침 커피 루틴이 바뀌는 것을 극도로 꺼리지만, 점심쯤이 되면 의외의 요리를 받아들이는 데 훨씬 더 열린 태도를 보이곤 한다. 물론 이는 개인차가 있는 현상이며, 자신이 어떤 시간대에 어떤 마음 상태에 가까운지를 의식하고 관찰하다 보면 시간대와 마음 상태 사이의 상관관계를 스스로 실험하고 이해할 수 있게 된다.

마음 상태를 측정하는 방법에 익숙해지면 그 상태에 맞춰 활동을 최적화하는 데 도움이 된다. 예를 들어 마음챙김 명상은 현재 자신의 마음 상태를 꾸준히 모니터링해야 한다는 점을 인식하는 데 큰 도움이 된다. 마음 상태와 그 조절은 더 나은 수행을 위한 자원으로 활용될 수 있다. 기분이 좋은 상태일 때는 가만히 앉아 있기 어려우므로 지루한 일을 하기에 적절하지 않고, 이 상태에서 내리는 결정은 대체로 더 위험을 감수하게 되는 경향이 있다는 점도 알고 있어야 한다. 그러나 문제에 대한 비전형적인 해결책을 떠올리는 데에는 이 상태가 가장 적합하다. 새로운 영역을 불안 없이 탐색하기에 가장 좋은 마음 상태는 폭넓게 연상되는 사고 상태이며, 그 반대도 마찬가지다. 이러한 마음 상태의 상호의존성은 모두 상호작용을 기반으로 하기 때문이다.

내 마음 상태가 넓게 열려 있을 때, 나는 그 기분을 유지하도록 스스로에게 허락하고 그 상태를 활용해 탐험적인 활동을 시도하거나, 정신을 자유롭게 방황하도록 내버려두어 일에서 활용할 수 있는 새로운 아이디어가 떠오르기를 기대한다. 나는 자발적인 방황을 존중하기 시작했다. 만약 그 방황이 점점 반추적인 상태로 바뀌기 시작한다면, 나는 대개 그 주문에서 빠져나올 수 있는 어떤 행동을 취한다. 그중 하나는 빠르게 몰입할 수 있는 다른 활동으로 나 자신을 전환하는 것이다. 시간이 지나면서 마음 상태를 점검하는 것이 자연스러운 습관이 되었다. 나는 이제 어떤 경험을 할 때마다 내 마음 상태를 의식적으로 살피고, 그것을 개선하기 위해 초급 요가 수업처럼 스스로를 관찰하며 경험할지, 아니면 가능한 한 깊이 몰입해서 그 경험 자체를 느낄지 선택한다.

하향식인가, 상향식인가? 마음 상태는 하향식 영향과 상향식 영향 간의 비율에 의해 형성된다. 하향식 영향은 기억과 이전의 경험에서 오는 반면, 상향식 영향은 감각에 의해 전달되는 현재 환경으로부터 생겨난다. 우리는 이 사실을 알기 때문에 유용하게 사용할 수 있다. 우리에게 영향을 미치는 요인을 완벽하게 통제할 수는 없다. 그러나 이런 차이를 염두에 두고자 노력할 수는 있다. 아이들과 휴일을 보내거나, 연인과 데이트하거나, 망고를 먹거나 예술 작품을 볼 때, 내면에서 올라오는 오래된 신호를 잠재우고 감각을 통해 들어오는 신호에 적응하려고 노력할 수 있다. 반대로 익숙함을 기반으로 효율성과 확실성을 확보하고자 한다면 내면의 지식에 더 많은 비중을 두어야 한다. 신제품 제작을 위해 새로운 아이디어를 찾고 있다면 폭넓고 연상적인 마음 방황 모드가 바람직하다. 비록 충분하지는 않았지만, 나는 내 아이들과 함께 시간을 보내는 경험에 훨씬 더 잘 몰입할 수 있었다.

불확실성에 대한 수용성. 우리는 의미를 가지기 위해, 지금 무슨 일이 일어나고 있는지 알고 있고 통제하고 있다는 주관적인 확신을 위해 범주화를 한다. 새로운 것을 기존 틀에 억지로 끼워 맞추려는 압박을 느끼지 않으려면, 불확실성을 견디는 능력이 필요하다. 불확실성에 대한 수용성은 개방적이고, 호기심이 많고, 폭넓고 탐구적인 마음 상태에서 온다. 창의적이고 기분도 좋다. 다행히도 아이들은 경계나 규칙, 범주에 그다지 신경 쓰지 않는다. 그것들은 모두 아직 아이들의 뇌에서 발달하지 않은 전전두엽 피질에서 비롯되기 때문이다. 우리가 이 상태를 모방하려면 우리의 감각에 순응하는 방법을 찾아야 한다.

변화를 위한 창. 첫인상에 영향을 미칠 수 있는 기회의 창은 극히 짧다. 새로운 상황에서 먼저 탐색 창을 잠깐 열고 새로운 틀을 학습하고 만들 수 있다. 그러면 그 틀은 고정되고 확고해진다. 우리는 아주 빨리 기본 활용 상태로 돌아가고, 그 짧은 탐색의 순간에 형성된 틀에 의존하게 된다. 다소 답답한 이 사실을 인식하는 것이 핵심이다. 근거 없는 편견에 맞서는 일은 결코 쉽지 않지만, 사소한 정보에 근거해 판단을 내리면 성공 가능성이 희박하다는 것을 잊지 말아야 한다.

몰입하기

몰입은 전혀 다른 방식의 경험이다. 사고하지 않고, 방황하지 않고, 스스로를 관찰하지 않고, 아무것도 기대하지 않고, 오로지 감각만으로 경험하는 방식이다.

나는 몰입하는 시간을 주기적으로 가져야 한다고 계속 강조했다. 어떤 활동에 그토록 몰두하여 완전히 빠져들었던 순간이 언제였는지 스스로 물어보라. 그런 경험을 다시 해볼 수 있도록 시간을 따로 정해두라. 또는 완전히 새로운, 정신을 쏙 빼놓을 경험을 찾아보라. 왜 누군가가 산맥의 협곡 위를 집라인으로 건너기 위해 큰돈을 쓰는지 궁금했던 적이 있는가? 그렇다면 시도해보라. 라스베이거스에서 외계인의 침공을 가상현실 헬멧을 쓰고 체험하며 롤러코스터를 타본 적이 있는가? 일에 몰입하는 것이 가장 생산적인 형태의 몰입인 것은 분명하지만, 그 밖의 경험들도 결코 하찮은 것이 아니다. 강렬한 모험 속에서 몰입을 연습하다 보면, 점점 더 자극이 덜한 상황에서도 몰입하는 기술을 적용할 수 있게 되고, 이전보다 덜 자극적으로 느껴졌던 상황조차 더 흥미진진하게 바뀐다.

자발적 몰입을 유도하는 조건이 무엇인지 말할 수 있으면 좋겠지만, 심리학과 신경과학 연구는 이제 막 시작 단계다. 그러나 한 가지 확실히 말할 수 있는 건, 어느 정도 자발적으로 의도된 몰입 상태에 들어갈 수 있다는 것이다. 내가 가장 좋아하는 의식적인 몰입 경험은 아이들과 함께하는 시간이다. 휴대전화를 한쪽으로 치우고, 몸을 앞으로 숙이고, 눈을 크게 뜨고 귀를 열고 온전히 빠져든다. 내가 스스로 갈고 닦은 작은 명상법이다. 호흡에 집중하다가 정신이 흐트러지면 다시 호흡으로 돌아가는 일반 명상 대신, 나는 아이들에게 집중한다. 바비 인형 놀이를 하거나 함께 샌드위치를 만들면서 이렇게 큰 기쁨을 느낄 수 있을 거라고는 상상도 못했다. 안타깝게도 이런 순간이 자주 있지는 않다. 물론 하루 종일 내 상태에만 집중하며 살아갈 수는 없지만, 우리는 훨씬 더 자주 그렇게 하도록 스스로를 상기하는 법을 배울 수는 있다.

생각에 대해 명상하기

반드시 명상을 하라는 말이 아니다. 명상은 효과적일 수 있으나 필수는 아니다. 이 책 전체에서 명상이 언급되는 이유는 그것이 제공하는 원칙들 때문이다. 이 원칙들은 쉽지는 않지만 일상에서 직관적으로 실현될 수 있다.

마음 챙김이 있는 삶을 촉진할 수 있는 명상의 힘을 설명하는 세 가지 요소가 있다. 첫 번째는 분산된 주의력이다. 편향이나 특정한 초점 없이 모든 위치와 모든 사물에 동일한 비중을 두고 주변 환경에 주의를 기울이는 능력이다. 물론 항상 바람직한 것은 아니다. 자동차 열쇠를 찾거나, 군중 속 친구를 찾거나 하키 퍽을 찾을 때는 주의 집중 스포트라이트가 아주 구체적이어야 하며, 가능한 위치와 특징에 대한 정보가 있어야 한다. '월리를 찾아라'를 떠올리면 된다. 그러나 특별히 어떤 것을 찾아야 할 필요가 없고 주변 장면을 살필 여유가 있을 때, 주의를 넓히는 것 이상으로 아예 스포트라이트 자체가 없는 상태를 원하게 된다. 주변의 모든 요소가 흥미로울 수 있기 때문에 열린 자세로 받아들이고자 한다.

 명상이 뇌를 마음 챙김 상태로 만들기 위해 하는 두 번째 일은 '기대 끄기'다. 뇌의 기본 상태는 기대하는 것이다. 무언가가 일어나기를 기대하고, 좋거나 나쁠 것을 예상하고, 미래에 무언가를 원하며, 일어나는 일을 자신의 기대와 비교해 판단한다. 이러한 기대 상태에서 벗어나는 요령은 지속되는 호흡을 관찰하는 것이다. 이는 하향식 정보 흐름의 개입을 점차 줄이며 지금 이 순간 여기에 있도록 만든다. 지금 여기에 있게 되면 미래에 대해 생각으로부터 멀어진다. 이는 곧 기대를 내려놓는 것이다. 기대하지 않으면, 다가오는 것에 더욱 열리게 된다.

명상이 현재의 경험의 질을 크게 높여주는 세 번째 요소는 생각, 욕망, 두려움에 대한 집착을 줄이는 것이다. 내 경험상 가장 효과적인 방법은 라벨링이다. 이 방법은 내 연구실에서 여전히 연구 중인 주제이지만 이미 일상에서 적용할 수 있다. 지금 머릿속을 차지하고 있는 특정한 생각을 살펴보고 몇 가지 차원에 따라 분류한다. 생각이 이끌어내는 감정의 관점에서 긍정적인가, 부정적인가 아니면 중립적인가? 과거, 현재 또는 미래에 관한 것인가? 당신에 관한 것인가, 다른 사람에 관한 것인가, 아니면 둘 다인가? 만약 어젯밤에 본 영화의 슬픈 결말을 생각한다면 '부정적, 과거, 타인'으로 분류될 것이다. 만약 딸이 두 달간 떠나는 여행에 대해 생각하고 있다면, '부정적, 미래, 자아'로 분류할 수 있다. (물론 다른 분류 기준도 생각해볼 수 있다.) 이 훈련에 참여하고 라벨링을 마치는 순간 생각들이 사라지기 시작할 것이다. 근심이 떠올라도 괜찮다. 그저 인정하고, 라벨을 붙이고, 다음으로 넘어가면 된다.

초심자 정신. 과학자들은 위대한 돌파구를 찾으려면 편견과 낡은 가정을 버려야 한다는 사실을 알고 있다. 세상을 새롭게 보고, 기대를 접고, 하향식 사고를 버려야 한다. 신참자들이 자기 생각을 자유롭게 말하도록 장려해야 하는 이유다. 그들은 고정된 전문가의 사고를 해체하는 훌륭한 원천이다. 예전 모습으로 돌아가는 것이 가장 쉽다. 초심자의 정신은 많은 가능성을 열어둔다.

기타

정신적 타액 분비. '정신적 타액 분비'라고 하는 시뮬레이션은 상황을 더욱 실현 가능하게 보이도록 할 수 있다. 소파에 누워 있고, 컴퓨터로 돌아가거나 쇼핑을 가거나 헬스장에 갈 에너지를 모을 수 없을 때가 있다. 그럴 때는 다가올 활동을 자세히 상상해보라. 예를 들어 식료품을 사기 위해 어떤 활동을 해야 할지 상상해보자. 작성한 목록, 가져가고 싶은 재활용 가방, 주차장, 걸어갈 통로와 그 형태, 나오는 길에 들를 꽃집 그리고 집에 돌아왔을 때의 성취감까지 구체적으로 떠올린다. 그 모든 경험이 갑자기 훨씬 더 가까워지고 실제로 소파에서 일어나 행동으로 옮기기까지의 장애물들이 사라진다. (단, 이 방법을 일반적인 미루기 습관에 맞서는 조언으로 받아들여서는 안 된다. 나는 미루기가 종종 창의적 영감의 배양이라는 목적을 가지며, 따라서 맞서 싸워야 할 대상으로만 볼 수는 없다고 믿는다.)

관습과 경계 허물기. 나는 삶에서 경계를 가지고 노는 걸 좋아한다. 원하는 것과 주변이 기대하는 것 사이에서 선택해야 할 여러 교차점마다, 엄격한 범주형 울타리와 유연한 범주형 울타리의 장단점을 저울질한다. 친구의 꽃 이야기가 남긴 교훈 중 하나는, 어떤 일을 마주하기 전까지는 그 가능성을 예측할 수 없기 때문에 불가능해 보이지만, 일단 실제로 일어나면 그냥 가능해진다는 점이다. '이상함'도 익숙해지면 '정상'이 된다.

나눔을 통한 완화. 아픈 생각이나 벅찬 걱정을 단지 누군가와 나누는 것만으로도 고통의 많은 부분이 완화된다. 누군가와 이야기하는 것, 스스로에게 말하는 것, 심지어 단순히 종이에 써보는 것만으로도 대부분의 일상적인 작은 걱정들에 놀라울 만큼 효과가 있다.

행위 유발성 고려하기. 눈앞에 있는 것이 특정 행동을 얼마나 유도하는가? 이 원칙이 구상으로 이어지고, 건축, 광고, 제품 디자인 등에 적용될 수 있다. 여러 기업에 자문할 때, 나는 항상 제품 디자인이 고객으로 하여금 그 제품을 사용하는 자신의 모습을 쉽게 떠올릴 수 있게 해야 한다고 강조한다. 즉, 디자인을 통해 의도된 행동이 설계에 의해 어떻게 유도되는지가 명확히 드러나야 한다. 예를 들어 세제라면, 소비자가 실제로 손잡이를 잡고 세제를 붓는 모습을 쉽게 상상할 수 있도록 디자인해야 한다. 가능한 한 그 과정을 상세하게 상상하게 만들어야 앞서 언급한 '정신적 타액 분비'가 촉진되고, 그 경험이 설득력을 갖게 된다. 나는 이 원칙을 아이들에게나 다른 사람들을 설득할 때도 활용한다. 선택지를 제시할 때, 시뮬레이션이 가능할 정도로 단계를 구체적으로 만들어라. 어떤 활동을 생생하게 상상할수록 그 활동에 대한 확신이 커지고 결정을 내리기가 더 쉬워진다. 우리가 모든 면에서 적절한 정신적 시뮬레이션을 통해 충동에 평화를 가져다줄 수 있기를 바랄 뿐이다.

  종합하자면 삶을 온전히 경험하는 데 있어 핵심 장애물은 하향식 정보 처리 성향, 과도한 정신적 부하 그리고 몰입하지 못하는 상태다. 그러나 이제 우리는 이러한 장애물을 극복할, 더 나은 도구들을 갖추었다.

감사의 말

내가 사랑하는 사람들, 아끼는 사람들, 영감을 주는 사람들 그리고 나에게 문제를 제기하는 사람들, 나를 존경하고 무시하는 사람들, 모든 이에게 사랑한다고 말하고 싶다. 나를 둘러싸고 있는 영혼이 없다면 나는 존재할 수 없기 때문이다. 나는 나를 주목하는 사람들의 통로다.

나의 세 아이를 순서대로 말하자면 나오르, 나디아 그리고 닐리다. 내가 언젠가 내 사랑을, 너희가 나에게 느끼게 해주는 것들을, 그리고 너희 덕분에 내가 어떤 사람이 되는지를 말로 설명할 수 있다면, 그때 나는 진정한 작가가 되었다고 느낄 것이다. 너희가 내 기반이 되어주는 한 어떤 것도 어렵지 않다. 너희의 사랑, 섬세함, 태도, 창의성, 열린 마음, 이해심, 포옹과 키스가 내 삶에 의미를 준다.

마리아(피치), 20년 넘게 내 인생의 동반자이자 세 아이의 엄마인 당신은 내게 형식과 깊이 그리고 궁극적인 행복을 가져다주었다. 바이츠만 연구소 수학과에서 처음 만났을 때부터 우리가 함께 정복한 이 우주를 가로질러, 당신은 내 삶에서 언제나 천사 그 자체였다.

노아, 우린 너무 깊고 자연스럽게 연결되어 있다. 너는 나를 더 높은 곳으로 밀어올렸고, 설레게 했고, 차분하게 해주었다. 너와의 사랑은 내가 이 책을 가능한 최고의 모습으로 쓰고 싶게 만들었다. 영원히 함께 웃을 수 있기를 바란다. 난 가네시가 되고, 당신은 그 무엇보다도 아름다운 츌도넛이 될 것이다.

전문적으로는, 수많은 너그러운 스승들에게서 받은 영감을 감사한다. 그중 최고는 어빙 비더만과 시몬 울만이다. 서로 다른 시기에 나를 품어주었고, 내 일부는 여전히 그곳에 남아 있는 듯하다. 유대교에서는 스승을 부모와 같다고 한다. 두 분 모두 주저 없이, 조건 없이 내게 필요한 모든 것을 주셨다. 시몬은 나를 과학의 세계로 인도했고 오늘날까지 내게는 높은 탑과 같은 존재다. 어빙은 내가 내 안의 아이와 연결할 수 있도록 해주었으며 연구 내내 그 연결을 유지할 수 있었다. 그는 만족할 줄 모르는 호기심과 창의성(그림으로써 긍정적인 기분)의 전형이다. 또한 박사후과정을 위해 하버드에 와 있는 짧은 기간이었지만 다니엘 샤크터와 함께 연구할 수 있었던 것은 엄청난 행운이었다. 그는 기억 연구의 달인이자 일 처리에도 능한 사람이었다.

동료 중에서는 가장 먼저 댄 길버트를 꼽고 싶다. 내가 논평을 쓰고 싶었을 때부터 댄은 관대하고 인내심이 많고 명석한 사람이었다. 가까스로 〈뉴욕타임스〉, 〈보스턴글로브〉, 〈로스앤젤레스타임스〉에 게재할 수 있었던 것은 댄의 우정과 성격 그리고 재능 덕분이다. 지금까지도 글을 쓰는 도중 표현 때문에 고민할 때면 댄에게 자문을 구한다. 고마워, 댄. 다음에 시상식에는 꼭 함께할게.

어빙, 시몬, 댄 그리고 또 다른 댄은 끊임없는 통찰력과 창의력, 관대함, 열린 마음, 무한한 기회의 환경을 제공해줌으로써 과학적 탐구를 내 길로 선택한 것이 얼마나 행운인지 깨닫게 해주었다. 뻔뻔스럽게도 모든 것이 연구되고 해답을 찾을 수 있다고 믿을 수 있었던 것은 이들 덕분이다.

스승에게서 배우지 못한 것들은 학생들에게서 배웠다. 정말 운 좋게도 언제나 젊고 멋진 열정이 나를 에워싸고 있었고, 이들에게 경청해야 한다고 믿었다. 엘리사 아미노프, 바

딤 악셀로드, 시라 바로르, 재스민 보샨, 헬렌 페이긴, 마크 펜스케, 케스타스 크베라가, 말리아 메이슨, 마이탈 네타, 맷 파니첼로, 아미타이 셰나브, 캐서린 셰퍼드, 아미르 탈, 시부 토머스, 사브리나 트랩 등은 이 책과 관련된 작업을 해주었다. 고마워요! 이들의 협력과 기여 덕분에 나의 연구가 현재에 이르게 되었다. 그들의 낙천성, 개방성 그리고 독창성이 매일 나에게 에너지를 주었다. 영원히 학생으로 지내라. 그러나 그럴 수 없다면 영원히 학생들과 함께하면 좋겠다.

또한 함께한 대화, 실험, 또는 논문으로 나를 완성시키고 향상시킨 이들에게도 감사의 말을 전한다. 리사 펠트만 바렛은 야망, 비전 그리고 감정을 주었고, 노아 헤르츠는 날카로운 지성과 탁월한 글쓰기 그리고 진정성을 보여주었으며, 마우리치오 파바는 정신의학이라는 마법의 세계로 나를 인도했다.

브록먼 에이전시의 에이전트인 카틴카 매트슨이 아니었다면 이 책은 나올 수 없었을 것이다. 다정다감한 카틴카는 에이전트 그 이상이었다. 먼 이국땅에서 바다 건너와 처음 글을 쓰게 된 신출내기 작가의 손을 잡아주었으며, 진심 어린 격려와 정확한 조언으로 하나의 아이디어에서 이 한 권의 책으로 나를 인도했다. 좋은 친구로서 나의 마음을 움직였고 용기를 북돋워주었다. 진짜 친구는 이삿짐을 옮겨주는 사람이 아니라 시체도 옮겨주는 사람이라고 한다. 덕분에 내가 이 자리에 있어요. 카틴카.

젊고 열정적인 편집자 댄 암브로시오는 가장 생산적이고 효과적인 편집 과정을 위해 적절한 시기에 적절한 자극으로 내 정신을 환기했다. 당신과 같은 편집자와 일한 것은 행운이었습니다. 앞으로도 더 많은 책을 함께 작업할 수 있기를 바랍니다.

에밀리 루스, 고양이와 차, 웃음 속에 둘러싸여, 책 기획 단계부터 빛나는 도움을 준 당신에게 감사드린다. 짧은 시간 안에 큰 도약을 이뤄냈고 많은 것을 배웠다.

〈뉴욕타임스〉의 제임스 라이어슨(제이미). 내 기고를 특집으로 채택했고 행운의 연쇄 반응을 촉발했다. 예리한 편집으로 나를 더 나은 작가로 보이게 해주어 감사드린다.

오렌 하르만, 바일란 대학에서 만난 슈퍼스타 동료이자 절친한 친구가 된 당신이 수많은 훌륭한 책들로부터 얻은 경험과 조언을 나눠준 데 대해 감사한다. 우리가 함께 젊어져가는 여정을 계속할 수 있어 기쁘다.

말로 표현할 수 없는 인연, 무한한 지혜, 끝없는 배려 그리고 자극적인 복잡성. 나의 가장 소중한 친구 아디 푼닥-민츠에게도 감사의 말을 전한다. 사랑한다, 형제여. 덕분에 나는 특별한 존재가 된 기분이다.

사랑하는 친구이자 언제나 밝은 동료 나바 레빗-비눈. 나를 비파사나 세계로 이끌어주고 침묵 수행 중 몰래 대화하는 것조차 함께해주어 감사드린다.

이스라엘 비파사나 단체인 토바나의 일원들, 특히 두 팔 활짝 벌리고 마음을 열고 환영해준 릴라 킴히, 크리스토퍼 티트머스, 스티븐 풀더. 당신들은 나와 언제나 함께한다.

프로그에게. 내 안의 잠든 피질과 심장을 깨워준 당신에게. 당신은 언제나 아름답다.

캑터스에게. 당신은 나를 항상 환기시키는 존재입니다. 대안적인 영감을 찾을 수 있도록 도와주어 감사합니다.

아미에게, 단락 사이로 수려한 문장이 흐를도록 해주고, 유치원에 아이들을 데리러 갔다가 평생의 친구를 만날 수도 있다는 것을 증명해주어 감사하다.

고마워요, 사샤. 덕분에 생각 사이의 놀라운 공간을 찾을 수 있었어요. 당신은 야파 그 너머까지 빛나는 별이에요.

할할리우드 영화 같은 삶을 살아온 사미 사골과 그의 가족,

수많은 방식으로 나를 격려하고 영감을 주어 감사드린다.

하버드 대학교, 매사추세츠 종합병원, 바일란 대학교의 여러분, 생각과 열정을 추구할 수 있는 공간과 최상의 환경을 제공해주어 감사합니다.

내 연구실을 관리해준 에이나브 수다이와 차프리르 그린버그에게도 특별히 감사를 전한다. 당신들은 진정한 보물이다.

크레이그 와이넷, 당신은 궁극의 최고 크리에이티브 책임자다.

조시 와크먼, 환상적인 참고 문헌에 대해 감사드린다.

나의 대가족은 사전에서 '가족'에 대한 정의 옆에 있어야 할 것이다. 사랑, 유대, 도전 그 자체였고 나는 가족의 술을 담을 수 있었다. 어머니, 힐라, 음, 과연 이 세상에 내 어머니에 대한 사랑을 설명할 수 있을 책이 또 있을까? 어머니께 사랑을 보냅니다. 그리고 아버지 아비는 많은 분야에서 나의 롤 모델이자 우리 모두에게 안정적인 섬 같은 존재다. 여동생 에프랏과 인발은 주의력 장애가 얼마나 매력적인 주제인지 보여주었고, 나를 끊임없이 포옹해주었다. 남동생 나봇은 에베레스트다. 벤하모 일가에도 무한한 사랑을 전하고 싶다. 또한 나의 영원한 처가 식구인 마이클과 안나 랜도, 존재 그대로 감사하고 사랑한다.

돌아가신 이츠학 할아버지와 미할 할머니, 따뜻한 사랑의 빛이 어디까지 도달할 수 있는지 보여주셔서 감사합니다.

팝 스모크(파티에 오신 것을 환영합니다), 릴 핍(그늘진 미소를 지닌 그녀) 그리고 맥 밀러 (나는 정말 시끄러운 음악을 좋아한다). 당신들은 이 책의 가장 활기찬 사운드트랙이었고, 더 오래 함께하지 못해 아쉽습니다.

그리고 끝으로 대자연에게, 덕분에 나는 행복합니다.

참고 문헌

도입: 마음 상태

01. See Matthew A. Killingsworth and Daniel T. Gilbert, "A Wandering Mind Is an Unhappy Mind," Science (November 12, 2010): 932.

02. Moshe Bar, "Visual Objects in Context," Nature Reviews Neuroscience 5(2004): 617–629, https://doi.org/10.1038/nrn1476.

1장. 항상 '켜짐'

01. Marcus E. Raichle, "The Brain's Default Mode Network," Annual Review of Neuroscience 38, no. 1 (2015): 433–447.

02. Rotem Botvinik-Nezer et al., "Variability in the Analysis of a Single Neuroimaging Dataset by Many Teams," Nature 582 (2020): 84–88, https://doi.org/10.1038/s41586-020-2314-9.

2장. 생각과 연결하기

01. Marion Milner, A Life of One's Own (London: Routledge, 2011).

02. Ulric Neisser and Robert Becklen, "Selective Looking: Attending to Visually Specified Events," Cognitive Psychology 7, no. 4 (1975): 480–494.

03. Sarah N. Garfinkel and Hugo D. Critchley, "Threat and the Body: How the Heart Supports Fear Processing," Trends in Cognitive Sciences 20, no. 1(2016): 34–46.

04. Walter A. Brown, "Placebo as a Treatment for Depression," Neuropsychopharmacology 10 (1994): 265–269, https://doi.org/10.1038/npp.1994.53.

05. Slavenka Kam-Hansen et al., "Altered Placebo and Drug Labeling Changes the Outcome of Episodic Migraine Attacks," Science Translational Medicine 6, no. 218 (2014): 218ra5.

06. Wen Ten et al., "Creativity in Children with ADHD: Effects of Medication and Comparisons with Normal Peers," Psychiatry Research 284 (February 2020): https://doi.org/10.1016/j.psychres.2019.112680.

3장. 앞으로의 여정

01. See, for example, how interfering with the normal operation of the prefrontal cortex elicits odd outcomes such as becoming inappropriately generous: Leonardo Christov-Moore et al., "Increasing Generosity by Disrupting Prefrontal Cortex," Social Neuroscience 12, no. 2 (2017): 174–181, https://doi.org/10.1080/17470919.2016.1154105.

02. Esther H. H. Keulers and Lisa M. Jonkman, "Mind Wandering in Children: Examining Task-Unrelated Thoughts in Computerized Tasks and a Classroom Lesson, and the Association with Different Executive Functions," Journal of Experimental Child Psychology 179 (2019): 276–290, https://doi.org/10.1016/j.jecp.2018.11.013.

03. Jerome L. Singer, The Inner World of Daydreaming (New York: Harper & Row, 1975).

04. Erin C. Westgate et al., "What Makes Thinking for Pleasure Pleasurable? Emotion," advance online publication (2021), https://doi.org/10.1037/emo0000941.

05. Benjamin Baird et al., "Inspired by Distraction: Mind Wandering Facilitates Creative Incubation," Psychological Science 23, no. 10 (2012): 1117–1122, https://doi.org/10.1177/0956797612446024.

06. Malia F. Mason et al., "Wandering Minds: The Default Net-

work and Stimulus-Independent Thought," Science 315, no. 5810 (2007): 393–395, https://doi.org/10.1126/science.1131295.

4장. 자아 비판과 자기 대화

01. Plutarch, "Theseus (23.1)," Internet Classics Archive, http://classics.mit.edu/Plutarch/theseus.html.

02. Christopher G. Davey, Jesus Pujol, and Ben J. Harrison, "Mapping the Self in the Brain's Default Mode Network," NeuroImage 132 (2016): 390–397, https://doi.org/10.1016/j.neuroimage.2016.02.022.

03. Silvio Ionta et al., "The Brain Network Reflecting Bodily Self-Consciousness: A Functional Connectivity Study," Social Cognitive and Affective Neuroscience 9, no. 12 (2014): 1904–1913, https://doi.org/10.1093/scan/nst185.

04. Aviva Berkovich-Ohana, Joseph Glicksohn, and Abraham Goldstein, "Mindfulness-Induced Changes in Gamma Band Activity: Implications for the Default Mode Network, Self-Reference and Attention," Clinical Neurophysiology 123, no. 4 (2012): 700–710, https://doi.org/10.1016/j.clinph.2011.07.048.

05. Ethan Kross, Chatter: The Voice in Our Head, Why It Matters, and How to Harness It (New York: Crown, 2021);

Charles Fernyhough, The Voices Within: The History and Science of How We Talk to Ourselves (New York: Basic Books, 2016); Michael S. Gazzaniga, Who's in Charge? Free Will and the Science of the Brain (New York: HarperCollins, 2011).

06. Ben Alderson-Day and Charles Fernyhough, "Inner Speech: Development, Cognitive Functions, Phenomenology, and Neurobiology," Psychological Bulletin 141, no. 5 (2015): 931–965, http://dx.doi.org/10.1037/bul0000021.

5장. 잠재적 위험이 다가오는 방식

01. Chet C. Sherwood, Francys Subiaul, and Tadeusz W. Zawidzki, "A Natural History of the Human Mind: Tracing Evolutionary Changes in Brain and Cognition," Journal of Anatomy 212, no. 4 (2008): 426–454, https://doi.org/10.1111/j.1469-7580.2008.00868.x; Louise Barrett, Peter Henzi, and Drew Rendall, "Social Brains, Simple Minds: Does Social Complexity Really Require Cognitive Complexity?," Philosophical Transactions of the Royal Society B Biological Sciences 362, no. 1480 (2007): 561–575, https://doi.org/10.1098/rstb.2006.1995.

02. Benjamin Baird et al., "Inspired by Distraction: Mind Wandering Facilitates Creative Incubation," Psychological Science 23, no. 10 (2012): 1117–1122, https://doi.

org/10.1177/0956797612446024.

03. R. Nathan Spreng and Cheryl L. Grady, "Patterns of Brain Activity Supporting Autobiographical Memory, Prospection, and Theory of Mind, and Their Relationship to the Default Mode Network," Journal of Cognitive Neuroscience 22, no. 6 (2010): 1112–1123, https://doi.org/10.1162/jocn.2009.2128.

04. Veronica V. Galván, Rosa S. Vessal, and Matthew T. Golley, "The Effects of Cell Phone Conversations on the Attention and Memory of Bystanders," PLoS One 8, no. 3 (2013), https://doi.org/10.1371/journal.pone.0058579.

05. Moshe Bar, Maital Neta, and Heather Linz, "Very First Impressions," Emotion 6, no. 2 (2006): 269–278, https://doi.org/10.1037/1528-3542.6.2.269.

06. Charles C. Ballew and Alexander Todorov, "Predicting Political Elections from Rapid and Unreflective Face Judgments," Proceedings of the National Academy of Sciences 104, no. 46 (2007): 17948–17953, https://doi.org/10.1073/pnas.0705435104.

6장. 미래의 기억: 상상된 경험에서 배우기

01. Moshe Bar and Shimon Ullman, "Spatial Context in Recognition," Perception 25, no. 3 (1996): 343–352, https://doi.org/10.1068/p250343.

02. Moshe Bar et al., "The Units of Thought," Hippocampus 17, no. 6 (2007): 420–428.

03. Lien B. Pham and Shelley E. Taylor, "From Thought to Action: Effects of Process- Versus Outcome-Based Mental Simulations on Performance," Personality and Social Psychology Bulletin 25, no. 2 (1999): 250–260, https://doi.org/10.1177/0146167299025002010.

04. Sonal Arora et al., "Mental Practice: Effective Stress Management Training for Novice Surgeons," Journal of the American College of Surgeons 212, no. 2 (2011): 225–233, https://doi.org/10.1016/j.jamcollsurg.2010.09.025.

05. A. M. Pedersen et al., "Saliva and Gastrointestinal Functions of Taste, Mastication, Swallowing and Digestion," Oral Diseases 8, no. 3 (2002): 117–129, https://doi.org/10.1034/j.1601-0825.2002.02851.x.

7장. 새로움의 상실

01. Moshe Bar, "The Proactive Brain: Using Analogies and Associations to Generate Predictions," Trends in Cognitive Sciences 11, no. 7 (2007): 280–289.

02. David Marr, Vision: A Computational Investigation into the Human Representation and Processing of Visual Information (San Francisco: W. H. Freeman, 1982).

03. Moshe Bar, "Visual Objects in Context," Nature Reviews Neuroscience 5 (2004): 617–629, https://doi.org/10.1038/nrn1476.

04. R. Schvaneveldt, D. Meyer, and C. Becker, "Lexical Ambiguity, Semantic Context, and Visual Word Recognition," Journal of Experimental Psychology: Human Perception and Performance 2, no. 2 (1976): 243–256, https://doi.org/10.1037/0096-1523.2.2.243.

05. Maital Neta and Paul J. Whalen, "The Primacy of Negative Interpretations When Resolving the Valence of Ambiguous Facial Expressions," Psychological Science 21, no. 7 (2010): 901–907, https://doi.org/10.1177/0956797610373934.

06. Immanuel Kant, Prolegomena to Any Future Metaphysics, trans. James W. Ellington, 2nd ed. (Indianapolis: Hackett, 2001), §32.

07. R. von der Heydt, E. Peterhans, and G. Baumgartner, "Il-

lusory Contours and Cortical Neuron Responses," Science 224, no. 4654 (1984): 1260–1262, https://doi.org/10.1126/science.6539501; Benjamin de Haas and Dietrich Samuel Schwarzkopf, "Spatially Selective Responses to Kanizsa and Occlusion Stimuli in Human Visual Cortex," Scientific Reports 8, no. 611 (2018), https://doi.org/10.1038/s41598-017-19121-z.

8장. 정신의 틀과 경계의 한계

01. Andrea J. Stone, Images from the Underworld: Naj Tunich and the Tradition of Maya Cave Painting (Austin: University of Texas Press, 1995), 10–11.

02. Alan W. Watts, The Wisdom of Insecurity: A Message for an Age of Anxiety (New York: Pantheon Books, 1951), 102.

03. Y. Afiki and M. Bar, "Our Need for Associative Coherence," Humanities and Social Sciences Communications 7, no. 80 (2020), https://doi.org/10.1057/s41599-020-00577-w.

04. Moshe Bar and Maital Neta, "Humans Prefer Curved Visual Objects," Psychological Science 17, no. 8 (2006): 645–648, https://doi.org/10.1111/j.1467-9280.2006.01759.x.

05. Avishag Shemesh et al., "Affective Response to Architecture: Investigating Human Reaction to Spaces with Different

Geometry," Architectural Science Review 60, no. 2 (2017): 116–125, https://doi.org/10.1080/00038628.2016.1266597

9장. 사고의 폭, 창의성 그리고 기분

01. Moshe Bar et al., "The Units of Thought," Hippocampus 17, no. 6 (2007): 420–428.

02. Eiran Vadim Harel et al., "Linking Major Depression and the Neural Substrates of Associative Processing," Cognitive, Affective & Behavioral Neuroscience 16, no. 6 (2016): 1017–1026.

03. Wendy Treynor, Richard Gonzalez, and Susan Nolen-Hoeksema, "Rumination Reconsidered: A Psychometric Analysis," Cognitive Therapy and Research 27 (2003): 247–259, https://doi.org/10.1023/A:1023910315561.

04. Shira Baror and Moshe Bar, "Associative Activation and Its Relation to Exploration and Exploitation in the Brain," Psychological Science 27, no. 6(2016): 776–789, https://doi.org/10.1177/0956797616634487.

05. Vadim Axelrod et al., "Increasing Propensity to Mind-Wander with Transcranial Direct Current Stimulation," Proceedings of the National Academy of Sciences of the United States of America 112, no. 11 (2015): 3314–3319, https://doi.org/10.1073/pnas.1421435112.

06. Malia F. Mason and Moshe Bar, "The Effect of Mental Progression on Mood," Journal of Experimental Psychology: General 141, no. 2 (2012): 217.

07. Emily Pronin and Daniel M. Wegner, "Manic Thinking: Independent Effects of Thought Speed and Thought Content on Mood," Psychological Science 17, no. 9 (2006): 807–813, https://doi.org/10.1111/j.1467-9280.2006.01786.x.

08. P. S. Eriksson et al., "Neurogenesis in the Adult Human Hippocampus," Nature Medicine 4 (1998): 1313–1317, https://doi.org/10.1038/3305.

09. Luca Santarelli et al., "Requirement of Hippocampal Neurogenesis for the Behavioral Effects of Antidepressants," Science 301, no. 5634 (2003): 805–809; Alexis S. Hill, Amar Sahay, and René Hen, "Increasing Adult Hippocampal Neurogenesis Is Sufficient to Reduce Anxiety and Depression-Like Behaviors," Neuropsychopharmacology 40, no. 10 (2015): 2368–2378, https://doi.org/10.1038/npp.2015.85.

10. Laura Micheli et al., "Depression and Adult Neurogenesis: Positive Effects of the Antidepressant Fluoxetine and of Physical Exercise," Brain Research Bulletin 143 (2018): 181–193, https://doi.org/10.1016/j.brainresbull.2018.09.002; Savita Malhotra and Swapnajeet Sahoo, "Rebuilding the Brain with Psychotherapy," Indian Journal of Psychiatry 59, no. 4 (2017): 411–419, https://doi.org/10.4103/0019-

5545.217299.

11. Thomas Berger et al., "Adult Hippocampal Neurogenesis in Major Depressive Disorder and Alzheimer's Disease," Trends in Molecular Medicine 26, no. 9 (2020): 803–818, https://doi.org/10.1016/j.molmed.2020.03.010.

12. https://jeanlouisnortier.wordpress.com/2020/05/18/word-phrase-of-the-day-with-its-origin-monday-18th-may/.

10장. 명상, 기본 두뇌 그리고 경험의 질

01. Britta K. H.lzel et al., "Mindfulness Practice Leads to Increases in Regional Brain Gray Matter Density," Psychiatry Research 191, no. 1 (2011): 36–43, https://doi.org/10.1016/j.pscychresns.2010.08.006.

02. Sharon Jones, Burn After Writing (New York: Perigree, 2014).

03. Verónica Pérez-Rosas et al., "Deception Detection Using Real-Life Trial Data," ICMI '15: Proceedings of the 2015 ACM on International Conference on Multimodal Interaction (November 2015): 59–66.

04. Michael L. Slepian, Jinseok S. Chun, and Malia F. Mason, "The Experience of Secrecy," Journal of Personality and Social Psychology 113, no. 1(2017): 1–33, https://doi.

org/10.1037/pspa0000085.

05. Judson A. Brewer et al., "Meditation Experience Is Associated with Differences in Default Mode Network Activity and Connectivity," Proceedings of the National Academy of Sciences 108, no. 50 (2011): 20254–20259, https://doi.org/10.1073/pnas.1112029108.

06. Antoine Lutz et al., "Regulation of the Neural Circuitry of Emotion by Compassion Meditation: Effects of Meditative Expertise," PLoS One 3, no. 3(2008): https://doi.org/10.1371/journal.pone.0001897.

07. Richard J. Davidson et al., "Alterations in Brain and Immune Function Produced by Mindfulness Meditation," Psychosomatic Medicine 65, no. 4(2003): 564–570, https://doi.org/10.1097/01.PSY.0000077505.67574.E3.

11장. 몰입된 삶

01. William Blake, The Marriage of Heaven and Hell (New York: Dover, 1994), 42.

02. Joseph Glicksohn and Aviva Berkovich-Ohana, "Absorption, Immersion, and Consciousness," in Video Game Play and Consciousness, ed. Jayne Gackenbach, 83–99 (Hauppauge, NY: Nova Science, 2012).

03. A. Tellegen and G. Atkinson, "Openness to Absorbing and Self-Altering Experiences ('Absorption'), a Trait Related to Hypnotic Susceptibility," Journal of Abnormal Psychology 83, no. 3 (1974): 268–277, https://doi.org/10.1037/h0036681.

04. David Weibel, Bartholom.us Wissmath, and Fred W. Mast, "Immersion in Mediated Environments: The Role of Personality Traits," Cyberpsychology, Behavior and Social Networking 13, no. 3 (2010): 251–256, https://doi.org/10.1089/cyber.2009.0171.

05. Joseph Glicksohn, "Absorption, Hallucinations, and the Continuum Hypothesis," Behavioral and Brain Sciences 27, no. 6 (2004): 793–794, https://doi.org/10.1017/S0140525X04280189; Cherise Rosen et al., "Immersion in Altered Experience: An Investigation of the Relationship Between Absorption and Psychopathology," Consciousness and Cognition 49 (March 2017): 215–226, https://doi.org/10.1016/j.concog.2017.01.015.

06. Michiel van Elk et al., "The Neural Correlates of the Awe Experience: Reduced Default Mode Network Activity During Feelings of Awe," Human Brain Mapping 40, no. 12 (2019): 3561–3574, https://doi.org/10.1002/hbm.24616.

07. Mihaly Csikszentmihalyi, Flow: The Psychology of Optimal Experience, 6th ed. (New York: Harper & Row, 1990).

08. M. F. Kaplan and E. Singer, "Dogmatism and Sensory Alienation: An Empirical Investigation," Journal of Consulting Psychology 27, no. 6 (1963): 486–491, https://doi.org/10.1037/h0042057; Haylie L. Miller and Nicoleta L.Bugnariu, "Level of Immersion in Virtual Environments Impacts the Ability to Assess and Teach Social Skills in Autism Spectrum Disorder," Cyberpsychology, Behavior and Social Networking 19, no. 4 (2016): 246–256, https://doi.org/10.1089/cyber.2014.0682.

12장. 상황에 맞는 최적의 정신

01. Noa Herz, Shira Baror, and Moshe Bar, "Overarching States of Mind," Trends in Cognitive Sciences 24, no. 3 (2020): 184–199, https://doi.org/10.1016/j.tics.2019.12.015.

02. W. H. Murray, The Scottish Himalayan Expedition (London: J. M. Dent & Sons, 1951), 6–7.

03. Alexei J. Dawes et al., "A Cognitive Profile of Multi-sensory Imagery, Memory and Dreaming in Aphantasia," Scientific Reports 10, no. 10022 (2020), https://doi.org/10.1038/s41598-020-65705-7.

04. Ernest G. Schachtel, Metamorphosis: On the Conflict of Human Development and the Development of Creativity (New York: Routledge, 2001).

05. Timothy D. Wilson et al., "Social Psychology. Just Think: The Challenges of the Disengaged Mind," Science 345, no. 6192 (2014): 75–77, https://doi.org/10.1126/science.1250830.

06. Not to be confused with the Buddhist concept of Emptiness, which pertains more to the detachment from the self and from prejudices and other top-down distortions of perception.

딴생각 뇌과학

초판 1쇄 인쇄 2025년 4월 30일
초판 1쇄 발행 2025년 5월 7일

지은이 모셰 바
옮긴이 김용준
펴낸이 고영성

책임편집 박유진 | **디자인** 이화연 | **저작권** 주민숙

펴낸곳 주식회사 상상스퀘어
출판등록 2021년 4월 29일 제2021-000079호
주소 경기 성남시 분당구 성남대로43번길 10, 하나EZ타워 3층 307호 상상스퀘어
팩스 02-6499-3031
이메일 publication@sangsangsquare.com
홈페이지 www.sangsangsquare-books.com

ISBN 979-11-94368-20-5 (03180)

- 상상스퀘어는 출간 도서를 한국작은도서관협회에 기부하고 있습니다.
- 이 책은 저작권법에 따라 보호를 받는 저작물이므로 무단 전재와 복제를 금지하며,
  이 책 내용의 전부 또는 일부를 사용하려면 반드시 저작권자와 상상스퀘어의 서면 동의를 받아야 합니다.
- 파손된 책은 구입하신 서점에서 교환해 드리며 책값은 뒤표지에 있습니다.